UTB

UTB 3107

Eine Arbeitsgemeinschaft der Verlage

Böhlau Verlag · Köln · Weimar · Wien
Verlag Barbara Budrich · Opladen · Farmington Hills
facultas.wuv · Wien
Wilhelm Fink · München
A. Francke Verlag · Tübingen und Basel
Haupt Verlag · Bern · Stuttgart · Wien
Julius Klinkhardt Verlagsbuchhandlung · Bad Heilbrunn
Lucius & Lucius Verlagsgesellschaft · Stuttgart
Mohr Siebeck · Tübingen
C. F. Müller Verlag · Heidelberg
Orell Füssli Verlag · Zürich
Verlag Recht und Wirtschaft · Frankfurt am Main
Ernst Reinhardt Verlag · München · Basel
Ferdinand Schöningh · Paderborn · München · Wien · Zürich
Eugen Ulmer Verlag · Stuttgart
UVK Verlagsgesellschaft · Konstanz
Vandenhoeck & Ruprecht · Göttingen
vdf Hochschulverlag AG an der ETH Zürich

GRUNDKURS NEUE GESCHICHTE

Herausgegeben von Manfred Hettling, Martin Sabrow und Hans-Ulrich Thamer

Die Bände der Reihe GRUNDKURS NEUE GESCHICHTE eignen sich als Grundlage und Arbeitsmaterial für Veranstaltungen des Studiums der Geschichte und ihrer Nebenfächer. Die Reihe bietet problemorientierte Einführungen in historische Fragestellungen, Epochen, Theorien und Probleme. Ergänzt wird die Darstellung durch Quellen, Zeittafeln und ausführliche, kommentierte Literaturhinweise.

Unterrichtsmaterial für Lehrende, zusätzliche Quellen, kommentierte Literaturhinweise und Materialien zum Thema des jeweiligen Buches sind unter **www.grundkurs-neue-geschichte.de** zu finden.

Christian Kleinschmidt

Konsumgesellschaft

Vandenhoeck & Ruprecht

Dr. Christian Kleinschmidt ist Professor für Neuere Geschichte mit dem Schwerpunkt Zeitgeschichte an der Universität Paderborn.

Mit 9 Tabellen

Bibliografische Information der Deutschen Nationalbibliothek

Die Deutsche Nationalbibliothek verzeichnet diese Publikation in der Deutschen Nationalbibliografie; detaillierte bibliografische Daten sind im Internet über http://dnb.d-nb.de abrufbar.

Internet: www.v-r.de
ISBN 978-3-525-03714-0

Printed in Germany.
Umschlaggestaltung: Atelier Reichert, Stuttgart
Satz: Daniela Weiland, Göttingen
Druck und Bindung: Hubert & Co, Göttingen

UTB Bestellnummer
ISBN 978-3-8252-3105-7

Inhalt

I. Einleitung: Begriffe und Dimensionen

1. Konsum, Konsumgesellschaft, Konsumtionsregime

Noch bis in die Mitte der 1990er Jahre galt die Konsumgeschichte weithin als Desiderat. Das hat sich seitdem deutlich verändert. Es gibt inzwischen zahlreiche Einzeldarstellungen und Sammelbände zum Thema, doch die Diffusion der Begriffe *Konsum* und *Konsumgesellschaft* in große Überblicksdarstellungen verläuft deutlich langsamer. Konsum und Konsumgesellschaft sind Begriffe und damit »mehr als bloße Wortbedeutungen«. Sie erfüllen die Kriterien, die Reinhart Koselleck historischen Grundbegriffen zuschreibt, indem sie viele einzelne Bedeutungen zusammenschließen, sich nicht auf überzeitliche Probleme und Ideen festlegen lassen, Jahrhunderte alte Erfahrungen speichern, unterschiedliche zeitliche Wertungen besitzen und auch umstritten sind. Dies alles trifft auf die Begriffe Konsum und Konsumgesellschaft zu, und doch sind sie im umfassendsten Werk der Begriffsgeschichte, den »Geschichtlichen Grundbegriffen«, nicht aufzufinden.[1] Dies mag damit zusammenhängen, dass es sich hier um ein »Lexikon der politisch-sozialen Sprache« handelt, wobei jedoch zugleich erstaunt, dass Konsum und Konsumgesellschaft offensichtlich nicht als Teil davon betrachtet werden. Auch im »Handwörterbuch zur Gesellschaft Deutschlands« findet man beide Begriffe vergebens,[2] wohingegen in den »Grundbegriffen der Soziologie« Konsum als ein in der Wirtschaftssoziologie »mehrschichtig verwendeter Begriff« definiert wird, »der sich auf Verbrauch und Nutzung von Gütern und Dienst-

1 Reinhart Koselleck, Begriffsgeschichte, in: Lexikon Geschichtswissenschaft. Hundert Grundbegriffe, hg. von Stefan Jordan, Stuttgart 2002, S. 40–44; Geschichtliche Grundbegriffe. Historisches Lexikon der politisch-sozialen Sprache in Deutschland, hg. von Otto Brunner u. a., 9 Bde., 1972–1997.

2 Bernhard Schäfers/Wolfgang Zapf (Hg.), Handwörterbuch zur Gesellschaft Deutschlands, Opladen 1998.

leistungen vorwiegend durch Haushalte als Wirtschaftseinheiten bezieht. Konsum ist demnach einmal eine Verhaltensweise von Konsumenten, die eine Art Einkommensverwendung – im Gegensatz zum Sparen – und zugleich einen Entscheidungsakt (Kauf) für eine bestimmte ›Ware‹ beinhaltet. Materiell und wertmäßig entspricht diesem Vorgang die Marktentnahme von Gütern und die Inanspruchnahme von Diensten«.[3] Hier wird also vornehmlich auf ökonomische Kriterien verwiesen, wobei die im engeren Sinne wirtschaftswissenschaftlichen Definitionen von Konsum zumeist sehr spartanisch gehalten sind. Privater Konsum gilt als die »Ausgabensumme der privaten Haushalte für Güter und Dienstleistungen«[4] bzw. als »Verbrauch oder Nutzung (Gebrauch) materieller und immaterieller Güter durch Letztverwender«[5] Etwas ausführlicher ist das Handwörterbuch der Wirtschaftswissenschaften. Dort heißt es: »Unter Konsum versteht man den Verzehr von Leistungen knapper Güter zum Zweck der Bedürfnisbefriedigung eines Endverbrauchers. Je nach dem Typus des Endverbrauchers unterscheidet man dabei zwischen privatem und staatlichem Konsum. Handelt es sich bei dem Endverbraucher um ein (rechtlich selbständiges) privates Wirtschaftssubjekt als Einzelperson oder als Zusammenschluss mehrerer Individuen, dann spricht man von dem Konsum eines privaten Haushalts. Als öffentlichen Konsum bezeichnet man den Eigenverbrauch aller Gebietskörperschaften, wobei die Bewertungsproblematik öffentlicher Leistungen teils nur eine arbiträre Abgrenzung gegenüber den öffentlichen Investitionen erlaubt«[6] Hier wird also mit der Betonung auf den »Verzehr knapper Güter« einerseits auf dezidiert ökonomische Aspekte hingewiesen wie auch auf den eher soziologischen bzw. anthro-

3 Hans Joachim Klein, Konsum, in: Bernhard Schäfers (Hg.), Grundbegriffe der Soziologie, Opladen 2000, S. 190.

4 Alfred Kyrer/Walter Penker, Volkswirtschaftslehre. Grundzüge der Wirtschaftstheorie und -politik, München 2000, S. 221.

5 Gabler Wirtschaftslexikon, [14]1997, Bd. 5, I–K, S. 2219.

6 Artikel »Konsumfunktionen«, in: Handwörterbuch der Wirtschaftswissenschaften, Bd. 4, Stuttgart 1978, S. 514.

pologischen Aspekt der »Bedürfnisbefriedigung«. Aus technikhistorischer Sicht schließlich steht Konsum, »als komplementärer Begriff zur Produktion – für den Zweck wirtschaftlichen Schaffens, gleichzeitig aber auch für die ganze Fülle von Alltags- und Freizeithandlungen, welche die Lebensform der Moderne ausmachen«.[7] Technik gilt dabei als die Voraussetzung für Produktionssteigerungen und -verbilligungen wie für eine Erhöhung der Einkommen und eine Ausweitung der Freizeit. Diese »materiellen Grundlagen der Konsumgesellschaft« werden explizit mit der Moderne in Verbindung gebracht, wobei vorausgesetzt wird, »dass die Mehrheit der Bevölkerung an neuartigen Formen des Konsums teilhatte ...«.[8]

Je nach wissenschaftlicher Fachrichtung und zeitlicher Einordnung werden anscheinend unterschiedliche Aspekte von Konsum in den Mittelpunkt gestellt. Insofern spricht einiges dafür, sich den Begriffen Konsum und Konsumgesellschaft, zusätzlich zu den oben genannten Definitionen, begriffsgeschichtlich zu nähern.

Der lateinische Begriff »consumere« bezeichnete bereits in der Antike neben dem Verbrauch und der Verwendung von Gegenständen und deren Beseitigung auch verschiedene Formen der Veräußerung. Im Mittelalter scheint es dann keinen Begriff für den Verbrauch oder die Grundversorgung mit Nahrung, Kleidung und Wohnen im Sinne des »Konsums« mehr gegeben zu haben. Die Frühe Neuzeit knüpfte schließlich wieder an den Begriff »consumere« an. In der merkantilistischen Wirtschaftstheorie steht »consumieren« für verbrauchen und verzehren, wobei der merkantilistische Staat ein Interesse an der Besteuerung der verzehrten Waren hatte, wie es etwa anhand des Begriffs der »Consumptions-Accise« im 18. Jahrhundert deutlich wird.[9] Mit dem Hinweis darauf kam spätestens in der Frühen

7 Wolfgang König, Geschichte der Konsumgesellschaft, Stuttgart 2000, S. 7.
8 Ebd., S. 8.
9 Ulrich Wyrwa, Consumption, Konsum, Konsumgesellschaft. Ein Beitrag zur Begriffsgeschichte, in: Hannes Siegrist/Hartmut Kaelble/Jürgen Kocka (Hg.),

Neuzeit ein weiterer konsumrelevanter Faktor ins Spiel, nämlich der Staat, der nicht nur selbst als Konsument auftreten konnte, sondern vor allem auch den hier interessierenden privaten Konsum über Steuern und Abgaben beeinflusste. Dies gilt auch für soziale Zwänge und religiöse oder weltanschauliche Aspekte, die erheblichen Einfluss auf den Konsum und die Konsumgesellschaft gewannen. Schließlich spielen nicht nur objektive, sondern auch subjektive Fragen der Wahrnehmung und des Wissens, der Ästhetik, des Erlebens, der Identitätsbildung und der Kommunikation eine wichtige Rolle für die Entwicklung des Konsums und der Konsumgesellschaft.[10] Schon der merkantilistische Begriff der »Consumption« bezeichnete weit mehr als den Verbrauch, sondern umfasste zugleich auch die Verteilung, den Handel sowie die Gesamtheit der marktwirtschaftlichen Beziehungen zwischen den Ständen.[11]

Dabei wird deutlich, dass die Begriffe Konsum und Konsumgesellschaft in ihrer historischen Dimension nicht allein Aspekte der Bedürfnisbefriedigung, des Verbrauchs und Verzehrs knapper Güter und eine produktionsbedingte Ausweitung der Wahlmöglichkeiten berücksichtigen sollten, sondern auch die politisch und gesellschaftlich bedingten Einschränkungen und Lenkungen des Konsums in Form von Steuern und Abgaben, religiösen Vorgaben und Verboten oder ständischen Ordnungen. Der Konsum und die Konsummöglichkeiten sind für einen Groß-

Europäische Konsumgeschichte. Zur Gesellschafts- und Kulturgeschichte des Konsums (18. bis 20. Jahrhundert), Frankfurt 1997, S. 747f.

10 Michael Prinz, Einführung, in: ders. (Hg.), Der lange Weg in den Überfluss. Anfänge und Entwicklung der Konsumgesellschaft seit der Vormoderne, Paderborn 2003, S. 4; ders., »Konsum« und »Konsumgesellschaft« – Vorschläge zu Definition und Verwendung, in: ders. (Hg.), Der lange Weg, S. 24; Andreas Holzem, Religiöse Prägungen des Konsumverhaltens in frühneuzeitlichen Dorfgesellschaften. Das Beispiel des Fürstbistums Münster, in: Prinz (Hg.), Der lange Weg, S. 84; Lynn Abrams, Freizeit, Konsum und Identität deutscher und britischer Arbeiter vor dem Ersten Weltkrieg, in: Siegrist/Kaelble/Kocka (Hg.), Europäische Konsumgeschichte, S. 268.

11 Roman Sandgruber, Die Anfänge der Konsumgesellschaft. Konsumgüterverbrauch, Lebensstandard und Alltagskultur in Österreich im 18. und 19. Jahrhundert, München 1982, S. 11.

teil der Bevölkerung (z. T. bis in die Gegenwart) eingeschränkt durch materielle, soziale, kulturelle oder zeitliche Zwänge (vor allem in der Frühen Neuzeit) sowie durch eine geringe Marktintegration.

Bis weit ins 19. Jahrhundert hinein wurden in einer agrarisch dominierten Gesellschaft vor allem diejenigen Güter konsumiert, die in den privaten Haushalten auch selbst produziert wurden. Es herrschte ein hoher Grad an Selbstversorgung. Subsistenzwirtschaft und Autarkie existierten insbesondere bei der Befriedigung der Grundbedürfnisse wie Nahrung, Kleidung und Wohnen.[12] Die Versorgungslage und damit die Verfügung über monetäre und geldwerte Mittel als Basis der Güterversorgung änderte sich im 19. Jahrhundert. Über den Markt erzielte Einkommen aus unselbständiger Arbeit (»marktgerichteter Versorgungsanteil«) machten zu Beginn des 20. Jahrhunderts schließlich über 90 % der Haushaltseinkommen aus, während der subsistenzwirtschaftliche Anteil (»haushaltsorientierter Versorgungsanteil«) nur noch bei 3 %, ergänzt durch staatliche Transferleistungen (»bürokratiebezogener Versorgungsanteil«, z. B. Altersrenten) bei ca. 6 % lag.[13]

Im Zuge der Industrialisierung kam es schließlich nicht nur zu einer signifikanten Ausweitung der Produktion und zur Marktintegration sowie zum Übergang von der Selbst- zur Fremdversorgung, sondern auch zu einer Loslösung des Konsums von den Existenz sichernden Funktionen hin zu sozialpsychologischen Aspekten wie Prestige und Individualität[14]. »Unter Konsumgesellschaft wird dabei ein sozialer Zusammenhang verstanden, in dem ein bestimmtes Warensortiment einer auf bestimmte so-

12 Heinz-Gerhard Haupt, S. 38.

13 Erich Wiegand, Der private Verbrauch im Spiegel von Haushaltsrechnungen. Versorgungslagen privater Haushalte zu Beginn des 20. Jahrhunderts, in: Toni Pierenkemper (Hg.), Haushalt und Verbrauch in historischer Perspektive. Zum Wandel des privaten Verbrauchs in Deutschland im 19. und 20. Jahrhundert, St. Katharinen 1987; S. 26–31, 36.

14 Ariane Stihler, Die Entstehung des modernen Konsums. Darstellung und Erklärungsansätze, Berlin 1998, S. 11.

ziale Schichten begrenzten Verbraucherschicht zur Verfügung steht, die Waren für die Definition ihrer gesellschaftlichen Rolle und zur individuellen Selbstdarstellung nutzen«, während in der Massenkonsumgesellschaft »immer größere Mengen an Konsumgütern einem zunehmend größeren Bevölkerungsteil zugänglich gemacht« werden.[15] Hier werden Massenprodukte für Konsumentenmassen hergestellt. Damit dies nicht allein als quantitativer Prozess verstanden wird, gilt es, sowohl die ökonomischen, gesellschaftlichen als auch politischen und kulturellen Prägungen des Konsums zu berücksichtigen.

Der Weg zur Konsumgesellschaft war kein linear verlaufender Prozess der Expansion und der Partizipation von Konsummöglichkeiten, vielmehr gab es im Zeitverlauf und vor dem Hintergrund unterschiedlicher Gesellschaftssysteme auch unterschiedliche Formen politischer und ökonomischer Regulierung sowie sozialer und kultureller Prägung und Restriktionen in der Frühen Neuzeit, dem Kaiserreich, der Weimarer Republik, dem Nationalsozialismus und den beiden deutschen Staaten der Nachkriegszeit. Man könnte deshalb mit Blick auf die Geschichte der Konsumgesellschaft von unterschiedlichen Konsumkulturen oder von Consumerism[16] bzw. – in Anlehnung an den Begriff des Produktionsregimes – von Konsumtionsregimes sprechen.[17]

Methodisch gesehen handelt es sich bei dieser Einführung um einen klassischen sozial- und wirtschaftshistorischen Zugang zum Thema Konsumgesellschaft. Die unterschiedlichen Ausprägungen von Konsumgesellschaft von der Frühen Neuzeit bis zur Gegenwart widerspiegeln unterschiedliche Zugänge und Partizipationsmöglichkeiten von Ständen, Klassen und Schichten sowie

15 Ebd., S. 27

16 Christoph Deutschmann, Anglo-amerikanischer Consumerism und die Diskussion über Lebensstile in Deutschland, in: Volker R. Berghahn/Sigurt Vitols (Hg.), Gibt es einen deutschen Kapitalismus. Tradition und globale Perspektiven der sozialen Marktwirtschaft, Frankfurt 2006, S. 154–165.

17 David Soskice, Globalisierung und institutionelle Divergenz: Die USA und Deutschland im Vergleich, in: GG 25 (1999), S. 203; Gunnar Trumbull, National Varities of Consumerism, in: Jahrbuch für Wirtschaftsgeschichte 2006/1, S. 91f.

Konsum meint den Verzehr und Verbrauch materieller und immaterieller Güter und Dienstleistungen durch den Endverbraucher.

In einer **Konsumgesellschaft** erfolgt der Verbrauch und Verzehr von Gütern und Dienstleistungen über die Bedürfnisbefriedigung hinaus. Dies setzt Wahlmöglichkeiten und eine ausreichende Produktion der Angebotsseite voraus. Die Konsumgüter und Dienstleistungen sind einem Großteil der Bevölkerung durch zunehmende Marktintegration zugänglich.

Unter einem **Produktionsregime** wird die Organisation der Produktion durch Märkte oder marktähnliche Institutionen verstanden. Im Mittelpunkt steht die Organisation der gegenseitigen Beziehungen der Akteure auf der Mikroebene, Unternehmen, Verbraucher, Arbeitnehmer oder Kapitaleigner, vor dem Hintergrund bestimmter Anreize und Beschränkungen. Dabei geht es vor allem um die Angebotsseite der Wirtschaft.

Das **Konsumtionsregime** betrifft es in erster Linie die Konsum- und Nachfrageseite, die Verbraucher und deren soziale Strukturen, die Beziehungen zwischen unterschiedlichen Akteuren, kulturelle Prägungen des Konsums, Märkte und Organisationen, politische Regulierung und staatliche Intervention, technische und Kommunikationsstrukturen sowie den (nationalen und internationalen) institutionellen Rahmen des Konsums.

der Geschlechter und Generationen am Konsum. Dies soll ebenso dargestellt werden wie die in allen Gesellschaftssystemen deutlich ausgeprägte, jedoch stark variierende Rolle des Staates bzw. der öffentlichen Hand sowie ordnungspolitische Aspekte der Konsumgesellschaft. Dazu eignet sich der Begriff des Produktionsregimes. Für die einzelnen Epochen ergeben sich bestimmte Schwerpunktsetzungen. Charakteristisch für die Proto-Konsumgesellschaft der Frühen Neuzeit ist etwa die zunehmende Internationalisierung des Konsums bei gleichzeitiger staatlicher Regulierung des Außenhandels und des Konsumgütergewerbes einerseits sowie starke Einschränkungen des Konsums durch ständische Restriktionen. Auch im Kaiserreich hatte nur ein kleiner Teil der Bevölkerung Zugang zu Konsumgütern, die über die Befriedigung von Grundbedürfnissen hinaus ein angenehmes Leben ermöglichten. Nicht zu unterschätzen ist jedoch die Tatsache, dass im Zuge des sich entwickelnden Sozialstaates und der Kommunalisierung mit entsprechenden Maßnahmen der »Daseinsvorsorge«, mit der Bereitstellung von Wasser und Energie, die aus heutiger Sicht »Selbstverständlichkeiten«[18] darstellen, erst die wesentlichen Voraussetzungen und Bedingungen für die Entwicklung der Massenkonsumgesellschaft geschaffen wurden. Dies spielt auch noch in Form des »Munizipalsozialismus« in der Weimarer Republik eine zentrale Rolle und wird dementsprechend im vorliegenden Band besonders betont. In der ersten Demokratie auf deutschem Boden deutete sich die Massenkonsumgesellschaft, wie sie sich in ausgeprägter Form zeitgleich in den USA zeigte, zumindest für ein paar »goldene Jahre« an, und scheiterte zugleich an den mangelnden Voraussetzungen zu ihrer dauerhaften Durchsetzung. Den Anspruch einer modernen Konsumgesellschaft erhob mit viel propagandistischem Aufwand das NS-Regime, und höhlte ihn zugleich durch die Unterordnung konsumgesellschaftlicher unter rüstungswirtschaftliche Interessen und die Ausgrenzung »Gemeinschaftsfremder« aus. So blieb es bei einer Pseudo-Konsumgesellschaft, in der Anspruch und Wirklichkeit weit auseinander klafften. Erst in der Bundesrepublik gelang der Durchbruch zur Massenkonsumgesellschaft, wenn auch, wie es inzwischen Konsens in der Forschung ist, deutlich später als es der Begriff des »Wirtschaftswunders« vermuten lässt. Charakteristisch für die Entwicklung der Konsumgesellschaft in der Bundesrepublik sind die Ungleichzeitigkeiten, der schichtenspezifisch gestaffelte und zeitversetzte Zugang zum Massenkonsum. Ein weiteres Merkmal ist die amerikanische Leitbildfunktion der Konsum-

18 Klaus Wisotzky/Michael Zimmermann (Hg.), Selbstverständlichkeiten. Strom, Wasser, Gas und andere Versorgungseinrichtungen. Die Vernetzung der Stadt um die Jahrhundertwende, Essen 1997.

gesellschaft sowie die ab den 1960er Jahren wachsende Kritik an deren Auswüchsen, die zugleich für ein hohes Maß an Selbstreflexion innerhalb der Gesellschaft spricht. Genau dies war in der DDR offiziell kaum möglich. Gleichwohl war die Entwicklung zur Massenkonsumgesellschaft auch dort von massiver Kritik begleitet, die sich seit Gründung der DDR auf Fragen der quantitativen und qualitativen Mängel der Konsumgüterversorgung – insbesondere im Vergleich zum Westen – konzentrierte. Dieser war zugleich Ansporn und Verhängnis der DDR-Konsumgesellschaft wie des Gesellschaftssystems insgesamt. Dementsprechend sollen einerseits die Merkmale und Ansprüche der »Sozialistischen Konsumgesellschaft«, andererseits die Gründe für den Niedergang der DDR mit Blick auf den Konsum belichtet werden.

Im Aufbau des Bandes folgt neben diesem einführenden Kapitel über die Begriffe und Dimensionen der Konsumgesellschaft zunächst ein weiteres Querschnittskapitel, welches auf die zentralen Bereiche des Konsums eingeht, die sich in den weiteren, chronologische orientierten Kapiteln jeweils wiederfinden. Nicht alle Faktoren der Konsumgesellschaft können in einem Einführungsband ausführlich und in allen Details berücksichtigt werden. In den Epochenkapiteln werden deshalb Schwerpunkte gesetzt, die charakteristische Ausprägungen der einzelnen Konsumgesellschaften im oben genannten Sinne aus sozial- und wirtschaftshistorischer Perspektive hervorheben. Kulturalistische Aspekte von Konsum und Konsumgesellschaft, angefangen von Fragen des Lebensstils, der Symbolik des Konsums über Konsumdiskurse bis hin zu subjektiven Faktoren der Wahrnehmung, Orientierung und Einstellungen spielen nur eine untergeordnete Rolle. Eine lohnende Frage böte gleichwohl diejenige nach Zusammenhängen zwischen Konsumtionsregimes und Konsummentalitäten. Sie ginge jedoch weit über das Erkenntnisinteresse dieses Überblicks hinaus und würde den Rahmen einer Einführungsdarstellung sprengen.

Der vorliegende Band kann sich auf inzwischen umfangreiche Forschungen zur Konsumgeschichte stützen. Dies gilt vor allem für die Darstellung von Wolfgang König, der seine »Geschichte der Konsumgesellschaft« insbesondere in vergleichender Perspektive in Richtung USA für die Zeit des 19. und 20. Jahrhunderts verfasst hat,[19] sowie für diverse Sammelbände mit sehr informativen Detailstudien zu ganz unterschiedlichen Themen der Konsumgesellschaft von der Vormoderne bis ins 20. Jahrhundert.[20] Darüber hinaus gibt es zahlreiche Spezialuntersuchungen zur Geschichte von Luxus und Genussmitteln, von Werbung und Haushaltsgeräten, von schichten- und geschlechterspezifischem Konsum sowie zur Entwicklung der Konsumgesellschaft im Nationalsozialismus, der Bundesrepublik und der DDR. Entsprechende Überblicksdarstellungen über die Weimarer Republik, das Kaiserreich und die vormoderne Zeit sind ein Desiderat.[21]

Dieses Buch möchte deshalb einen Überblick über in die langfristige Entwicklung der Konsumgesellschaft von der Frühen Neuzeit bis zur Gegenwart liefern. Ich bin mir der Tatsache bewusst, dass eine solch knappe Darstellung notwendigerweise Lücken aufweist. Ich hoffe zugleich, dass der Aufbau des Bandes, die Überblickskapitel und die jeweilige Schwerpunktbildung insbesondere Studienanfängern der Geschichtswissenschaft einen informativen und anregenden Einstieg in die Konsumgeschichte ermöglicht.

Das Buch ist meinen Eltern gewidmet, die als Zeitzeugen drei Phasen der deutschen Konsumgesellschaft erlebt haben, von der Weimarer Republik über den Nationalsozialismus bis zur Bundesrepublik; meiner Mutter, die ihren ersten elektrischen Kühlschrank in den 1950er Jahren noch liebevoll gestreichelt hat (s. S. 139), und meinem Vater, der ihn, in klassischer Geschlechterrollenaufteilung, gekauft hat.

19 Wolfgang König, Geschichte der Konsumgesellschaft, Stuttgart 2000.

20 Stellvertretend seien hier genannt: Siegrist/Kaelble/Kocka (Hg.), Europäische Konsumgeschichte und Michael Prinz (Hg.), Der lange Weg in den Überfluss. Anfänge und Entwicklung der Konsumgesellschaft seit der Vormoderne, Paderborn 2003.

21 Ein ausführliches Literaturverzeichnis findet sich unter www.utb-stuttgart.de/3105_Literatur.pdf, ausgewählte Quellen finden sich unter www.utb-stuttgart.de/3105_Quellen.pdf.

2. Stände, Klassen, Geschlecht, Alter

Gesellschaften sind komplexe Gebilde, die sich in unterschiedliche soziale Gruppen untergliedern. Sozial relevante Merkmale sind dabei u.a. Besitz und Einkommen, Ausbildung und Beruf, Geschlecht und Alter sowie kulturelle Normen, Orientierungen und Werthaltungen. Es gibt in den Sozialwissenschaften zahlreiche, z.T. auch divergierende, Modelle und Theorien, die die Sozialstruktur einer Gesellschaft sowie Fragen der sozialen Ungleichheit abbilden und analysieren.[22] Weitgehend Einigkeit besteht darin, die frühneuzeitliche Gesellschaft bis ins späte 18. und frühe 19. Jahrhundert als Ständegesellschaft zu bezeichnen und mit der einsetzenden Industrialisierung und der Durchsetzung der Marktwirtschaft im 19. Jahrhundert von der Umwandlung der Stände- in eine Klassengesellschaft zu sprechen, während im 20. Jahrhundert eher von einer Schichtengesellschaft, in der zweiten Hälfte des Jahrhunderts zunehmend auch von sozialen Lagen, sozialen Milieus sowie von einer Pluralisierung der Lebensstile die Rede ist.[23]

Die zunehmende gesellschaftliche Komplexität spiegelt sich auch in komplexer werdenden Konsummustern und -verhaltensweisen. In der auf Geburtsprinzipien beruhenden Ständegesellschaft, die sich durch scharf getrennte Personen-, Berufs- und Rechtsbeziehungen auszeichnete, verfügten etwa der Adel und Teile des Bürgertums über umfangreiche Konsummöglichkeiten, angefangen von einem breiten und hochwertigen Lebensmittelangebot über wertvolle Kleidung bis hin zu repräsentativen Wohnungseinrichtungen (Porzellan, Möbel, Keramik, Teppiche, Schmuck etc.) und hatten darüber hinaus die Möglichkeit zur Wahrnehmung eines breiten kulturellen Angebots wie Theater und Oper, Musik, Mode und Reisen. Eine solche »standes-

22 Richard Münch, Soziologische Theorie, Frankfurt 2002; Julius Morel, Soziologische Theorie. Abriss der Ansätze ihrer Hauptvertreter, München, Wien 1997; Rainer Geissler, Die Sozialstruktur Deutschlands, Opladen [2]1997.

23 Geissler, Sozialstruktur, S. 69–89.

gemäße« Lebensführung erlaubte weit über die Befriedigung der Grundbedürfnisse hinaus einen luxuriösen Lebensstil, die Zurschaustellung von Reichtum[24] und Prestige als Ausdruck eines bestimmten »Habitus« (Pierre Bourdieu[25]) bzw. eines »demonstrativen Konsums« (Thorstein Veblen[26]) und damit auch eine Abgrenzung gegenüber andere sozialen Gruppen der Gesellschaft. Gleichzeitig bedeutete eine »standesgemäße« Lebensführung aus Sicht der Merkantilisten nicht verschwenderischen Luxus, sondern die Befriedigung der ständisch-sozialen Notwendigkeiten,[27] die deshalb durchaus repräsentative Funktionen haben konnten. Es waren somit nicht nur die materiellen Voraussetzungen, die in der hierarchisch gegliederten feudalen Gesellschaft unterschiedliche Konsummöglichkeiten und -muster hervorbrachten, sondern auch immaterielle Vorschriften, Normen und Regulierungen. Dazu zählten u.a. Kleiderordnungen. Denn Kleidung hatte nicht nur eine funktionale Bedeutung, sondern war Zeichen des Ansehens und der Ehrbekundung. So legten etwa regionale Kleiderordnungen in der Frühen Neuzeit fest, dass einfache Landbewohner keine ausländischen Stoffe tragen sollten, dass Seide und Baumwolle und entsprechende Trachten dem Hofstaat vorbehalten waren und Angehörige des Bürgertums wie »Handelsleute« oder »Gerichts- und Rathsverwandte« Kleider aus halbseidenen und Baumwollstoffen tragen durften, die dem »gemeinen Bürger« vorenthalten blieben. Entsprechende Rege-

24 Hans-Ulrich Wehler, Deutsche Gesellschaftsgeschichte 1700–1815, München 1987, S. 124–147; Michael North, Genuss und Glück des Lebens. Kulturkonsum im Zeitalter der Aufklärung, Köln 2003; Ursula A.J. Becher, Die Geschichte des modernen Lebensstils. Essen, Wohnen, Freizeit, Reisen, München 1990, S. 19–37.

25 Pierre Bourdieu, Die feinen Unterschiede. Kritik der gesellschaftlichen Urteilskraft, Frankfurt a.M. 1987, S. 277–288

26 Thorstein Veblen, Theorie der feinen Leute. Eine ökonomische Untersuchung der Institutionen, Frankfurt a.M., [6]2000, S. 79–107.

27 Torsten Meyer, Zwischen sozialer Restriktion und ökonomischer Notwendigkeit. »Konsum« in ökonomischen Texten der Frühen Neuzeit, in: Reith/ Meyer (Hg.), Luxus und Konsum, S. 68f.

lungen gab es auch für das Tragen von Schmuck, Kopfbedeckungen sowie für die Farbgestaltung der Kleider.

Tab. 1: Wert der männlichen und weiblichen Kleidung bei der Heirat nach Berufsgruppen

	Mann			Frau		
Berufe	Durchschnittswert in fl.	In % des Vermögens des Mannes	N	Durchschnittswert in fl.	In % des Vermögens der Frau	N
Weber	47,1	22,4	282	43,0	16,2	282
Tagelöhner	43,8	34,9	23	37,1	25,0	23
Bauern, Maierbauern	53,6	10,8	32	50,8	8,5	33
Nahrungsgewerbe, Wirte	73,6	9,0	22	90,8	7,4	22
Kaufleute	166,4	20,7	4	261,0	18,4	4
Sonstige Gewerbe	45,4	10,4	73	46,8	15,8	71

Quelle: Medick, Weben und Überleben, S. 401 (Auszug)

Vergleichbares galt für Tischordnungen bei Festen und Feiern, bei denen die einzelnen Stände strikt voneinander getrennt unterschiedliche Mahlzeiten zu sich nahmen. So gab es für die höheren Stände Fleisch und Wildbret, Fisch und Reis, während den unteren Ständen Potthast oder minderwertigere Fleischsorten, Butter und Käse zustanden.[28]

Das Konsumverhalten der oberen Stände wirkte häufig als Vorbild für die unteren Stände und Klassen. Die Durchsetzung und Verbreitung von Konsumgütern erfolgte dementsprechend

28 Hans Medick, Weben und Überleben in Laichingen 1650–1900, Göttingen 1997, S. 384–397; Becher, Geschichte des modernen Lebensstils, S. 73.

in zahlreichen Fällen von oben nach unten (»Trickle-down-Effekt«) durch Nachahmung und Orientierung der unteren an den oberen Ständen.

Trickle-down-Effekt

Unter »Trickle-down-Effekten« versteht man Durchsickerungsprozesse, bei denen sich im Falle der Konsumgesellschaft ehemalige Luxusprodukte und höherwertige Konsumgüter von den oberen auf die unteren Gesellschaftsschichten verbreiten und so zu einer allgemeinen Verbesserung der Konsum- und Lebensverhältnisse beitragen.

Möglich wurde die damit verbundene Verbreiterung der Konsumbasis durch steigende Produktion, verbesserte Technologien und Transportmöglichkeiten sowie durch Substitutionseffekte, die dann bei allmählich sinkenden Preisen ehemalige Luxuskonsumgüter – zum Teil über einen langen Zeitraum – einer breiteren Bevölkerungsschicht zugänglich machten. So wurden aus »luxuries« (Luxusgütern) allmählich »decencies« (Annehmlichkeiten) und schließlich »necessities« (Notwendigkeiten).[29] Dies lässt sich am Beispiel der Zuckers verdeutlichen, der als Rohrzucker und Kolonialware vom 16. bis ins 19. Jahrhundert ein Luxusprodukt war und im Zuge der Industrialisierung sowie chemisch-technischer Fortschritte in Form des heimischen Rübenzuckers im Laufe des 19. Jahrhunderts den Charakter eines Grundnahrungsmittel annahm, welches bis hinein in die unteren sozialen Klassen konsumiert wurde.[30] Ähnliche Kommerzialisierungstendenzen lassen sich auch bei anderen Konsumgütern bis hin zum Kultur- und Freizeitkonsum beobachten, wenn etwa durch eine Ausweitung des kulturellen Angebots (Volkskultur) oder durch neue Technologien (Radio, Kino, Fernsehen) Ansätze einer Demokratisierung des Kulturkonsums zu

29 Stihler, Entstehung des modernen Konsums, S. 20.

30 Sidney W. Mintz, Die süsse Macht. Kulturgeschichte des Zuckers, Frankfurt 1992.

beobachten sind.[31] Kulturelle oder religiöse Faktoren konnten die Konsummöglichkeiten dabei sowohl einschränken (Kleidungs- oder Essensvorschriften) als auch ausweiten, wie die große Verbreitung von Buchbesitz und Lektüre in protestantischen Regionen Süddeutschlands im 18. und 19. Jahrhundert zeigt.[32]

Grundlegende Veränderungen des Konsumverhaltens waren schließlich mit dem Übergang von der Stände- zur Klassengesellschaft sowie vom Merkantilismus zur Marktwirtschaft im 19. Jahrhundert verbunden. Gleichwohl war die höhere gesellschaftliche Dynamik und Mobilität auch weiterhin mit konsumrelevanten sozialen Unterschieden verbunden. Die Herausbildung marktbedingter Klassen war begleitet von »klassenspezifischen Konsummustern« (Klaus Tenfelde). Dies wird deutlich bei einem Vergleich zwischen Arbeiter- und Bürgerhaushalten im Zeitalter der Hochindustrialisierung. Abgesehen davon, dass die Unterteilung in Arbeiterklasse und Bürgertum einer weiteren Differenzierung bedarf (Handwerker, Gesellen-Arbeiter, moderne Industriearbeiter, ungelernte Arbeiter sowie Bildungs- und Wirtschaftsbürgertum, Kleinbürgertum), und dass es auch innerhalb der Arbeiterklasse »feine Unterschiede« (»Arbeiteraristokratie«, »Stehkragenproletariat«)[33] gab, lassen sich anhand einer vereinfachten Gegenüberstellung prägnante Konsummuster erkennen. Die Einnahmen der Arbeiterhaushalte deckten gerade noch deren Ausgaben, so dass ein über das Existenzminimum hinaus reichender Konsum kaum möglich war. 10–15 % des Arbeiterhaushalts mussten für die Wohnung, 50–70 % für Nahrungsmittel ausgegeben werden. Bürgerliche Haushalte hatten demgegenüber deutlich höhere Dispositionsspielräume, da sie nur etwa ein Drittel für Nahrungsmittel ausgaben, während das Wohnen einen etwa gleich hohen Anteil ausmachte, dafür jedoch eine

31 North, Genuss und Glück, S. 2; Kaspar Maase, Grenzenloses Vergnügen. Der Aufstieg der Massenkultur 1850–1970, Frankfurt a. M. 1997.

32 Medick, Weber, S. 447–450.

33 Hans-Peter Müller, Die »feinen« Unterschiede, wo es keine geben sollte: Anmerkungen zum Verhältnis von Arbeiteraristokratie und Luxus, in: Reith/Meyer (Hg.), Luxus und Konsum, S. 209–220.

repräsentative Wohnung, z.T. mit Personal, ermöglichte. Der preußische Statistiker Ernst Engel wies nach, dass bei steigendem Einkommen die Ausgaben für Nahrungsmittel zwar absolut stiegen, anteilsmäßig jedoch zurück gingen.

Engel'sches Gesetz
Ernst Engel (1821–1896) war ab 1860 Direktor des Königlich Preußischen Statistischen Büros und beschäftigte sich vor allem mit Statistiken zum Konsum und zur Demographie. Das von ihm aufgestellte Engel'sche Gesetz beschreibt eine Gesetzmäßigkeit, wonach der Anteil des Einkommens, den ein Privathaushalt für die Ernährung ausgibt, mit steigendem Einkommen sinkt.

Der Vergleich zwischen Arbeiter- und Bürgerhaushalten bestätigt dies. Die Ausstattung bürgerlicher Haushalte umfasste dementsprechend im Kaiserreich deutlich mehr langlebige Konsumgüter, teure Möbel, Teppiche und Haushaltsgeräte und ermöglichte somit einen repräsentativen Lebensstil.[34]

Auch in der Klassengesellschaft entschieden nicht nur das ökonomische Kapital, die materiellen und Einkommensunterschiede über die Konsummöglichkeiten, Lebensstandard und Lebensart, sondern auch das »soziale Kapital« (soziale Beziehungen, Ehrbarkeit und Ansehen) sowie das »kulturelle Kapital« (schulische und familiäre Bildung, Auseinandersetzung mit Kunst, Malerei, Musik etc.), die schließlich den »Klassengeschmack« und den Lebensstil prägten.[35]

Gleichwohl partizipierten auch die Arbeiterhaushalte an der sich entwickelnden Konsumgesellschaft im Kaiserreich. Ein lang anhaltender Konjunkturaufschwung, steigende Löhne und Kaufkraft sowie die Ausweitung staatlicher bzw. kommunaler Sozial-

34 Klaus Tenfelde, Klassenspezifische Konsummuster im Deutschen Kaiserreich, in: Siegrist/Kaelble/Kocka (Hg.), Europäische Konsumgeschichte, S. 245–266; Rudi Rettig, Strukturverschiebungen der privaten Konsumnachfrage in Deutschland 1850–1913, in: VSWG 71 (1984), S. 342–356.

35 Pierre Bourdieu, Die feinen Unterschiede, S. 32ff., 204.

und Infrastrukturleistungen sorgten für steigende Konsummöglichkeiten. Um die Jahrhundertwende lag der Anteil des für den über die Befriedigung der Grundbedürfnisse hinaus reichenden disponiblen Einkommens bei Arbeiterhaushalten bei 10–25 %. Es wurde u. a. für Freizeit und Vergnügen ausgegeben, für den Besuch auf Jahrmärkten und in Wirtshäusern oder Sportvereinen, vor allem jedoch von den Männern.[36]

Am Beispiel der Arbeiterhaushalte lassen sich dementsprechend über die klassenspezifischen auch sehr gut die geschlechtsspezifischen Konsummuster aufzeigen.

Dass dies kein Phänomen des 19. Jahrhunderts ist, hat u. a. Werner Sombart »Über die Entstehung der modernen Welt aus dem Geist der Verschwendung« für das 16. bis 19. Jahrhundert gezeigt, wo er der »Maitressenwirtschaft« eine Schlüsselrolle in der Entwicklung des Kapitalismus und der Konsumgesellschaft zuschreibt.[37] Hier handelt es sich jedoch um eine Minderheit, die vor allem den Luxuskonsum nachfragte. Die Arbeiterinnen des 19. Jahrhundert waren Teil der sich entwickelnden Massenkonsumgesellschaft nicht zuletzt deshalb, weil sie eine Doppelrolle einnahmen. Sie waren einerseits Lohnarbeiterinnen und sorgten andererseits im Haushalt für das Einkaufen, die Küche, das Waschen und die Instandhaltung der Kleidung und übernahmen damit zentrale Aufgaben der Haushaltsführung, wobei der Haushaltsvorstand rein formal (BGB) dem Mann zustand. Im Zuge der Arbeiten im Haushalt mussten Frauen über ökonomische Grundkenntnisse der Haushaltsführung verfügen. Dies galt in abgewandelter Form auch für bürgerliche Haushalte. Dort war es allerdings eine Prestigefrage und gehörte zum guten Ansehen, wenn die Frauen aus der Produktionssphäre ausschieden bzw. von vorn herein die Aufgabe der Hausfrau übernahmen, um als »Nur-Konsumentin« den Haushalt zu führen. Dieser Prestige-

36 Ebd.; Lynn Abrams, Freizeit, Konsum und Identität deutscher und britischer Arbeiter vor dem Ersten Weltkrieg, in: Siegrist/Kaelble/Kocka (Hg.), Europäische Konsumgesellschaft, S. 267–281.

37 Werner Sombart, Liebe, Luxus, Kapitalismus. Über die Entstehung der modernen Welt aus dem Geist der Verschwendung, Berlin 1996.

aspekt des Nicht-Arbeitens hat sich später auch in niedrigeren sozialen Schichten durchgesetzt und bis weit in die Zeit nach dem Zweiten Weltkrieg galt es als Ausdruck von Wohlstand, wenn die Frau nicht arbeiten »musste«. Dermaßen in die »Konsumentenrolle« gedrängt kam der Frau eine zentrale Rolle bei der Durchsetzung der Konsumgesellschaft zu.

Ins Zentrum der Hausfrauentätigkeit bürgerlicher Haushalte rückte so der Einkauf. Dabei ging es 1. um die Sicherung des täglichen physischen Bedarfs der Bürgerfamilie (Ernährung und Kleidung), 2. um Förderung der innerfamiliären Identität und des Familiensinns (gemeinsame Mahlzeiten, Rituale, Vermittlung von Geschmacksfragen) sowie 3. um die Außendarstellung der Familie (Essenseinladungen, Kleidung), durchaus auch im Sinne von Bourdieu als Distinktionsmittel.[38] Haushaltsführung und Konsum hatten dementsprechend über die reine Nutzenfunktion einen hohen Symbolwert, waren Ausdruck von Stil und Geschmack und dienten der Außendarstellung und der sozialen Abgrenzung bürgerlicher Familien gegenüber den unteren sozialen Klassen.

Geschlechtsspezifischer Konsum zeigt sich auch am Konsum spezifischer Produkte für Frauen und Männer. Das betrifft Literatur und Zeitschriften sowie den Freizeitkonsum, den Konsum technischer Haushaltsgeräte ebenso wie Kleidungsstücke und Kosmetika, wobei durchaus einstmals eindeutige Konnotationen etwa im Bereich der Mode der 1920er Jahre die Geschlechterordnung zunehmend in Frage stellte, da Frauen seitdem auch »Bubikopf«-Frisuren, Krawatten und Hosen trugen. Hygiene-, Pflege- und Kosmetikprodukte wurden seit Ende des 19. Jahrhunderts zunächst von Frauen konsumiert, während Männer hier in einigen Bereichen mit einigen Jahrzehnten Zeitverzögerung oftmals erst in der zweiten Hälfte des 20. Jahrhunderts folgten.[39]

38 Gunilla-Friederike Budde, Des Haushalts ›schönster Schmuck‹. Die Hausfrau als Konsumexpertin des deutschen und englischen Bürgertums im frühen 19. und frühen 20. Jahrhundert, in: Siegrist/Kaelble/Kocka (Hg.), Europäische Konsumgeschichte, S. 411–440.

39 Haupt, Konsum, S. 146–151; James Obelkevich, Männer, Frauen und Körperpflege, in: Siegrist/Kaelble/Kocka (Hg.), Europäische Konsumgeschichte,

Am Beispiel des Lippenstiftes wird deutlich, dass einige Konsumgüter nicht nur fast ausschließlich von Frauen genutzt wurden, sondern dass diese auch politisch-gesellschaftlichen Restriktionen unterliegen konnten. So war es in der Zeit des Nationalsozialismus für die »deutsche Frau« nicht opportun, ihre Fingernägel zu lackieren und Lippenstift zu benutzen. »Das deutsche Mädchen, die deutsche Frau richteten sich nicht mehr nach französischem Modediktat, sondern fanden ihren eigenen ›nordischen Stil‹: ungeschminkt, geflochtene Haartracht, weiblich-sittliche Kleidung«.[40] Wenn Frauen trotzdem in dieser Zeit Lippenstift benutzten, war dies, wie etwa bei der »Swing-Jugend«, ein Ausdruck von »Alltagsdissens« und Verweigerung und damit auch ein politischer Akt. In der Nachkriegszeit und insbesondere seit der zweiten Hälfte der 1950er Jahre, waren es insbesondere die eher unpolitischen Teenager und junge Frauen, die Lippenstift benutzten. 45% der 16- bis unter 30-jährigen Frauen trugen täglich Lippenstift, während der Anteil bei der Alterskohorte der 30- bis 50-jährigen nur bei 29% lag. Weibliche Teenager als Konsumentinnen grenzten sich damit nicht nur gegenüber der Elterngeneration und den Erfahrungen mit Mode und Kosmetik in der NS-Zeit ab, sie stellten damit auch das »hedonistisch konturierte Gegenmodell zum allgemein propagierten Ideal der Wirtschaftswunder-Verbraucherin« dar.[41] Teenager und junge Frauen bis etwa dreißig waren nicht nur konsumorientiert, sondern auch zunehmend selbständig und berufsorientiert. Hier mischten sich Konsumorientierung, Amerikanisierung, Individualisierung und Emanzipation zu einer Art »Lifestyle Revolution«, die als ein »mentalitätshistorischer Umbruch« in der Adenauerzeit verstanden werden kann.[42]

S. 527–545; Martina Hessler, »Mrs. Modern Woman«. Zur Sozial- und Kulturgeschichte der Haushaltstechnisierung, Frankfurt 2001, S. 142–194.

40 Ute Frevert, Frauen-Geschichte. Zwischen bürgerlicher Verbesserung und neuer Weiblichkeit, Frankfurt a. M. 1986, S. 204.

41 Detlef Siegfried, Time Is On My Side. Konsum und Politik in der westdeutschen Jugendkultur der 60er Jahre, Göttingen 2006, S. 151.

42 Ebd., S. 150ff.; Dominik Geppert, Die Ära Adenauer, Darmstadt 2002, S. 87.

In dieser Zeit des »Wirtschaftswunders« fanden weitere soziale Gruppen Anschluss an die sich etablierende Massenkonsumgesellschaft. Dies gilt, wie am Beispiel der Teenager bereits angedeutet, für die junge wie auch für die alte Generation, also für diejenigen, die noch nicht voll im Erwerbsleben stehen bzw. nicht mehr berufstätig sind.

Wirtschaftswunder
Als »Wirtschaftswunder« wird zumeist der Zeitraum zwischen der Währungsreform und den frühen 1960er Jahren bezeichnet, in dem die Wirtschaft der Bundesrepublik Deutschland sehr hohe Wachstumsraten aufwies und parallel dazu auch der Lebensstandard der westdeutschen Bevölkerung rasch anstieg. Wirtschaftshistorische Untersuchungen haben jedoch gezeigt, daß diese vor allem auf ein sehr günstiges Rekonstruktionspotential in den westlichen Besatzungszonen zurück zu führen ist und daß sich vergleichbare Entwicklungen in den meisten westlichen Industrieländern beobachten lassen, so daß von einem spezifischen westdeutschen »Wirtschaftswunder« kaum die Rede sein kann.

Der Anschluss der Alten an die Konsumgesellschaft ist nicht zuletzt das Ergebnis des deutschen Sozialstaats, allerdings erst seit der zweiten Hälfte des 20. Jahrhunderts. Die Bismarcksche Sozialversicherung ermöglichte den Rentnern ein Leben am Rande des Existenzminimums, verschaffte ihnen jedoch kaum ein disponibles Einkommen, welches den Erwerb über die Befriedigung der Grundbedürfnisse hinaus ermöglicht hätte. Dies änderte sich erst mit der Rentenreform 1957, die nicht zufällig mit dem »Wirtschaftswunder« der Nachkriegszeit und dem Beginn der Massenkonsumgesellschaft in der Bundesrepublik zusammenfällt. Die Rentner sollten fortan ein Teil dieser Entwicklung sein, denn infolge der Rentenreform stiegen die Renten der Angestellten um 64,9 % und diejenigen der Arbeiter um 58,8 %.[43]

43 Volker Hentschel, Geschichte der deutschen Sozialpolitik 1880–1980, Frankfurt 1983, S. 168.

Die Dynamisierung der Renten sorgte dafür, dass die Kaufkraftentwicklung der Rentner, deren Anteil kontinuierlich zunahm, auch nachhaltig war. Schließlich erhöhte sich der Altenquotient (= Altersgruppe der 60-Jährigen und Älteren bezogen auf die Altersgruppe der 20- bis 59-Jährigen) von 28,8 % im Jahr 1955 auf 40,6 % zwanzig Jahre später.[44] Demographische Entwicklung, Sozialpolitik, Arbeitsmarkt und Migration sorgten schliesslich dafür, dass das Konsum- und Freizeitverhalten im Alter zu einem regelrechten »Wachstumsmotor« der Wirtschaft und zu einem gewichtigen Aspekt der Konsumgesellschaft wurde.[45]

Etwa zeitgleich verlief die Integration Jugendlicher in die westdeutsche Konsumgesellschaft. Allerdings ist die Verbindung von Jugendlichen bzw. Kindern und Konsum kein gänzlich neues Phänomen. Die Herstellung von ausschließlich für Kinder und Jugendliche bestimmte Produkte wie Kleidung, Bücher oder Spielzeug (welches z. T. wiederum klassen- und geschlechtsspezifisch geprägt war) lässt sich bis ins späte 18. bzw. frühe 19. Jahrhundert zurück verfolgen.[46] Seit der zweiten Hälfte des 20. Jahrhunderts erreichte der Konsum von Kindern und Jugendlichen jedoch neue Dimensionen. Es entwickelte sich eine eigene jugendliche Konsum-Subkultur. Im Mittelpunkt standen dabei Kleidung und Mode, Lesen und Musik hören. Die Durchsetzung der Massenkonsumgesellschaft und eine Veränderung der Einstellungen und Mentalitäten in Richtung einer »konsumistischen Lebensweise« hatte viel mit der Anziehungskraft amerikanischer Lebensweise zu tun. Dabei spielte der Jugendkonsum eine Vorreiterrolle: »Es waren diese massenhaften, von

44 Statistisches Bundesamt (Hg.), Datenreport 1999, Bonn 2000, S. 34.

45 Forschungsinstitut der Friedrich-Ebert-Stiftung (Hg.), Wachstumsmotor Alter(n): Lebensstile – Kaufkraft – Konsum, Bonn 1997; Walter Becker, Konsum- und Freizeitverhalten im Alter. Theoretische Grundlagen für die Verbraucherpolitik, Aachen 1998.

46 Andreas Weigl, Vom Versorgungsfall zur Zielgruppe. Konsumverhalten Wiener Kinder und Jugendlicher zwischen Kinderspeisung und Markefetischismus, in: Rolf Walter (Hg.), Geschichte des Konsums, Stuttgart 2004, S. 221–244; Peter N. Stearns, Konsumgesellschaft: Ein Kinderkreuzzug, in: Siegrist/Kaelble/Kocka (Hg.), Europäische Konsumgesllschaft, S. 139–168.

1956 bis 1960 kaum abreißenden alltäglichen Auseinandersetzungen, in denen sich Amerikanisierung mit jugendlicher Selbstbehauptung verband und wirklich mentalitätsprägend wurde«.[47] Dies bezog sich auch auf den Konsum von Rock 'n' Roll und Coca-Cola ebenso wie auf Petticoats, Kofferradios und Motorroller, auf die Zeitschriften BRAVO, TWEN u. a. Die »halbstarke Subkultur«, war vor allem geprägt durch männliche Arbeiterjugendliche mit eigenem Einkommen und Vorlieben für Rock 'n' Roll, Texashosen und Lederjacken und entsprach damit einem Konsummuster, welches, beeinflusst durch amerikanische Vorbilder, mehr durch Hedonismus als durch Askese gekennzeichnet war. Kaspar Maase geht sogar so weit zu behaupten, dass der Streit um die Amerikanisierung im Mittelpunkt der Auseinandersetzung darum stand, welche kulturelle Ordnung in der sich ökonomisch modernisierenden und geistig nach Westen öffnenden Bundesrepublik gelten sollte.[48] Dazu passt, dass der Zeitzeuge und Konzertveranstalter Fritz Rau mit Blick auf die zunehmende Bedeutung von Musik und Körperlichkeit von einer »Entnazifizierung an Körper und Seele« spricht. Jugendkultur und Jugendkonsum waren somit auch Ausdruck von Antimilitarismus, Antiautorität, einer Destabilisierung traditioneller Sexualnormen und Geschlechterverhältnisse, von Ausbruch und Befreiung.[49] Schon mit der »halbstarken Subkultur« und anderen Jugendkulturen zeigen sich neben der Amerikanisierung »performative Regelverstöße«, Formen des Hedonismus und des generationellen Konfliktes, die bereits vor 1968 »dazu beigetragen [haben], konservative Konsumhindernisse zu brechen, neue Märkte zu erschließen und einen neuen Konsumententypus zu erschaffen« und die damit zugleich Aspekte einer »Kulturrevolution« in sich trugen, die dann von der »1968er«-Generation fortgeführt wur-

47 Kaspar Maase, Amerikanisierung von unten. Demonstrative Vulgarität und kulturelle Hegemonie in der Bundesrepublik der 50er Jahre, in: Alf Lüdtke/Inge Marßolek/Adelheid von Saldern (Hg.): Amerikanisierung. Traum und Alptraum im Deutschland des 20. Jahrhunderts, Stuttgart 1996, S. 300.

48 Ebd., S. 311.

49 Siegfried, Time, S. 110f.

de.[50] Ebenfalls Mitte der 1950er Jahre hatte sich eine andere jugendliche Subkultur etabliert, die eher französisch orientierten »Exis« (Existenzialisten), die sich in erster Linie aus bildungsbürgerlichen Gymnasiasten rekrutierte, Jazzmusik hörte, Literatur konsumierte und sich deutlich vom »plebejischen Habitus« (Maase) der Halbstarken distanzierte.[51] Dies ist zugleich ein Hinweis darauf, dass es im Zuge der sich entwickelnden Massenkonsumgesellschaft in der Bundesrepublik zu einer Ausdifferenzierung sozialer Milieus bzw. zu einer »Pluralisierung der Lebensstile« kam, und dass auch das altersspezifische Konsumverhalten noch einmal milieu- bzw. klassenspezifisch sowie auch geschlechtsspezifisch kodiert war.

Für die Konsumgeschichtsschreibung und die Konsumsoziologie stellt sich dabei die Frage, wie die Gesellschaft und die Sozialstruktur der Bundesrepublik zu charakterisieren ist. Das Soziale Lagen-Konzept beispielsweise berücksichtigt neben den materiellen Ressourcen, Geschlecht und Alter auch Aspekte der Lebenszufriedenheit, also stark subjektive Faktoren, die etwa im Klassenkonzept keine Rolle spielen. So lassen sich für die Bundesrepublik etwa vierzig unterschiedliche soziale Lagen ausmachen.

Das **Konzept der sozialen** Lagen gliedert die Gesellschaft nach sozial bedeutsamen Merkmalen, bei denen neben vertikalen (Schicht, Berufsstatus) auch horizontale (Geschlecht, Alter) sowie materielle auch immaterielle Aspekte wie Lebenszufriedenheit und subjektive Einstellungen berücksichtigt werden.
Das **Konzept der sozialen Milieus** konzentriert sich demgegenüber weniger auf »objektive« soziale Lagen, sondern vor allem auf Fragen des Bewusstseins und der Lebensweise, auf Mentalitäten, Einstellungen und Verhaltensweisen.

50 Stephan Malinwoski/Alexander Sedlmaier, »1968« als Katalysator der Konsumgesellschaft, in: GG 32 (2006), S. 239.

51 Maase, Amerikanisierung von unten, S. 300f.

Noch stärker auf subjektive Faktoren abzielend ist das Konzept der sozialen Milieus, das besonders das Bewusstsein und die Lebensweise, Wertorientierungen, Mentalitäten und Verhaltensweisen unterschiedlicher Bevölkerungsgruppen berücksichtigt. Dieses Konzept geht also umgekehrt vor wie die klassische Sozialstrukturanalyse, die von »objektiven« Kriterien ausgehend nach Klassen oder Schichten unterteilt. Danach lässt sich die westdeutsche (Konsum-)Gesellschaft nach »Subkulturen« unterteilen, etwa mit Blick auf das Konsumverhalten, Einstellungen zu Arbeit und Freizeit, zu Familie und Partnerschaft oder zu politischen Einstellungen. Daraus ergeben sich dann neun idealtypische Milieus, vom »traditionslosen Arbeitermilieu« über das »kleinbürgerliche« und das »hedonistische« bis hin zum »konservativ-gehobenen Milieu«.[52] Solche Studien, die allerdings zunächst nur für die neunziger Jahre, und noch nicht für die 1950er und 1960er Jahre vorliegen, sind zumindest eine wichtige Ergänzung zu den klassischen Sozialstrukturanalysen und erlauben eine noch weiter differenzierte Darstellung der Verteilung von Lebenschancen und Ungleichheiten in der Bundesrepublik. Sie bedürfen einer ungeheuren Datenfülle, einer Vielzahl von Statistiken und empirischer Daten, die für bestimmte Zeiträume nur schwer beizubringen sind. Kann man also von einer Pluralisierung der Soziallagen und Lebensstile sprechen, von einer Auflösung von Klassen und Schichten, von einer »entstrukturierten Klassengesellschaft«?[53]

Der Soziologe Rainer Geissler warnt vor einer Überzeichnung der Begriffe Differenzierung, Diversifizierung, Pluralisierung und Individualisierung, die er ein wenig als modische Trends der Soziologie der achtziger und neunziger Jahre darstellt. »Ungleichheitsforschung ufert zur Vielfaltsforschung aus«, in deren Zentrum stehe »nicht mehr die gesellschaftspolitisch problematische Ungleichheit der Lebensbedingungen, sondern die erfreuliche Vielfalt der Handlungsmöglichkeiten, Lebensformen,

52 S. Geissler, Sozialstruktur, S. 79ff.
53 Vgl. ebd., S. 71–89.

Lebensführung und Lebensstile«.[54] Demgegenüber sollte nach Geissler die Sozialstrukturforschung nicht zu einer »kultursoziologischen Lebensstilforschung« bzw. zu einer »postmodernen, normativ unverbindlichen und beliebigen Vielfaltsforschung« (Geissler) verengt und statt dessen wieder stärker die Dominanz vertikaler Dimensionen der sozialen Ungleichheit betont werden, was schließlich auch für die Einschätzung der Konsumgesellschaft von Relevanz ist.

Eine Geschichte der Konsumgesellschaft ist unvollständig ohne den Hinweis auf nationale und ethnische Kategorien. Dies gilt insbesondere hinsichtlich der Minderheiten in Deutschland seit der Frühen Neuzeit, für Migranten wie Polen und Italiener im Kaiserreich, vor allem jedoch für die Geschichte der Bundesrepublik seit den 1960er Jahren, in der der Anteil der Gastarbeiter, Ausländer und Zuwanderer an der Gesamtbevölkerung kontinuierlich bis auf etwa 10 % Ende des 20. Jahrhunderts angewachsen und damit zu einem bedeutenden Faktor (auf der Angebots- wie auf der Nachfrageseite) der Konsumgesellschaft geworden ist. Hier bildeten sich im Laufe von einem halben Jahrhundert unterschiedliche Konsum-Subkulturen, die wiederum sozialstrukturell, kulturell und religiös geprägt sind und in einem wechselseitigen Verhältnis zur Entwicklung der Konsumgesellschaft (z. B. im Gastronomie-Bereich und der Esskultur: italienische Eisdielen, Pizzerien, China-Restaurants, Döner-Buden) in der Bundesrepublik Deutschland stehen, ohne dass dies bislang angemesssen dargestellt wurde.[55]

54 Ebd., S. 77.

55 Die historische Entwicklung von Zuwanderung, Migration, ethnischen Minderheiten und deren Rolle und Bedeutung für die Konsumgesellschaft in Deutschland ist bislang kaum aufgearbeitet. Ein kurzer Hinweis findet sich bei Haupt, Konsum, S. 107–109.

3. Zeitliche Dimension der Konsumgesellschaft

Die Geschichte der Konsumgesellschaft darzustellen bedeutet fast zwangsläufig, nach den Anfängen der Konsumgesellschaft zu fragen. Die inzwischen umfangreiche Literatur zum Thema macht unterschiedliche Datierungsangebote, die die Anfänge der Konsumgesellschaft zwischen dem 14. und dem 18. Jahrhundert verorten. Unter Hinweis auf Phänomene wie gewerbliche Massenproduktion und mittelalterliche Marktwirtschaft, auf den Lebensmittel- und den Genussmittelkonsum sowie die Gültigkeit des Engelschen Gesetzes bereits im Mittelalter wird der Beginn der Konsumgesellschaft bereits auf das 14./15. Jahrhundert datiert.[56] Ein Großteil der Autoren sieht die Anfänge der Konsumgesellschaft jedoch erst im 18. Jahrhundert und konstatiert einen »epochalen Wandel« der Konsumgesellschaft im 19. und 20. Jahrhundert, wobei der Begriff Konsumgesellschaft eher auf das 19., derjenige der Massenkonsumgesellschaft auf die zweite Hälfte des 20. Jahrhunderts angewandt wird.[57] Nicht selten ist mit Blick auf diesen epochalen Wandel von »Konsumrevolutionen« die Rede. Gemeint ist die »Vorstellung einer friedlichen wirtschaftlichen, sozialen und kulturellen Revolution, die sehr viel direkter dem Allgemeinwohl, dem Fortschritt und dem Individuum dient als die oft mit Gewalt, Schmerz und Zwang verbundenen politischen und institutionell-rechtlichen Revolutionen«.[58] In diesem Sinn stellt der Begriff der »Konsumrevolution« auch das »notwendige Pendant zur Industriellen Revolution, die notwen-

56 Walter, Geschichte des Konsums – Einführung, in: ders. (Hg.), Geschichte des Konsums, S. 8; Allen Grieco, Lebensmittel und soziale Hierarchien im spätmittelalterlichen und frühneuzeitlichen Europa, in: Prinz (Hg.), Der lange Weg, S. 38; Annerose Menninger, Genuss im kulturellen Wandel. Tabak, Kaffee, Tee und Schokolade in Europa (16.–19. Jahrhundert), Stuttgart 2004; Jakob Tanner u. a. (Hg.), Geschichte der Konsumgesellschaft. Märkte, Kultur und Identität (15.–20. Jahrhundert), Zürich 1998.

57 Haupt, Konsum, S. 25–30; König, Konsumgesellschaft, S. 7, 32; Hannes Siegrist, Konsum, Kultur und Gesellschaft im modernen Europa, in: Siegrist/Kaelble/Kocka (Hg.), Europäische Konsumgeschichte, S. 42–48.

58 Siegrist, Konsum, S. 42.

dige Veränderung der Nachfrageseite der Gleichung [dar], um die Veränderung auf der Angebotsseite auszugleichen«.[59] Parallelen werden auch mit dem Begriff der »Achsenzeit des Konsums« gezogen, ergeben sich durch Hinweise auf Konjunkturen und Phasenverläufe im 19. und 20. Jahrhundert. »Konsumrevolutionen« werden schließlich für das 17. und 18. Jahrhundert in den Niederlanden und Großbritannien ausgemacht, die Französische Revolution wird als »Konsumrevolution« interpretiert, ebenso wie die Urbanisierung Europas im 19. Jahrhundert, die amerikanische Entwicklung in der Zwischenkriegszeit, der westeuropäische Aufbruch der 1960er/70er Jahre sowie die Umbrüche in Osteuropa 1989/90.[60] So gesehen erscheint die Geschichte der Konsumgesellschaft als eine »permanente Revolution«, die durch eine Aneinanderreihung von Brüchen gekennzeichnet ist. Angemessener erscheint demgegenüber die Betonung eines evolutionären Charakters der Konsumgesellschaft, der unter Berücksichtigung des Begriffs des »Konsumtionsregimes« langfristige ökonomische, soziale, politische und kulturelle Entwicklungen integriert und unterschiedliche Ausprägungen der Konsumgesellschaft, angefangen von der Frühen Neuzeit über das Kaiserreich bis hin zur Bundesrepublik und der DDR, hervorhebt.

Die Anfänge der Konsumgesellschaft lassen sich dabei durchaus auch als Parallelentwicklung – und zwar zur »Protoindustrialisierung« – kennzeichnen. »Protoindustrialisierung«, verstanden als »gewerbliche Warenproduktion auf dem Land für den Massenabsatz auf interrgionalen und internationalen Märkten«[61], bezeichnet damit auch die Formationsphase der Konsumgesellschaft in der Frühen Neuzeit, in der nicht allein Luxus-Konsumgüter für die wohlhabenden Stände des Adels und des gehobenen Bürgertums produziert wurden, sondern auch Mas-

59 Stihler, Die Entstehung des modernen Konsums, S. 13.
60 Siegrist, Konsum, S. 42–48.
61 Peter Kriedte/Hans Medick/Jürgen Schlumbohm, Industrialisierung vor der Industrialisierung, Göttingen 1978, S. 13.

senartikel wie Kleidung, Knöpfe, Borten, Schnallen, Haken und Tücher, die den »Konsum auf breiter Ebene« vorantrieben.[62]

Unter Berücksichtigung der Kategorie der Marktentnahme oder der Marktintegration spricht schließlich vieles dafür, den Beginn der Konsumgesellschaft in die Frühe Neuzeit oder sogar bis ins Spätmittelelter zu datieren. Kennzeichen einer »frühneuzeitlichen Verbrauchergesellschaft« (Dietrich Ebeling und Wolfgang Mager) ist die Tatsache, dass die Konsumenten zunehmend auf die hauswirtschaftliche Eigenproduktion verzichteten und Nahrung, Kleidung, Hausrat sowie sonstige Güter des alltäglichen Bedarfs über den Markt erwarben. Die Marktintegration ging zunächst von den großen Städten aus und erfasste im 15. und 16. Jahrhundert zunehmend auch agrarische Regionen, wobei »eine Verbrauchernachfrage nach gewerblichen Erzeugnissen eines breiten Massenbedarfs [entstand], welche die städtische Konsumentennachfrage bald in den Schatten stellte«.[63]

4. Orte, Wege und Kommunikation des Konsums

Grundlegende Fragen des Lebensunterhalts und des Konsums werden innerhalb der Privathaushalte geregelt. Sie sind die zentralen Institutionen des Endverbrauchs. Der Privathaushalt ist der »ökonomische Ort des Konsums«.[64] Haushalte lassen sich auch als »Lebens- und Versorgungsgemeinschaften« charakterisieren, in denen die im Rahmen der Subsistenz- oder auch der Marktwirtschaft erzeugten bzw. erworbenen Güter und Dienstleistungen konsumiert werden. Im Zuge der wachsenden Marktintegration stieg die Bedeutung des Privathaushalts als Konsum-

62 Rainer Beck, Luxus oder Decencies? Zur Konsumgeschichte der Frühneuzeit als Beginn der Moderne, in: Reith/Meyer (Hg.), Luxus und Konsum, S. 36f.

63 Dietrich Ebeling/Wolfgang Mager, Einleitung, in: dies. (Hg.), Protoindustrie in der Region. Europäische Gewerbelandschaften vom 16. bis zum 19. Jahrhundert, Bielefeld 1997, S. 23.

64 Toni Pierenkemper, Haushalt und Verbrauch in historischer Perspektive. Ein Forschungsüberblick, in: ders. (Hg.), Haushalt und Verbrauch, S. 22.

gemeinschaft, dessen wesentliche Funktion in der Organisation des Verbrauchs seiner Mitglieder lag.[65] Mit der Ablösung von der Subsistenzwirtschaft stieg auch die Notwendigkeit des Bezugs von Gütern und Dienstleistungen über den Markt.

Die städtischen Wochenmärkte waren seit dem Mittelalter die Zentren der Lebensmittelversorgung. Darüber hinaus gab es Märkte für Kleidung, Möbel und andere Gebrauchsgegenstände sowie Messen und Jahrmärkte, die neben einem umfangreichen Warenangebot zunehmend auch eine Freizeitfunktion übernahmen.[66] Charakteristisch für den Konsum auf Märkten war der direkte Kontakt zwischen Produzenten bzw. Kaufleuten und Konsumenten, wobei letztere die Qualität der Ware über den Tast- oder Geruchssinn prüfen konnten. Im Rahmen dieser persönlichen Beziehungen spielten Fragen des personalen Vertrauens eine wichtige Rolle.[67] Darüber hinaus sorgten städtische Institutionen wie die »Marktpolicey« dafür, dass die Verbraucher auf den Märkten bei Preisen und Gewichten nicht übervorteilt wurden.

Die Versorgung auf dem Land war zumeist schlechter als in den Städten. Dieses Gefälle führte zur Herausbildung des Hausiererwesens, das jedoch zwischen dem 17. und 19. Jahrhundert scharfen polizeilichen Kontrollen und z.T. auch Verboten unterworfen war, nicht zuletzt, weil es zunehmend in Konkurrenz zum lokalen Kleinhandel trat. Neben dem Handwerkshandel waren es hier vor allem kleinere Krämer, die in ihren Läden mit Kolonial-, Tuch- oder Eisenwaren sowie auch mit Lebensmitten handelten. Im Zuge der Gewerbefreiheit des 18. und 19. Jahrhun-

65 Ebd., S. 2, 10f.

66 Uwe Spiekermannn, Basis der Konsumgesellschaft. Entstehung und Entwicklung des modernen Kleinhandels in Deutschland 1850–1914, München 1999, S. 34ff.; Haupt, Konsum, S. 40ff.

67 Hartmut Berghoff, Die Zähmung des entfesselten Prometheus? Die Generierung von Vertrauenskapital und die Konstruktion des Marktes im Industrialisierungs- und Globalisierungsprozess, in: ders., Hartmut Vogel (Hg.), Wirtschaftsgeschichte als Kulturgeschichte. Dimensionen eines Perspektivenwechsel, Frankfurt 2004, S. 144ff.

derts kam es zu einer Spezialisierung und Ausdifferenzierung des Kleinhandels, die mit einer Dezentralisierung der Ladenstruktur in der zweiten Hälfte des 19. Jahrhunderts einher ging.[68] Der Laden war ein »neuer Ort des Absatzes und des Einkaufens« und kann als »institutionelles Pendant zur Fabrik« (Uwe Spiekermann) verstanden werden sowie als Beginn weiterer Innovationen wie dem Kaufhaus, der Konsumgenossenschaft oder dem Filialbetrieb. Sie alle waren, entsprechend der Tendenz der Massenproduktion, Orte der Massendistribution bzw. des Massenkonsums. Auch hier spielten klassen- und schichtenspezifische Aspekte eine Rolle, wie etwa die Konsumvereine und Konsumgenossenschaften des 19. Jahrhunderts zeigen, die vornehmlich in Regionen mit hohem Arbeiteranteil nicht zuletzt aus Kritik am Kleinhandel entstanden, und die ihren Mitgliedern einen preiswerten und qualitätsvollen Einkauf ermöglichen wollten.[69]

Filialbetriebe als räumlich voneinander getrennte Verkaufsstätten des gleichen Unternehmens waren Ausdruck einer zunehmenden Arbeitsteilung, einheitlicher Verwaltung, betrieblicher Rationalisierung und damit Kostensenkung im Distributionsbereich. Insbesondere im Kaffee-, Tee- und Tabakhandel setzte sich das Filialprinzip durch (Kaiser's Kaffeegeschäft, Tengelmann), und vor dem Ersten Weltkrieg verfügten einige Unternehmen bereits über weit mehr als 1.000 Filialbetriebe. Parallel dazu etablierten sich neue Formen der Kommunikation zwischen Händlern und Verbrauchern. Filialbetriebe, in der zweiten Hälfte des 20. Jahrhundert auch Selbstbedienungsläden und Supermärkte, legten Wert auf eine einheitliche Gestaltung der Ladenfront, auf die Präsentation des Firmensymbols und dessen Wiedererkennungseffekt sowie auf feste Preise. Zusätzlich sollte Werbung den Verkauf anregen und in einem zunehmend entpersonalisierten und anonymisierten Verhältnis zwischen Pro-

68 Spiekermann, Basis der Konsumgesellschaft, S. 162ff.

69 Michael Prinz, Brot und Dividende: Konsumvereine in Deutschland und England vor 1914, Göttingen 1996; Spiekermann, Basis der Konsumgesellschaft, S. 238–277.

duzenten bzw. Kaufmann und Verbrauchern sowie einer wachsenden Konkurrenz zwischen den Anbietern den Konsumenten Kaufanreize bieten, sie umwerben und ansprechen. Im Unterschied zum vormodernen Marktausrufen geschah dies nicht mehr allein verbal über die Sprache, sondern visuell mit Hilfe von Bildern und Plakaten, Zeitungsanzeigen und Litfasssäulen sowie über Lichterwerbung und die Verpackung. Im Laufe des 20. Jahrhundert wurden auch die technischen Möglichkeiten neuer Medien wie dem Radio, dem Film und dem Fernsehen genutzt. Zusammen mit dem Markenartikel entwickelten die Anbieter bereits im 19. Jahrhundert moderne Methoden des Marketing, welche die Vertrauenslücke schließen sollten, die im Zuge der Entpersonalisierung und der Anonymisierung des Konsums entstanden war. Bis weit ins 20. Jahrhundert hinein blieb die Anbieterinformation in Form von Werbung und Marketing zugleich die wesentliche Informationsquelle der Verbraucher, was zu Informationsasymmetrien zwischen Produzenten, Kaufleuten und Konsumenten führte.[70]

Die neuen Formen der Konsumkommunikation wurden rasch von den neuen Konsumeinrichtungen wie Waren- und Kaufhäusern aufgegriffen. Während Kaufhäuser als Großbetriebe sich durch ein Schwerpunktsortiment auszeichneten, verfügten Warenhäuser über ein breiteres Warenangebot, welches von Lebensmitteln und Textilien bis hin zu Möbeln, Haushaltwaren und Luxusartikeln reichte. Zugleich verfügten sie über umfangreichere Möglichkeiten des Großeinkaufs, der Werbung, des Massenabsatzes, und konnten ihre Waren zu niedrigeren Preise in z. T. repräsentativer und prachtvoller Architektur anbieten. Warenhäuser wie Wertheim, Tietz, Karstadt oder Althoff waren somit nicht selten repräsentative Orte des Konsums, der sich bereits

70 Peter Borscheid/Clemens Wischermann (Hg.), Bilderwelt des Alltags. Werbung in der Konsumgesellschaft des 19. und 20. Jahrhunderts, Stuttgart 1995; Christiane Lamberty, Reklame in Deutschland 1890–1914. Wahrnehmung, Professionalisierung und Kritik der Wirtschaftswerbung, Berlin 2000; Dirk Reinhard, Von der Reklame zum Marketing. Geschichte der Wirtschaftswerbung in Deutschland, Berlin 1993.

vor dem Ersten Weltkrieg zu einer Art Freizeitbeschäftigung entwickelte.[71] Dieser Trend sollte sich in der zweiten Hälfte des 20. Jahrhunderts und unter dem Einfluss amerikanischer Leitbilder der Konsumgesellschaft in Form der Einkaufszentren und Shopping-Malls fortsetzen, so dass der Gebrauchsnutzen des Einkaufens zunehmend mit dem Freizeitwert und der Erlebnisorientierung vermischt wurde.[72]

Eine Besonderheit der Konsummöglichkeiten stellte der Versandhandel dar. Die Verbraucher konnten sich hier die von ihnen gewünschten Waren direkt ins Haus liefern lassen. Dies war, ebenfalls ausgehend von den USA im späten 19. Jahrhundert, insbesondere in ländlichen Gegenden von Vorteil, die über keine ausgebaute Konsuminfrastruktur verfügten. Moderne Transportmittel wie die Eisenbahn oder das Automobil ermöglichten einen raschen Versand von Gütern über weite Distanzen hinweg. In Deutschland verzögerte der dörfliche Einzelhandel oder der Hausierer- und Wanderhandel die Durchsetzung des Versandhandels, der erst seit den 1950er Jahren an Bedeutung gewann.[73]

Die enge Verknüpfung von Konsum und Freizeit war Ausdruck der sich entwickelnden Industriegesellschaft, die gegen Ende des 19. Jahrhunderts auch der Arbeiterschaft durch ein Mehr an freier Zeit und verfügbarer Einkommen auch neue Formen des Freizeitkonsums ermöglichte. Der neuzeitliche Freizeitbegriff weist auf die Trennung von Arbeit und Freizeit hin. Negativ definiert war Freizeit das Gegenstück zur Arbeit, begann mit dem »Feierabend« und betraf in erster Linie die lohnabhängig Beschäftigten, die diese Zeit, positiv ausgedrückt, als Muße und Eigenzeit nutzen konnten. In vorindustrieller Zeit war eine solch strikte Trennung zwischen Arbeit und Freizeit kaum möglich. Für die unterschiedlichen Stände und Schichten stellte

71 Detlef Briesen, Warenhaus, Massenkonsum und Sozialmoral. Zur Geschichte der Konsumkritik im 20. Jahrhundert, Frankfurt 2001, S. 43–53; Spiekermann, Basis der Konsumgesellschaft, S. 236, 363–382.

72 Stihler, Entstehung des modernen Konsums, S. 123ff.; König, Konsumgesellschaft, S. 106f.

73 König, Konsumgesellschaft, S. 95ff.

sich die disponible Zeit in Form von Geselligkeit, Unterhaltung und Vergnügen sehr unterschiedlich dar. Für den Adel und die höfische Gesellschaft waren zentrale Orte des Kulturkonsums der Konzertsaal, die Oper oder das Theater. Das Bildungsbürgertum traf sich im Caféhaus, im Gesangsverein oder der Lesegesellschaft. Auch hier spielte der Konsum, etwa von Genussmitteln oder Kulturgütern wie dem Buch, eine wichtige Rolle und war zugleich geschlechtsspezifisch geprägt. Freizeitkonsum fand zudem meist im öffentlichen Raum statt und war vorwiegend Männersache.[74]

Reisen als Ausdruck des Freizeitkonsums bedeutete einen Ortswechsel, die Überwindung des Raums und die bewusste Konfrontation mit dem Anderen und dem Fremden. Auch das Reisen war zunächst nur dem Adel oder dem Bürgertum vorbehalten. Als Reisemittel standen die Kutsche, das Schiff oder die Eisenbahn (erste bis vierte Klasse), seit dem späten 19. und frühen 20. auch das Automobil zur Verfügung. Breitere soziale Schichten kamen erst in den 1920er Jahren in den Genuss des Reisens, bevor sich eine Massenmobilität und der Massentourismus als Teil des Massenkonsums seit den 1950er Jahren durchsetzte.[75] Die Begegnung mit dem Unbekannten bedeutete auch eine Begegnung mit anderen Konsummustern und -produkten, mit Sitten und Gebräuchen, die nicht selten adaptiert und so in die heimische Konsumgesellschaft integriert wurden. Hier zeigen sich zunehmend interkulturelle Aspekte des Konsums.

Freizeitkonsum im öffentlichen Raum betraf die adelige und bürgerliche Konsumkultur ebenso wie die Freizeitgestaltung der Arbeiterschaft (Wirtshaus, Jahrmärkte). Neue Formen und Möglichkeiten des Freizeitkonsums wie das Kino oder das Tanzcafé bedeuteten zugleich erste Schritte zur Überwindung der klassen- und geschlechtsspezifischen Trennung des Freizeitkon-

74 Vgl. Michael North, Genuss und Glück.

75 Christiane Keitz, Reisen als Leitbild. Die Entstehung des modernen Massentourismus in Deutschland, München 1997; König, Konsumgesellschaft, S. 265–332.

sums. Andererseits bestand etwa im Bereich des Sports noch bis in die 1920er Jahre die Trennung in Arbeiter- und bürgerliche Sportvereine. Auch wenn diese Entwicklung der Popularisierung und der Demokratisierung der Massenkultur und des Massenkonsums im Laufe des 20. Jahrhunderts in vielen Bereichen überwunden wurde[76], so gab es doch zugleich Gegenbewegungen. Dabei zeigten sich dann die »feinen Unterschiede« im Freizeitkonsum, etwa bei Sportarten wie Tennis oder Golf, bei der Wahl exklusiver Reiseorte oder Restaurants, die nach wie vor eine räumliche und schichtenspezifische Trennung des Freizeitkonsums erkennen liessen.

Auch der Zusammenhang zwischen Freizeitkonsum und Öffentlichkeit ist nicht zwangsläufig. Mit der Entwicklung neuer Technologien wie dem Radio oder dem Fernsehen (»Heimkino«) lässt sich seit der zweiten Hälfte des 20. Jahrhunderts parallel zum öffentlichen Freizeitkonsum eine Individualisierung und eine Initimisierung des Freizeitverhaltens beobachten.

76 Dazu ausführlich Maase, Grenzenloses Vergnügen.

II. Bereiche

1. Ernährung

Die Ernährung bildet die Grundlage der menschlichen Existenz. Essen und Trinken gehören zu den Grundbedürfnissen des Menschen, und für einen Großteil der Bevölkerung bedeutete dies in der vorindustriellen Zeit bis weit ins 19. Jahrhundert hinein, dass sie mehr als die Hälfte ihres Arbeitseinsatzes oder ihres Einkommens für die Ernährung bzw. die Nahrungsmittelerzeugung aufbringen mussten.[1] Als Grundnahrungsmittel galten vor allem Getreide, Brot und Mehlspeisen sowie Kartoffeln und Fleisch, an Getränken neben Wasser, Wein und Bier auch Milch. Ein Teil dieser Grundnahrungsmittel wurde von den Verbrauchern in Form der Subsistenzwirtschaft selbst angebaut bzw. produziert, wobei dies nicht nur auf Bauern oder unterbäuerliche Schichten zutraf, auch Bürger besaßen nicht selten kleinere Felder oder Gärten vor den Toren de Stadt, die zur Eigenversorgung dienten.

Mit Blick auf den Fleischkonsum wird deutlich, dass es beim Lebensmittelkonsum keine linearen Entwicklungen gab. Seit dem 16. Jahrhundert ist nicht etwa eine Zunahme, sondern ein Rückgang des Fleischkonsums zu beobachten, der dann im 19. Jahrhundert wieder anstieg. Der Fleischkonsum ist ein Gradmesser für den wachsenden Wohlstand der deutschen Gesellschaft. Das deckt sich mit Untersuchungen, nach denen um 1800 erst ca. 10 % der Bevölkerung über ein disponibles Einkommen verfügten, welches einen Konsum über die Befriedigung der Grundbedürfnisse hinaus erlaubte, während es um 1900 etwa 25 % waren.[2] Das drückte sich auch im Konsum höherwertiger Lebens-

1 Sandgruber, Anfänge, S. 131; König, Konsumgesellschaft, S. 136.

2 König, Konsumgesellschaft, S. 124; Dietmar Wottawa, Protektionismus im Außenhandel Deutschlands mit Vieh und Fleisch zwischen Reichsgründung und Beginn des Zweiten Weltkriegs, Frankfurt 1985, S. 12ff.

mittel wie Fleisch aus. Allerdings gab es hier auch »feine Unterschiede«, denn während der Braten eher eine »Herrenspeise« und das Kochfleisch eine »Volksspeise« war, blieben dem »niederen Volk« vor allem Nieren, Hirn oder Därme bzw. Kehle, Maul und Füße.[3]

Ernährung und Lebensmittelkonsum diente auch in vorindustrieller Zeit nicht ausschließlich der Befriedigung von Grundbedürfnissen. Essen und Trinken war auch Ausdruck eines bestimmten Lebensstils. Allerdings war die Nahrungsmittelversorgung bis zur Mitte des 19. Jahrhunderts nicht flächendeckend gesichert. Naturkatastrophen, schlechte Witterung, Kriege und Krisen führten in unregelmäßigen Abständen zu Lebensmittelengpässen und Hungerkatastrophen. Versorgungsengpässe und gestiegene Lebensmittelpreise waren nicht selten Mitauslöser für Hungerrevolten und Revolutionen, etwa im Fall der Französischen Revolution oder der Revolution 1848.

Städte und Landesherren waren deshalb bemüht, durch dirigistische Eingriffe, etwa das Anlegen von Getreidespeichern oder Ausfuhrverbote und Preisfestsetzungen, eine regelmäßige Getreide- und Nahrungsmittelversorgung zu sichern und die ebenso regelmäßig auftretenden Nahrungsmittelkrisen abzumildern.[4]

Mit der Überwindung der letzten »Wirtschaftskrise vorindustriellen Typs« (1846/47), mit dem Übergang von der Agrar- zur Industriegesellschaft, mit der Industrialisierung und Technisierung der Lebensmittelherstellung und mit der Ablösung der Selbstversorgung durch eine zunehmende Marktintegration kam es im Laufe des 19. Jahrhunderts zu einer radikalen Umformung der Lebensmittelversorgung, die schließlich den »Durchbruch zum modernen Massenkonsum« (Hans-Jürgen Teuteberg) markierte. Die Vielfalt der angebotenen Nahrungsmittel nahm zu, die Produkte verbilligten sich, und auch untere soziale Schichten

3 Hans Jürgen Teuteberg; Günter Wiegelmann, Der Wandel der Nahrungsgewohnheiten unter dem Einfluss der Industrialisierung, Göttingen 1972, S. 103, 118, 129.

4 Hans-Jürgen Teuteberg, Zum Problemfeld Urbanisierung und Ernährung im 19. Jahrhundert, in: ders. (Hg.), Durchbruch, S. 10.

konnten nun Nahrungsmittel wie Zucker, Orangen oder Bananen erwerben, die noch bis weit ins 19. Jahrhundert als Luxusgüter galten. Voraussetzung dafür war u.a. die Erschließung neuer Transportwege und -möglichkeiten sowie die Kühl- und Konservierungstechnik, die eine globale Lebensmittelversorgung ermöglichte.

Trotz einer grundsätzlich verbesserten und gesicherten Ernährungslage kam es in Krisen und Kriegszeiten auch im 20. Jahrhundert mehrfach zu Versorgungsengpässen, Mangel- und Hungersituationen. Dies betrifft vor allem die direkten Nachkriegsphasen des Ersten und Zweiten Weltkriegs. Die Hunger- und Knappheitserfahrungen haben das kollektive Gedächtnis eines großen Teils der deutschen Bevölkerung über mehrere Jahrzehnte hinweg geprägt. Zudem gab es in den ersten Jahren nach dem Zweiten Weltkrieg Nachholphänomene, die als »Fresswelle« charakterisiert werden.[5] Damit deutete sich an, dass im Zuge des Wirtschaftsaufschwungs und des sogenannten Wirtschaftswunders erstmals in der deutschen Geschichte nicht mehr der Mangel, sondern der Überfluss an Nahrungsmitteln zu einem Problem wurde. Dies hatte auch mit neuen Formen des Nahrungskonsums und neuen Nahrungsgewohnheiten wie etwa der Übernahme amerikanischer »fast-food«-Ernährung zu tun. Essen wurde zunehmend auch als Teil der Freizeitgestaltung verstanden. Während also die Möglichkeiten eines gesicherten und qualitativ hochwertigern Lebensmittelkonsums stiegen, nahmen parallel dazu die Beschleunigung des Nahrungsmittelkonsums zu, wobei »Essen zu einer ubiquitären und omnitemporären Haltung geworden [ist], zu einer Tätigkeit an beliebigem Ort und zu beliebiger Zeit«.[6] Damit stiegen auch die Gefahren falscher und ungesunder Ernährung. Gegen Ende des 20. Jahrhunderts wurde dies Gegenstand des gesellschaftlichen Diskurses. Dies ist allerdings kein neues Phänomen. Bereits hundert Jahre zuvor setzte

5 Michael Wildt, Vom kleinen Wohlstand. Eine Konsumgeschichte der fünfziger Jahre, Frankfurt 1996, S. 77.

6 König, Konsumgesellschaft, S. 181.

sich die Lebensreformbewegung für einen bewussteren Umgang mit Lebensmitteln und für eine gesunde Ernährung ein, gründete Landkommunen, Lebensmittelgenossenschaften und Reformhäuser, und ihre Mitglieder mussten sich nicht selten als »Kohlrabi-Apostel« oder »Zwiebacknasen« beschimpfen lassen.[7] Einhundert Jahre später sind es neben Fragen der gesunden Ernährung und der alternativen bzw. Bio-Produktion von Lebensmitteln vor allem auch Aspekte der Globalisierung und der Ökologie, die zu einer Kritik des (unreflektierten) Nahrungsmittelkonsums und zu Forderungen nach einer Umkehr des Verbraucherverhaltens führen.[8]

Doch trotz der umfangreichen Veränderungen der Nahrungsgewohnheiten seit der Frühen Neuzeit bis heute »ist eines gleichgeblieben: In der Mahlzeit spiegeln sich Einstellungen und Werthaltungen der Essenden, und was sie für Wert halten, das sagt etwas über die Gesellschaft aus, in der sie leben«.[9]

2. Kleidung

Auch die Kleidung gehört zu den menschlichen Grundbedürfnissen. Da der Mensch von Natur aus nackt ist, kommt der Kleidung eine Schutzfunktion zu. Kleidung schützt vor Kälte, Nässe und Hitze. Zugleich bedeckt die Kleidung die Scham. Während das Schamgefühl einerseits zur Verhüllung des Körpers führte, sendet dieser andererseits Signale aus, die über die funktionale Seite der Kleidung hinausreicht und symbolischen, modischen oder gar erotischen Charakter hat. Fragen der Mode wiederum berühren geschlechtsspezifische Aspekte der Kleidung.

Modische Entwicklungen von Kleidern lassen sich bis in prähistorische Kulturen zurückverfolgen. Bis ins Hochmittelalter

7 Ulrich Linse, Ökopax und Anarchie. Eine Geschichte der ökologischen Bewegungen in Deutschland, München 1986, S. 14–18.

8 Tanja Busse, Die Einkaufsrevolution. Konsumenten entdecken ihre Macht, München 2006, S. 99–163.

9 Becher, Geschichte des modernen Lebensstils, S. 108.

waren Männer und Frauen ähnlich gekleidet. Die Kleidung einfacher Leute war weitgehend funktional ausgerichtet und wurde selten gewechselt. Mittelalterliche Bauern trugen eine Art Allzweck-Kleidung, und erst mit zunehmender Arbeitsteilung, der Spezialisierung im Erwerbsleben und der Verbesserung des Lebensstandards entwickelte sich eine Differenzierung in Arbeits- und Freizeitbekleidung, die insbesondere im 19. Jahrhundert einen weiteren Differenzierungsschub erfuhr (Badebekleidung, Sportbekleidung, Ausgehkleidung etc.). Der Wechsel der Kleidung nahm zu, nicht zuletzt aus Gründen der Hygiene und der Mode.[10]

Seit dem Spätmittelalter beschleunigten sich modische Trends in der Kleidung, begleitet von der Trennung in (körperbetonte) Männer- und Frauenkleidung. Das zeigt sich besonders am Beispiel der Hose. Frauen trugen Kleider und Röcke. Das war nicht allein eine Frage der Funktionalität, sondern hatte auch symbolische und Machtaspekte. Der »Kampf um die Hose« durchzog die gesamte Frühe Neuzeit und war Ausdruck des »Geschlechterstreits um die Macht im Haus«. Erst seit der Französischen Revolution gab es eine größere Anzahl von Frauen, die Hosen trugen, in Deutschland dauerte es jedoch noch bis in die 1960er/70er Jahre, bis das Tragen von Hosen für Frauen und Mädchen zu einer Selbstverständlichkeit wurde.[11]

Modische Kleidung bezog sich nicht nur auf die Kleider im engeren Sinn, sondern auch auf Accessoires und Zierrat wie Knöpfe, Kopfbedeckungen, Krägen, Schleifen, Haar- und Barttrachten u.a. Ein besonderes Beispiel für geschlechtsspezifische Mode stellt das Korsett dar, welches vor allem die weibliche Brust und Taille betont und nicht selten zu gesundheitlichen Problemen führte. Die Leitbilder der jeweiligen Moden wurden bis ins 19. Jahrhundert durch die gesellschaftlichen Eliten vorgegeben, etwa durch den Hochadel und die Königshäuser, wo-

10 Wolfgang Reinhard, Lebensformen Europas. Eine historische Kulturanthropologie, München 2004, S. 128f., 132f.

11 Sigrid Metken, Kampf um die Hose: Geschlechterstreit um die Macht im Haus, Frankfurt 1996; Reinhard, Lebensformen Europas, S. 114–120.

bei in Europa jeweils die politisch führende Macht auch die Modetrends bestimmte. Die Unterschichten waren von der Mode kaum berührt.

Die Industrialisierung und die Französischen Revolution bedeuteten einen Strukturbruch des Kleiderkonsums. Das lässt sich etwa am Beispiel der Baumwolle beobachten, die als ehemaliges Luxusprodukt im Zuge verbesserter Transportmöglichkeiten aus Übersee, durch Liberalisierung des Handels und zunehmende Marktintegration, Maschinisierung und Massenproduktion spätestens im 19. Jahrhundert auch als Alltags- und Arbeitsbekleidung breiter Bevölkerungsschichten diente. Mit der Französischen Revolution kam es, wie am Beispiel der Verbreitung der Hose bei Männern und Frauen gezeigt, zusätzlich zu einer Trendsetterfunktion einfacher Bekleidung. Diese Entwicklung setzte sich über die Lebensreformbewegung seit Ende des 19. Jahrhunderts bis hin zum Siegeszug der Jeans nach dem Zweiten Weltkrieg als Ausdruck eines jugendlichen, amerikaorientierten, vulgarisierten und zugleich demokratischen Lebensstils durch. Darüber hinaus bestätigt sich am Beispiel der Jeans die These René Königs, dass Mode der Macht folgt und die politische Weltmacht USA auf dem Gebiet der Alltagsmode den Ton angibt. Damit setzte eine »radikale Demokratisierung der Mode« (René König) ein, bei der vor allem junge Frauen eine zentrale Rolle spielten.[12]

Spätestens seit der zweiten Hälfte des 20. Jahrhunderts ist Mode allgegenwärtig, und der Wechsel der Moden beschleunigt sich rasant. Mode zeichnet sich dabei nicht nur durch Differenzierung und ständig wechselnde Kleidungsgewohnheiten aus, sondern auch durch Normierung und Vereinheitlichung, wie sie in der Massenkonfektion zum Ausdruck kommt.[13]

12 Reinhard, Lebensformen Europas, S. 116, 128; König, Konsumgesellschaft, S. 185ff.; Kaspar Maase, Bravo Amerika. Erkundungen zur Jugendkultur der Bundesrepublik in den fünfziger Jahren, Hamburg 1992, S. 204–219; René König, Menschheit auf dem Laufsteg. Die Mode im Zivilisationsprozess, Opladen 1999, S. 9–26.

13 Silvia Bovenschen, Über die Listen der Mode, in: dies. (Hg.), Die Listen der Mode, Frankfurt 1986.

Langfristige Entwicklungen hin zu einer Demokratisierung von Kleidung und Mode sollten jedoch nicht darüber hinwegtäuschen, dass soziale Unterschiede auf diesem Gebiet nicht mehr relevant waren. Kleider machen nach wie vor Leute, und gerade die »feinen Unterschiede« haben hier eine große Bedeutung. Sie kommen bei einer auf den ersten Blick optischen Ähnlichkeit der Kleidungsstücke vor allem in Qualitätsunterschieden sowie durch eine zunehmende Markenorientierung zum Ausdruck, die sich in erheblichen Preisunterschieden niederschlägt. Dementsprechend gibt es nach wie vor soziale Unterschiede im Kleidungskonsum.

Schließlich sind Fragen der Globalisierung beim Kleidungskonsum besonders relevant. Niedrigpreisige Baumwollkleidung wie T-Shirts werden z. B. auf der Basis amerikanischer (subventionierter) Baumwolle nach China oder Indien transportiert, dort in Spinnereien und Nähereien bei niedrigen Löhnen und schlechten Arbeits- und Umweltbedingungen weiterverarbeitet und anschließend auf dem amerikanischen oder europäischen Markt abgesetzt. Dieses globalisierte Konsumtionsregime, beeinflusst durch Lobbygruppen, Interessensverbände, Quoten und Regulierungen auf nationaler und internationaler Ebene, wiederum hat Auswirkungen auf die Textil- und Bekleidungsindustrie der Industriestaaten, die seit Jahren im Niedergang begriffen ist, sowie auf die Produkte selbst. Diese sind zwar sehr kostengünstig, dafür aber häufig qualitativ minderwertig und stark schadstoffbelastet. In der gegenwärtigen Diskussion stellt sich die Frage, inwieweit diese Entwicklungen von Produzenten und Konsumenten als Resultate einer globalisierten Marktwirtschaft gewünscht sind bzw. mit Hilfe staatlicher Regulierung, internationaler Vereinbarungen, Selbstverpflichtungen von Unternehmen und Verbänden sowie einer Verhaltensänderung der Konsumenten überwunden werden sollen.[14]

14 Pietra Rivoli, Reisebericht eines T-Shirts. Ein Alltagsprodukt erklärt die Weltwirtschaft, Berlin 2006; Tanja Busse, Die Einkaufsrevolution. Konsumenten entdecken ihre Macht, München [2]2006.

3. Haushalt und Wohnen

Die Wohnsituation hat sich über einen langen Zeitraum seit der Frühen Neuzeit vor allem in Richtung eines zunehmenden Raumverbrauchs pro Kopf der Bevölkerung und hinsichtlich einer verbesserten Wohnungsausstattung verändert. Dabei zeigen sich einerseits große soziale, aber auch regionale Unterschiede sowie Differenzen zwischen Stadt und Land. Adelshäuser verfügten im 16. und 17. Jahrhundert neben den Schlaf- und Wohnräumen auch über Empfangszimmer, Arbeitszimmer, Kabinett und gegebenenfalls einen Festsaal. Darüber hinaus gab es auch Häuser mit einer weiteren Spezifizierung, beispielsweise mit einem Musikzimmer, einer Bibliothek oder einem Rauchsalon. Im Laufe des 18. Jahrhunderts ist, insbesondere im Bereich des bürgerlichen Wohnens, eine stärkere Trennung der öffentlichen und der Privatsphäre zu beobachten, wobei es auch dort zu einer weiteren funktionalen Differenzierung kam. So gab es seit dem 19. Jahrhundert eigene Zimmer für die Kinder sowie für das Dienstpersonal. Demgegenüber lebten Bauern, Handwerker und auch die frühen Industriearbeiter in stark beengten Verhältnissen und ohne eine entsprechende räumlich-funktionale Differenzierung. Wohnräume waren häufig Allzweckräume, die als Schlaf-, Wohn- und Esszimmer dienten. Getrennte Schlafzimmer setzten sich erst seit dem Spätmittelalter durch. Auch eine Trennung zwischen öffentlicher und privater Wohnsphäre setzte deutlich später ein als im Bürgertum. »Halboffene Familienstrukturen« herrschten noch bis weit ins 19. Jahrhundert vor, wobei neben der eigentlichen Kernfamilie auch »Schlafgänger« als Untermieter in die Wohnungen aufgenommen wurden.[15]

Insbesondere in den Städten waren die Wohnungen im Zuge der Industrialisierung und Urbanisierung häufig überbelegt. Im Kaiserreich lebten etwa 90% der Berliner in Mietwohnungen und nur 0,16% in Einfamilienhäusern. In Städten mit größerem

15 Becher, Geschichte des modernen Lebensstils, S. 115–138; Reinhard, Lebensformen Europas, S. 504; Sandgruber, Anfänge, S. 330–355.

bürgerlichen Anteil der Wohnbevölkerung wie in Bremen gab es allerdings deutlich mehr Einfamilienhäuser. Die hygienischen Verhältnisse waren oftmals unzureichend und führten nicht selten zu Krankheiten und Seuchen wie Typhus oder Cholera. Im Zuge der »Kommunalisierung« sorgten die Städte gegen Ende des 19. Jahrhunderts für den Ausbau von Infrastruktureinrichtungen im Sinne einer »Daseinsfürsorge«, die auch den einkommensschwachen Klassen eine Grundversorgung mit Wasser und Energie zur Verfügung stellen sollte.[16]

Die Ausstattung der Haushalte in bäuerlichen, Handwerker- sowie den frühen Industriearbeiterwohnungen war bis ins 19. Jahrhundert sehr bescheiden. Adelige oder wohlhabende bürgerliche Haushalte lebten nicht nur im Bereich der Lebensmittel und der Kleidung im Überfluss, auch mit Blick auf die Wohnungsausstattung verfügten sie über wertvolle Möbel, Kommoden, Schränke und Anrichten aus wertvollen Hölzern, Teppiche, Porzellan, Gemälde, Uhren, Sofas und silbernes Tafel- und Tischgeschirr sowie zahlreiche andere Luxusartikel, die vor allem das Wohnzimmer oder den Salon als repräsentativen Wohnraum schmückten. Die Wohnräume reicher Bürger waren zudem mit Tapeten und Raumtextilien wie Vorhängen, Tischdecken und Bettbezügen ausgestattet. Zur Wohnungseinrichtung gehörten Ess- und Tischgeräte für unterschiedliche Anlässe wie dem Kaffee- oder Teekonsum, Porzellan-, Zinn- und Messinggefäße etc. Klein- und unterbürgerliche wie unterbäuerliche Haushalte verfügten zumeist nur über Betten, Tisch, Stühle, z. T. Aufbewahrtruhen und Schränke, und bis ins 18. Jahrhundert wurde nicht selten noch mit Holzlöffeln und aus hölzernen Essschüsseln gegessen. Solange ein Teil der Haushalte sich noch durch Eigenanbau mit Lebensmitteln versorgte, gehörten auch Pflüge oder Eggen sowie andere landwirtschaftliche Gerätschaften zum Haushalt.[17]

16 Wolfgang R. Krabbe, Die deutsche Stadt im 19. und 20. Jahrhundert, Göttingen 1989; König, Konsumgesellschaft, S. 209f.; Becher, Geschichte des modernen Lebensstils, S. 126–130.

17 Michael North, Genuss und Glück, S. 77–97; Thomas Spohn, Der Umgang mit den Dingen in der westfälischen Kleinstadt Unna zwischen dem ausge-

Seit Ende des 19. Jahrhunderts lässt sich eine zunehmende Technisierung der Haushalte beobachten, die, ausgehend von den bürgerlichen Haushalten im ersten Drittel des 20. Jahrhunderts, allmählich auch die Arbeiterhaushalte erreicht. Die Versorgung mit Wasser, Gas und Elektrizität förderte die Verbreitung von Gas- und Elektroherden und -öfen, von Bügeleisen und Staubsaugern, Heizungs- und Warmwasseranlagen, Waschgeräten, Radios und Schallplattenspielern, und mit ihnen verbreiteten sich entsprechende Kundendienste, Installationsgewerbe und Fachhandel. Allerdings war der Anteil der Arbeiterhaushalte, die in der Zeit der Weimarer Republik über entsprechende Geräte verfügte, sehr gering.[18]

Nach dem »Scheitern der nationalsozialistischen Konsumgesellschaft«[19] und den Zerstörungen des Kriegs musste zunächst der Wohnraummangel behoben werden. Im Rahmen des Wiederaufbaus wurden nicht nur Hunderttausende neuer Mietwohnungen errichtet, sondern seit den 1950er Jahren stieg auch der Anteil des Wohneigentums und der Einfamilienhäuser. Zudem erhöhte sich die durchschnittliche Größe der Wohnungen und die Zahl der in einer Wohnung lebenden Personen ging deutlich zurück, so dass sich die Wohnfläche pro Person zwischen 1950 und 1987 von 15 Quadratmetern auf 35,5 Quadratmeter mehr als verdoppelte. Zugleich zeichneten sich die Neubauwohnungen durch einen größeren Komfort und durch eine zunehmende Funktionsdifferenzierung aus. Das gilt auch für den staatlich geförderten sozialen Wohnungsbau. Während noch um die Jahr-

henden 17. und dem frühen 19. Jahrhundert, in: Prinz (Hg.), Der lange Weg in den Überfluss, S. 131–137; Becher, Geschichte des modernen Lebensstils, S. 129.

18 Hessler, »Mrs. Modern Woman«; dies. Hessler, Die Einführung elektrischer Haushaltsgeräte in der Zwischenkriegszeit – Der Angebotspush der Produzenten und die Reaktion der Konsumentinnen, in: Technikgeschichte 65 (1998), S. 297–311; Barbara Orland, Haushalt, Konsum und Alltagsleben in der Technikgeschichte, in: Technikgeschichte 65 (1998) S. 273–295.

19 Wolfgang König, Volkswagen, Volksempfänger, Volksgemeinschaft. »Volksprodukte« im Dritten Reich: Vom Scheitern einer nationalsozialistischen Konsumgesellschaft, Paderborn 2004.

hundertwende die Küche der zentrale Wohnraum einer Arbeiterwohnung war und diese in den seltensten Fällen über eigene Toiletten verfügten, gab es in modernen Mietwohnungen neben Küche, Wohn- und Esszimmer auch ein Bad, Kinderzimmer und Zentralheizung.[20]

Die Technisierung der Haushalte erhielt dann vor allem in den 1960er bis 1980er Jahren einen Schub und erfuhr eine weitere Ausdifferenzierung. Neben den klassischen Haushaltsgeräten wie Herd, Waschmaschine und Staubsauger hielten nach und nach auch Wäschetrockner, Gefriertruhen, Geschirrspülmaschinen, Fernseher, Videogeräte u. a. Einzug, so dass bundesdeutsche Haushalte über regelrechte »Haushaltsmaschinenparks« (I. Braun) verfügten. Die Tatsache, dass in der Massenkonsumgesellschaft der größte Teil der Bevölkerung von dieser »Veralltäglichung von Technik« (B. Joerges) profitierte, sollte jedoch nicht darüber hinwegtäuschen, dass auch auf diesem Gebiet »nicht Nivellierung, sondern Pluralität die Signatur jener ›Konsumgesellschaft‹ war, die sich in Westdeutschland Ende der 1950er Jahre zu entfalten begann. An die Stelle klarer Konsumhierarchien traten neue ›feine Unterschiede‹ (Pierre Bourdieu), die soziale Ungleichheit nicht allein an Beruf und Stellung im Produktionsprozess, an Geld und Bildung festmachten, sondern ebenfalls an Arbeits- und Freizeitbedingungen, sozialer Sicherheit, Integrations- und Entfaltungsmöglichkeiten, wobei Geschlecht als Kriterium sozialer Ungleichheit früher wie heute wirksam ist«.[21]

20 Becher, Entwicklung des modernen Lebensstils, S. 152; König, Konsumgesellschaft, S. 242f.; Axel Schildt, Freizeit, Konsum und Häuslichkeit in der »Wiederaufbau«-Gesellschaft. Zur Modernisierung von Lebensstilen in der Bundesrepublik Deutschland in den 1950er Jahren, in: Siegrist/Kaelble/Kocka (Hg.), Europäische Konsumgeschichte, S. 331ff.

21 Michael Wildt, Vom kleinen Wohlstand, S. 239.

4. Freizeit und Kultur

Freizeit ist ein Begriff der Moderne, der sich sowohl positiv als auch negativ definieren lässt. Zum einen ist Freizeit ein »negativer Komplementärbegriff« zur industriellen Arbeitszeit und insofern ein Produkt der Industrialisierung. Hier geht es um »Freizeit von etwas«, nämlich von Arbeitszeit, die dem Arbeitnehmer nach seiner Arbeitszeit zur freien Verfügung stand. Diese disponible Zeit hat seit dem 19. Jahrhundert mit der Einführung genau definierter und geregelter Arbeitszeiten drastisch zugenommen. Wurde noch im Kaiserreich in der Industrie an sechs Arbeitstagen in der Woche zu je 12-Stunden-Schichten gearbeitet, so betrugen die Arbeitszeiten zu Beginn des 21. Jahrhunderts weniger als acht Stunden an fünf Tagen in der Woche. Von Mitte des 18. bis zur Mitte des 20. Jahrhunderts halbierte sich die wöchentliche Arbeitszeit von etwa achtzig auf vierzig Stunden.[22] Freizeit ist jedoch nicht nur »freie Zeit von«, sondern auch »Freizeit für etwas«. Dieses positive Freizeitverständnis ist in erster Linie ein Ergebnis der Aufklärungsbewegung seit der zweiten Hälfte des 18. Jahrhunderts, in der es vor allem von Seiten der Pädagogik um Überlegungen ging, die freie Zeit kulturell sinnvoll zu nutzen. Erstmals belegt ist der aufklärerisch-pädagogisch verstandene Freizeitbegriff im Jahr 1826. Aufklärung und Industrialisierung bilden zusammen die beiden Wurzeln des Freizeitbegriffs. »Durch die Aufklärung wurde die Freizeit als Qualität geschaffen, durch die Industrialisierung wurde sie zu einer bedeutenden Quantität«.[23] Im Zuge der sich entwickelnden Arbeiterbewegung wurde sie zudem zu einem Gut, das zwischen Arbeitgebern und Arbeitnehmern ausgehandelt und aus Perspektive der Beschäftigten als Arbeitszeitverkürzung erkämpft werden musste.

Es ist allerdings keineswegs so, dass die Menschen vor dem 18. Jahrhundert keine Zeit hatten, über die sie frei verfügen

22 Wolfgang Nahrstedt, Die Entstehung der Freizeit, Göttingen 1972, S. 17; König, Konsumgesellschaft, S. 127.

23 Nahrstedt, Entstehung der Freizeit, S. 17.

konnten. Doch wurde nicht so strickt zwischen Arbeit und Freizeit unterschieden. Die freie Zeit außerhalb der Arbeit verbrachten Bauern, Handwerker, Bürger und Adelige auf sehr unterschiedliche Art und Weise. Vormoderne Freizeitaktivitäten von Bauern und Handwerkern waren gegenseitige Besuche und geselliges Beisammensein sowie gemeinsames Essen und Trinken. Schon seit dem Mittelalter gab es sowohl in Städten wie auf dem Land eine ausgeprägte Wirtshauskultur. Spinn- oder Lichtstuben auf dem Dorf stellten vor allem an Winterabenden einen Freizeitbrauch für Jugendliche (16. bis 19. Jahrhundert), wobei es auch dort in erster Linie um gemeinsames Zusammensein nach der Arbeit, um essen und trinken sowie um Kontakte zum anderen Geschlecht ging.[24] Feste und Feiern, vor allem auch im Rahmen christlicher Feiertage, aber auch Schützenfeste und seit dem 19. Jahrhundert vermehrt bürgerliche Nationalfeiertage, boten Anlass zu Geselligkeiten, die zumeist auch mit dem Konsum von Speisen und Getränken verbunden waren.

Die höfische und auch die bürgerliche Art der Freizeitgestaltung unterschied sich grundlegend von derjenigen der unteren Schichten und Klassen. Die Begriffe »Fest- und Feierkultur« verweisen auf den engen Konnex zur Kultur. Musik, Tanz und Theater als Form menschlicher Kommunikation und Interaktion waren hier vor allem seit den 1780er Jahren von Bedeutung und spielten sich am Hof oder auch zunehmend in kirchlichen und städtischen Einrichtungen ab, wobei eine Musikkultur mit einsprechender Infrastruktur, Konzerthäusern, Verlagen und Publikationen entstand. Ähnliches gilt für Theater und Oper als Ausdruck einer Hochkultur, die vor allem vom Adel, wohlhabenden Bürgern und Anhängern der Funktionseliten konsumiert wurde.

Zur adeligen wie auch zur bürgerlichen Freizeitkultur gehörte das Reisen. Seit dem 16. Jahrhundert gab es die »Grand Tour« als adelige Bildungsreise in die politischen und gesellschaftlichen

24 Hans Medick, Spinnstuben auf dem Dorf. Jugendliche Sexualkultur und Feierabendbrauch in der ländlichen Gesellschaft der frühen Neuzeit, in: Gerhard Huck (Hg.), Sozialgeschichte der Freizeit, Wuppertal, ²1982, S. 19–49.

Zentren Europas, während die Kavaliersreise die jungen Adeligen in die europäischen Fürstengesellschaften einführen sollte. Im Bürgertum setzte sich im Zuge der Aufklärung die Bildungs- und Informationsreise durch. Als Freizeitveranstaltung für ein breites Publikum waren Reisen das Resultat des zunehmenden Bedürfnisses nach Erholung, verbunden mit dem Wusch nach einem temporären Ortswechsel und der Konfrontation mit dem Fremden, das sich in Anlehnung an adeliges und bürgerliches Reisen im Laufe des 20. Jahrhunderts auf breiter Ebene durchsetzte. Dabei kam es zur Herausbildung einer entsprechenden Infrastruktur mit Hotels, Restaurants, Freizeiteinrichtungen, Transporteinrichtungen, Reisebüros etc.[25]

Fortbewegung und Bewegung überhaupt entwickelten sich zunehmend zu einem bedeutenden Teil der Freizeitkultur. Dabei sind höfische Vergnügen wie die Jagd oder auch diverse Spiele zu unterscheiden von der bürgerlichen Form der Körperertüchtigung wie Wandern, Spazieren gehen oder Turnen, die der Förderung der Gesundheit dienten, andererseits Formen des Vereins- und Zuschauersports, die als Ausdruck der Kommerzialisierung und des Konsums gelten. Sportkonsum wurde in diesem Umfeld zunehmend Güterkonsum, wobei Sportgeräte ebenso konsumiert wurden wie Kleidung und Ausrüstung sowie das Zuschauen an sich.[26] Dass auch der Sport eine schichten- und klassenspezifische Angelegenheit war, verdeutlicht die Herausbildung von bürgerlichen und Arbeitersportvereinen seit der zweiten Hälfte des 19. Jahrhunderts. Das Freizeitangebot der Arbeiterschaft war bis zu Beginn des 20. Jahrhunderts begrenzt. Neben dem Sport etablierten sich vor allem Jahrmärkte und Wirtshäuser als regel-

25 Rüdiger Hachtmann, Tourismusgeschichte, Göttingen 2007, S. 25–65; Karin Hlavin-Schulze, »Man reist ja nicht, um anzukommen«. Reise als kulturelle Praxis, Frankfurt/New York 1998; North, Genuss und Glück, S. 33–53; König, Konsumgesellschaft, S. 265–332.

26 Christiane Eisenberg, Möglichkeiten und Grenzen der Konsumgeschichte – das Beispiel des Sportkonsums, in: Prinz (Hg.), Der lange Weg in den Überfluss, S. 515–531; Reinhard, Lebensformen Europas, S. 484f.

mäßige Orte des Konsums, wobei letztere vor allem vom männlichen Publikum besucht wurden.[27]

Seit Beginn des 20. Jahrhunderts erweiterten sich die Partizipationsmöglichkeiten der unteren Klassen am Freizeit- und Kulturangebot. Dies setzte nicht nur eine Zunahme an disponibler Zeit, sondern auch an disponiblen Einkommen voraus, die sich aus dem Wirtschaftsaufschwung ab Ende des 19. Jahrhunderts ergaben. So kam es zur Herausbildung einer Massenkultur, zu der auch der Bereich der Freizeit gehörte und die auch als Teil der Massendemokratie verstanden werden kann. Verbesserte Lebens- und Bildungschancen, aber auch neue Technologien ermöglichten eine Kommerzialisierung des Freizeit- und Kulturangebots im späten Kaiserreich und der Weimarer Republik, das von Kino und Rundfunk über Tanzcafés, Radios und Schallplattenspieler bis hin zur Unterhaltungselektronik in der Zeit nach dem Zweiten Weltkrieg reichte, und die weniger mit der Nachahmung als vielmehr mit einer Emanzipation von adeligen und bürgerlichen Kultur- und Freizeitmodellen einher gingen. »Moderne Massenkultur und Freizeitorientierung kamen als Zwillinge auf die Welt« (Kaspar Maase) und verliefen parallel zur Demokratisierung der Gesellschaft. Trotz der Bedeutungszunahme von Massen- und Populärkultur und der Demokratisierung des Freizeitkonsums zählten auch hier die »feinen Unterschiede«. Während Fußball weitgehend ein Arbeitersport blieb, zog sich das Bürgertum auf Angebote wie Reiten, Segeln oder Tennis zurück.[28]

Dass Massenkultur aber nicht nur mit Demokratie, sondern auch mit totalitärer Diktatur kompatibel war, zeigt das Beispiel des Nationalsozialismus, der moderne Freizeitangebote wie den Massentourismus der Deutschen Arbeitsfront (DAF), die Versorgung der Gesellschaft mit technischen Unterhaltungsgeräten wie Radios und Plattenspielern oder auch die Inszenierung von

27 Abrams, Freizeit, Konsum und Identität deutscher und britischer Arbeiter, S. 267–281.

28 Kaspar Maase, Grenzenloses Vergnügen, S. 16–22, 86.

Kino-, Kultur- und Sportveranstaltungen als Propagandainstrument sowie zur Legitimation des Regimes nutze.

Deutsche Arbeitsfront
Die 1933 gegründete Deutsche Arbeitsfront (DAF) war mit 23 Millionen Mitgliedern die größte nationalsozialistische Massenorganisation. Nach der Zerschlagung der Gewerkschaften fungierte sie als Einheitsverband der Arbeitgeber und Arbeitnehmer und hatten Einfluss auf zahlreichen Gebieten der Wirtschafts-, und Sozial- und Konsumpolitik. Letzterer zeigte sich etwa beim Zusammenschluss von Verkaufsstellen der früheren Konsumvereine im Rahmen des »Gemeinschaftswerk der DAF« sowie beim Bau des »KdF-Wagens« (Volkswagen). KdF steht für die nationalsozialistische Gemeinschaftsorganisation »Kraft durch Freude«, die als Unterorganisation der DAF vornehmlich im Bereich von Kultur, Freizeit und Tourismus aktiv war. Die Veranstaltung von Konzerten, Theatervorführungen, Tages- Wochenend- und Ferienreisen dienten der Entspannung und Regeneration der Arbeitskraft sowie der Erhöhung Arbeits- und Produktionsleistungen.

In der deutschen Nachkriegsgesellschaft zeigte sich auch im Bereich von Freizeit und Kultur ein Fahrstuhleffekt, der zwar allen gesellschaftlichen Schichten mehr Partizipationsmöglichkeiten bot, andererseits aber selbst innerhalb der Populär- und Massenkultur feine Unterschiede sichtbar machte. Während Arbeiterjugendliche und »Halbstarke« in den 1950er und 1960er Jahren Rock 'n' Roll hörten, Kofferradios kauften und Motorroller fuhren, interessierten sich Gymnasiasten und Hochschüler zwar auch für populäre Musik. Neben Rock 'n' Roll waren es aber auch Jazz und nicht selten klassische Musik sowie existenzialistische Literatur, die einen deutlichen Unterschied im Freizeit- und Kulturkonsum offensichtlich machte.[29] So entwickelten sich unterschiedliche Lebensstile und Subkulturen, die

29 Ebd., S. 248–258.

wiederum unterschiedliche Marktsegmente der sich seit den 1970er Jahren weiter ausdifferenzierenden Kultur- und Freizeitindustrie bedienten.

Zugleich lässt sich seit den 1950er Jahren, verglichen mit dem vornehmlich öffentlichen Kultur- und Freizeitkonsum des 18. und 19. Jahrhunderts, ein »Trend zu Privatheit, Familie und Häuslichkeit« (Axel Schildt) ablesen, der u.a. in einem Rückgang der Kinobesuche und der Durchsetzung elektronischer Massenmedien, die zunehmend zu Hause konsumiert werden, zum Ausdruck kommt. Auch wenn der Freizeitkonsum des späten 20. Jahrhunderts zunehmend erlebnis- und eventorientiert ist und sich als solcher auch in der Öffentlichkeit abspielt, gibt es eine Tendenz in Richtung des individuellen Konsums. Die moderne »Freizeitkultur ist im Gegensatz zur traditionellen Festkultur und Geselligkeit eine Individualkultur«, eine »Kultur des individuellen Konsums«, die sich vornehmlich im Bereich der Marktbeziehungen abspielt.[30]

30 Reinhard, Lebensformen Europas, S. 486.

III. Proto-Konsumgesellschaft (16.–19. Jahrhundert)

1. Konsum im »modernen Weltsystem«

Der Konsum der Frühen Neuzeit spielte sich vor allem in lokalen und regionalen Zusammenhängen ab. Die landwirtschaftlichen Produzenten und die Gewerbe des täglichen Bedarfs für Lebensmittel, Kleidung und Wohnen, wie Metzger, Bäcker, Schmiede, Weber, Schneider, Brauer oder auch das Baugewerbe, waren zumeist in Zünften organisiert und agierten in den Städten. Von dort ging im Wesentlichen die Verbrauchernachfrage nach gewerblichen und landwirtschaftlichen Produkten aus, die nicht in Eigenproduktion hergestellt, sondern über den Markt erworben wurden. Regional unterschiedlich etablierten sich seit dem 15./16. Jahrhundert aber auch Agrarregionen, die sich zunehmend auf eine marktorientierte Herstellung landwirtschaftlicher und gewerblicher Produkte konzentrierten. Zum Teil bedingt durch die Restriktionen der städtischen Zünfte, zum Teil aber auch in Kooperation mit den Zünften kam es zu einer Standortverlagerung der gewerblichen Warenproduktion auf das Land, wobei dies in ganz Europa zur Herausbildung spezifisch protoindustrieller Gewerberegionen führte. Auf diese Weise entwickelte sich beispielsweise im sächsischen und schwäbischen Raum das Barchentgewerbe (Barchent = Mischgewebe aus Baumwolle und Leinen), in der Oberpfalz und im Nürnberger Raum das Metall- und Papiergewerbe, Köln wurde zum Mittelpunkt des westdeutschen Barchent- und Wollgewerbes sowie der Seidenproduktion, das Bergische Land und die Grafschaft Mark konzentrierten sich auf das Eisen- und Metallgewerbe. Stadt und Umland waren dabei Teil einer Territorialwirtschaft, die allerdings nicht allein lokal und regional ausgerichtet war, sondern zunehmend auch in überregionale Märkte eingebunden und in den internationalen Handel integriert war. So gelangten auswärtige Rohstoffe und

Produkte (wie Gold aus Mittel- und Südamerika, Salz aus Portugal, Tuche aus England, Kupfer aus Schweden, Gewürze aus Asien und Baumwolle aus Amerika) in die protoindustriellen Regionen, wo sie weiterverarbeitet wurden und dann auf den heimischen Markt kamen oder reexportiert wurden. Aus deutschen Territorien gelangten etwa Metallwaren wie Haken und Ösen, Sensen und Äxte sowie Tuche und Baumwollhemden aus protoindustriellen Regionen in die europäischen Kolonien Nord- und Südamerikas, nach Afrika und Asien. Von dieser Ausweitung des internationalen Handels mit Rohstoffen und Konsumgütern profitierten schließlich auch die heimischen Konsumenten. Parallel zur protoindustriellen gewerblichen Produktion kam es zur Herausbildung einer »frühneuzeitlichen Verbrauchergesellschaft« (Dieter Ebeling, Wolfgang Mager), die sich in Anlehnung an den Begriff der Protoindustrialisierung auch als Proto-Konsumgesellschaft bezeichnen lässt.

Protoindustrialisierung

Unter Protoindustrialisierung versteht man die »Industrialisierung vor der Industrialisierung«, die Standortausweitung der Warenproduktion von der Stadt auf das Land, die Anfänge der gewerblichen Massenproduktion und des Massenabsatzes auf überregionalen und internationalen Märkten, wirtschaftliches Wachstum und technische Innovationen, die sich in zahlreichen europäischen Regionen zum Teil bis ins Spätmittelalter zurück verfolgen lassen. Damit soll verdeutlicht werden, daß es sich bei der Industrialisierung um einen evolutionären Prozeß handelt, der sich über mehrere Jahrhunderte hinweg beobachten läßt und nicht erst mit der »Industriellen Revolution« im 18./19. Jahrhundert einsetzte.

Diese wiederum war Teil des sich seit dem 16. Jahrhundert etablierenden »modernen Weltsystems« (Immanuel Wallerstein) bzw. der »frühneuzeitlichen Weltwirtschaften« (Fernand Braudel).[1]

1 Fernand Braudel, Sozialgeschichte des 15.–18. Jahrhunderts. Aufbruch zur Weltwirtschaft, München 1990; Immanuel Wallerstein, Das moderne Welt-

Sicherlich kann man für das 16. Jahrhundert noch nicht von einer modernen, weltumspannenden Wirtschaft sprechen, wie sie in jüngerer Zeit mit dem Begriff der Globalisierung charakterisiert wird. Vielmehr gab es mehrere Weltwirtschaften, etwa in China, in Persien oder in Europa. Und selbst in Europa gab es unterschiedliche Wirtschaftsräume im Norden und Süden des Kontinents. Der Norden mit der Tradition der Hanse und dem Aufstieg der Niederlande umfasste Nord- und Nordwesteuropa sowie den Nord- und Ostseeraum, der Süden Italien und den gesamten Mittelmeerraum mit den entsprechenden Fernhandelsbeziehungen. Diese und andere Wirtschaftsräume waren wenig miteinander verflochten. Dies änderte sich erst mit den großen Entdeckungen am Ende des 15. Jahrhunderts. Die europäischen Grenzen wurden dadurch schlagartig in Richtung Amerika und Asien erweitert, und das Schwergewicht der Weltwirtschaft verschob sich von Süd- nach Nordeuropa und seinen neu aufstrebenden Handelszentren Antwerpen, Amsterdam und London. Es kam zur Herausbildung einer internationalen Arbeitsteilung, zur Etablierung eines symbiotischen Systems aus Zentren und Peripherien und damit zur Anbindung des protoindustriellen Hinterlandes an die Zentren der Weltwirtschaft.[2]

Das neue weltwirtschaftliche Beziehungsgeflecht wird am Beispiel des Aufstiegs der Niederlande und Amsterdams deutlich. Mit dem Aufstieg Amsterdams entwickelte sich auch der Atlantische Wirtschaftsraum, in den vor allem Europa sowie Nord- und Südamerika und schließlich auch Afrika eingebunden waren. Amsterdam entwickelte sich rasch zu einem Verkehrs-, Banken- und Handelszentrum. Die holländische Flotte hatte die Voraussetzungen für den Aufstieg der Niederlande als Handelsnation geschaffen. Im 16. Jahrhundert kontrollierten die Niederlande 70% des Ostseeraums, und ihre Handelsbeziehungen

system: Kapitalistische Landwirtschaft und die Entstehung der deutschen Weltwirtschaft im 16. Jahrhundert, Frankfurt 1986.

2 Braudel, Aufbruch zur Weltwirtschaft, S. 18–44; Wallerstein, Modernes Weltsystem, S. 28f., 48–71.

reichten über die Iberische Halbinsel bis nach Westindien sowie im Osten bis zur Insulinde (dem späteren Indonesien), bei dessen Erschließung die 1602 gegründete »Vereenigde Osst-Indische Compagnie« (V.O.C.) eine zentrale Rolle spielte.[3]

Doch nicht nur das unmittelbare Amsterdamer Hinterland, sondern verschiedene protoindustrielle Gewerberegionen im deutschen Raum waren in diese weltwirtschaftlichen Zusammenhänge integriert. So etwa der Aachener Raum mit seinem Tuchgewerbe. Aachen profitierte besonders von der Verlagerung des Welthandels vom Mittelmeer zum Atlantik und vom Aufstieg Amsterdams als Drehscheibe des atlantischen Systems. Über ein Straßennetz zu den Flüssen Maas und Rhein gab es eine gute Verkehrsanbindung an Amsterdam, was sowohl für den Import von Rohstoffen als auch für den Export der Tuche von Vorteil war. Da die heimische Wolle sich nur für grobe Tuche eignete, importierten die Aachener Tuchmacher auch westfälische, sächsische, böhmische und mährische Wolle sowie zunehmend auch Wolle aus England und Spanien, die nach ihrer Weiterverarbeitung über Amsterdam in den Ostseeraum und den Vorderen Orient, nach Russland, Amerika, in die Schweiz, Italien und Frankreich exportiert wurde.[4]

Ähnliches gilt für das schlesische Leinengewerbe oder die Eisen- und Metallwarenherstellung der Grafschaft Mark. Auch dort etablierte sich, neben Hamburg, Amsterdam als wichtiger Exporthafen für schlesisches Leinen, welches von dort u. a. nach Spanien und Portugal sowie weiter in nord- und südamerikanische Kolonien und in die holländische Kolonie Curaçao verbracht wurden. Zudem traten Amsterdamer Kaufleute als Kommissionäre im schlesischen Leinwandhandel auf, was zur wachsenden Bedeutung Amsterdams als Lagerplatz beitrug.[5] Auch für märkische Eisen- und Stahlwaren wie Beile und Äxte, Sensen, Nadeln

3 Braudel, Aufbruch zur Weltwirtschaft, S. 187–243.

4 Dietrich Ebeling/Martin Schmidt, Zünftige Handelswirtschaft und protoindustrieller Arbeitsmarkt. Die Aachener Tuchregion (1750–1815), in: Ebeling/Mager (Hg.), Protoindustrie in der Region, S. 322–325.

5 Braudel, Aufbruch zur Weltwirtschaft, S. 262ff.

und Draht bildeten die holländischen Nordseehäfen mit Amsterdam an der Spitze das Hauptabsatzgebiet. Von dort gelangten die Waren nach Spanien und Frankreich, England und Amerika. Auch in Mittel- und Osteuropa wurden märkische Eisenwaren vertrieben. Es waren nicht selten niederländische und sauerländische Hausiererhändler, die für den Vertrieb der Waren in Mecklenburg, Pommern, Ostfriesland oder im Oldenburger Land sorgten.[6] Absatzfördernd für protoindustrielle Produkte des Textil- und Eisengewerbes waren auch die Gütezeichen der Hersteller, die bereits seit dem Spätmittelalter ihre Produkte mit Symbolen wie »Traube«, »Ochse« oder »Löwe« versahen, um sich vor unlauterer Konkurrenz zu schützen und um ihren Konsumenten die Qualität ihrer Waren zu signalisieren.[7] In diesen Bereich mischte sich seit dem 18. Jahrhundert zunehmend auch die merkantilistische Obrigkeit ein.

Für eine merkantilistische Wirtschaftspolitik, deren Hauptziele in der Erwirtschaftung eines Handelsbilanzüberschusses und der Sicherung der inländischen Rohstoffbasis bestanden, kam der Gewerbeförderung sowie den Qualitätskontrollen der gewerblichen Produkte eine wichtige Rolle zu. Mit Hilfe der von der Gewerbepolizei durchgeführten Qualitätskontrollen durch landesherrliche Schauanstalten wurden Textilien und Eisenwaren geprüft, in unterschiedliche Güteklassen eingestuft und mit einem Kontrollstempel versehen. Diese Qualitätskontrollen, die auch zur Abwehr ausländischer Konkurrenz beitrugen, gerieten im Zuge der Gewerbefreiheit des 19. Jahrhunderts zunehmend in die Kritik der Produzenten. Die Schauanstalten und Qualitätskontrollen sowie die Stempel verloren an Bedeutung. Stattdessen setzten sich zunehmend freiwillige Warenkennzeichnungen der Hersteller durch, die schließlich im Markenschutzgesetz von 1874 geregelt wurden.

6 Stefan Gorissen, Vom Handelshaus zum Unternehmen. Sozialgeschichte der Firma Harkort im Zeitalter der Protoindustrie (1720–1820), Göttingen 2002, S. 72ff.

7 Wolfgang von Stromer, Die Gründung der Baumwollindustrie in Mitteleuropa, Stuttgart 1978, S. 21ff.

Marken
Marken sind Zeichen in Form von Namen, Abbildungen, Zahlen etc., die die Waren und Dienstleistungen eines Unternehmens von denjenigen anderer Unternehmen unterscheiden. Durch das Markenschutzgesetz des Jahres 1874 ist der Schutz entsprechender Waren und Dienstleistungen erstmals reichseinheitlich geregelt. Voraussetzung dafür ist die Eintragung der Marke ins Handelsregister.

Markenzeichen dienten den Unternehmen als eine Möglichkeit, mit den Konsumenten in Beziehung zu treten und in Form der »Markenartikel« für ihre Produkte zu werben.[8] Die merkantilistische Politik war zwar in erster Linie auf angebotsorientierte Maßnahmen ausgerichtet, beeinflusste aber durch die Förderung von Gewerben (wie dem Messer- und Klingengewerbe in der Grafschaft Mark oder dem Berliner Seidengewerbe), durch Verbote ausländischer Fertigwaren zum Schutz des einheimischen Gewerbes oder durch die Vergabe von Monopolrechten direkt oder indirekt den Konsum.[9] Dies gilt vor allem für die »Consumtions-Accise«, eine »landesherrliche Anlage auf alles, was zu Speise, Trank, Kleidung und andere Nothwendigkeiten des Lebens verbrauchet wird«.[10] Die Akzise verteuerte zahlreiche Lebens- und Konsumgüter und verringerte so den Verbrauch. Im Rahmen der merkantilistischen Wirtschaftspolitik war die Proto-Konsumgesellschaft dementsprechend umfangreichen staatlichen Interventionen, Dirigismus und Regulierungen ausgesetzt, wobei die Interessen der Konsumenten nur eine marginale Rolle spielten.

8 Elmar Wadle, Markenwesen und Markenrecht im Übergang: Die Einflüsse des Strukturwandels am Beispiel des Bielefelder Leinengewerbes, in: Karl Otto Scherner/Dietmar Willoweit (Hg.), Vom Gewerbe zum Unternehmen, Darmstadt 1982, S. 152–207.

9 Rainer Gömmel, Die Entwicklung der Wirtschaft im Zeitalter des Merkantilismus 1620–1800, München 1998, S. 43–51; Gorissen, Vom Handelshaus, S. 86–97.

10 Zit. nach Wyrwa, Konsumtion, S. 748.

2. »Liebe, Luxus und Kapitalismus«

Wenn bislang an verschiedenen Stellen des Textes von »demonstrativem Konsum« oder »Trickle-down-Effekten« die Rede war, so legt dies eine Durchsetzung der Konsumgesellschaft von oben nach unten, von der prägenden Rolle der oberen Stände und Klassen, und schließlich auch der zentralen Bedeutung gehobener Konsumgüter bzw. des Luxuskonsums neben den Massengütern der Protoindustrie als wesentlichem Movens der Konsumgesellschaft nahe. Und tatsächlich lässt sich beobachten, dass im Zuge der Diskussion um die Rolle des Konsums für die wirtschaftliche Entwicklung im Zeitalter der Aufklärung Luxusprodukte eine wichtige Rolle spielten und auch der Begriff des Luxus eine Neubewertung erfuhr. In der christlichen Tradition war der Luxusbegriff weitgehend negativ besetzt und galt als Ursache für Laster und Sünden, so dass aus Perspektive des Christentums ein einfacher und schlichter Lebensstil als erstrebenswert galt. Der Philosoph Bernard Mandeville löste mit seiner »Bienenfabel« im Jahr 1714 europaweit eine Diskussion über Luxus aus, in dessen Folge sich eine »Entstigmatisierung des Luxuskonsums« (Torsten Meyer) beobachten lässt.

Bernard Mandeville (1670–1733) war ein niederländischer Arzt und Sozialtheoretiker, der in provokanter Zuspitzung davon ausging, daß nicht tugendhaftes Verhalten und einfaches Leben, sondern Laster, Luxus und Verschwendung die Quellen des Gemeinwohls seien. Im Unterschied zu Adam Smith betonte er dementsprechend, daß individueller Nutzen nicht zugleich auch den allgemeinen Nutzen befördere. Dies stieß nicht nur bei zeitgenössischen Ökonomen und Philosophen, sondern auch bei der Kirche auf Widerstand.

Aus Sicht des Merkantilismus galt Luxuskonsum zwar noch immer als Ausdruck von Ausschweifung und Verschwendung und war aus der Perspektive der staatlichen Haushaltsführung abzulehnen und einzuschränken, doch spätestens ab Mitte des

18. Jahrhunderts galt Luxus in der Politischen Ökonomie zunehmend auch als wichtiger Antriebsfaktor der wirtschaftlichen Entwicklung. Die wirtschaftstheoretische Legitimation des Luxus lieferten im 19. Jahrhundert die Vertreter der Historischen Schule der Nationalökonomie, allen voran Werner Sombart, der dem Luxus sogar eine zentrale Rolle bei der Entwicklung des Kapitalismus zuschrieb.[11]

Ausgehend vom Frankreich des 16. Jahrhunderts entstand mit der »Maitressenwirtschaft« eine »kapitalistische Luxuskultur«, die sich im 18. Jahrhundert an deutschen Fürstenhöfen verbreitete, so Sombart. Es ging ihm darum »nachzuweisen, dass durch die Umwälzungen, die die europäische Gesellschaft seit den Kreuzzügen erfährt, sich das Verhältnis der Geschlechter zueinander wandelt; dass infolge dieses Wandels die gesamte Lebensführung der herrschenden Klassen sich neugestaltet; und dass diese Neugestaltung einen wesentlichen Einfluss auf die Herausbildung des modernen Wirtschaftssystems ausübt«.[12]

Es waren laut Sombart die Frauen an den Fürstenhöfen, diejenigen, die zu den Höchsten im Staate Kontakt hatten (vor allem Hofdamen, Konkubinen und Maitressen) und die Nachfrage nach Luxusgütern vorantrieben. Insgesamt schreibt er dem Luxuskonsum eine »revolutionierende Kraft« zu, die auf vier Faktoren gründet: 1. dem kostbaren Rohstoff, 2. dem Absatz, der bei Luxusgütern sehr schwankend ist und die Produzenten zu einer hohen Flexibilität herausfordert, die im Rahmen eines kapitalistischen Unternehmens nach Sombart eher gegeben ist als im

11 Ulrich Wyrwa, Luxus und Konsum – begriffsgeschichtliche Aspekte, in: Reith/Meyer (Hg.), Luxus und Konsum, S. 47–60; Torsten Meyer, Zwischen sozialer Restriktion und ökonomischer Notwendigkeit. »Konsum« in ökonomischen Texten der Frühen Neuzeit, in: Reith/Meyer (Hg.), Luxus und Konsum, S. 61–82.

12 Werner Sombart, Vorwort (1912), in: ders., Liebe, Luxus und Kapitalismus. Über die Entstehung der modernen Welt aus dem Geist der Verschwendung, Berlin 1996, S.17f. Es handelt sich hier um den Neuabdruck des Bandes aus Sombarts »Der moderne Kapitalismus«, der 1902 erschienen war und der den Titel »Luxus und Kapitalismus« trug, jedoch ursprünglich »Liebe, Luxus und Kapitalismus« heißen sollte.

Handwerk, 3. dem Einfluss des »Fremden« (Tuche aus Florenz, Seiden aus Frankreich eingeführt, z. B. in Berlin und Krefeld) und 4. schließlich dem großen Absatz.[13]

Insgesamt gesehen ist jedoch Sombarts Konzentration auf den Luxus als »revolutionierende Kraft« des Kapitalismus und der Konsumgesellschaft vor dem Hintergurnd neuerer Forschungen in Frage zu stellen. Das Seidengewerbe ist ein gutes Beispiel, um die ja nun etwa 100 Jahre alten Überlegungen Sombarts aus heutiger Sicht zu relativieren. Seide ist zweifelsohne ein Luxusprodukt. Doch der Erfolg etwa des rheinischen Seidengewerbes und der Übergang zur massenhaften Produktion im Zeitalter der Industrialisierung gründete im Wesentlichen eben nicht auf dessen Luxuscharakter, sondern in der Überwindung des Luxusguts in Richtung Massenartikel, wie bereits ein zeitgenössischer Bericht der Berliner Gewerbeausstellung des Jahres 1844 verdeutlicht: »Mit Ausnahme weniger steht der rheinische Fabrikant im Allgemeinen von der Fabrikation der Pracht- und sehr feinen Luxus-Artikel ganz ab; nicht darum, weil er sie nicht anfertigen kann, sondern nur, weil er weniger Nutzen darin als in der Anfertigung solcher Waren findet, wovon sich große Massen absetzen lassen, sei es nun für den Export, für den Mittelstand oder für das Land«.[14] Es war vor allem die Erschließung neuer Käuferschichten sowie die preisgünstige Produktion von Ersatzmaterialien, die zu einer Massenproduktion bzw. zum Massenkonsum von Produkten des Krefelder Seidengewerbes im 19. Jahrhundert beitrugen.[15]

John Brewer weist darauf hin, dass in England im 18. Jahrhundert der Besitz von kommerziell vertriebenen Manufakturwaren außerordentlich zunahm. Er erwähnt hier u. a. Uhren, Spiegel, Kunstdrucke, Vorhänge, Möbel, Porzellan, modische Strümpfe, Seidenkleider, Taschentücher und eine Vielzahl von Stoffen und

13 Sombart, Liebe, Luxus und Kapitalismus, S. 171–194.

14 Zit. nach Peter Kriedte, Eine Stadt am seidenen Faden. Haushalt, Hausindustrie und soziale Bewegung in Krefeld in der Mitte des 19. Jahrhunderts, Göttingen 1992, S. 83.

15 Ebd., S. 84.

Geweben. Das sind alles Artikel, die auch Sombart erwähnt, aber zum Luxuskonsum zählt. Brewer spricht hier von »decencies«, also von Annehmlichkeiten, die nicht unbedingt zum Leben notwendig waren, aber auch keine echten Luxuswaren darstellten, sondern vielmehr für ein anständiges und angenehmes Leben als wichtig erachtet wurden. Von Massenkonsum kann in diesem Zusammenhang allerdings nur im weitesten Sinne die Rede sein. Man kann höchstens von Trends in Richtung Massenkonsum sprechen. Interessant ist dabei, dass das verfügbare Einkommen in diesem Zeitraum stabil blieb oder sogar zurückging. Gleichzeitig nahm der Warenbesitz, auch mit Blick auf diese »decencies«, deutlich zu. Dies ist durch die Tatsache begründet, dass immer mehr Familienmitglieder härter und länger arbeiteten aus dem Wunsch heraus, mehr Konsumgüter zu erwerben. Brewer nennt dies »industrious revolution« und betont damit Mentaliätsfragen wie Fleiß, Arbeitsamkeit und Betriebsamkeit – quasi in Ergänzung zum Begriff der »industrial revolution«, der die ökonomische und technische Seite der Entwicklung in den Vordergrund stellt. Das Revolutionäre daran waren die neuen Konsummuster, die eine Umstellung der (zumeist) bäuerlichen Haushalte von der Produktion für den Eigenbedarf auf die Produktion für den Markt widerspiegeln. In diesem Prozess kam es zu einer Intensivierung der Arbeit, zu einer Zunahme von Erwerbstätigen relativ zur Gesamtbevölkerung, zu einer Zunahme der jährlichen Arbeitstage und zu einem Wachstum der Arbeitsleistung. Hier zeigt sich einmal mehr der Übergang von der »moralischen Ökonomie« (»moral economy«), also der subsistenzorientierten Familienwirtschaft, in der nur so viel gearbeitet wurde, wie zum Erhalt der Familie notwendig war, zu einer leistungs- und konsumbezogenen Marktökonomie. Während in der »moral economy« über die Subsistenz hinausgehende Anreize zur Erwirtschaftung von Gewinnen, die dann für Konsumgüter ausgegeben werden, nicht existierten, setzte mit der Durchsetzung der »Markt-Wirtschaft« ein Prozess ein, in der sich der Konsum dann seit dem 18. Jahrhundert vielfach auf die von Brewer benannten »decencies« orientierte, die keine reinen Luxuswaren mehr waren, aber deren Konsum sich am Lebensstil der »leisure class« orientierte. Konsum als Nachahmung, der Motivation aller sozialer Klassen besitzen zu wollen, Klassenrivalität und Konsumdemonstration spielten dabei eine wichtige Rolle.[16]

Im Sinne einer Redefinition der Luxusgüter als »decencies« oder »commodities« waren es dann doch eher die für ein breites Publikum erschwinglichen Massenprodukte als die »kapitalistische Luxuskultur« (Sombart), die die Entwicklung der Konsumgesellschaft beförderten.[17]

3. Kolonialwaren

Im Zuge der entstehenden Weltwirtschaft und der »Trickle-down-Effekte« spielten auch Kolonialwaren wie Zucker und Gewürze, Tee, Kaffee, Kakao oder Tabak eine wichtige Rolle, die als ehemalige Luxus-Lebensmittel im Laufe des 19. Jahrhunderts einem breiten Publikum zugänglich wurden.

Bei Kolonialwaren handelte es sich um Lebensmittel, die durch die Tatsache, dass sie aus den Kolonien kamen, eine gewisse Exklusivität besaßen. Es handelte sich um Genussmittel, wobei die englische Bezeichnung dafür – luxury food – dies auch begrifflich zum Ausdruck bringt. Der deutsche Begriff Genussmittel beinhaltet das Verb »genießen«, so dass hier sozio-kulturelle Unterschiede und Schwerpunktsetzungen deutlich werden. Im Französischen wiederum spricht man von »excitant« oder »stimulant«, was bei Kaffee, Tee oder Tabak auf die dort enthaltenen Wirkstoffe Koffein, Teein oder Nikotin zurückzuführen ist.

16 John Brewer, Was können wir aus der Geschichte der frühen Neuzeit für die moderne Konsumgeschichte lernen?, in: Siegrist/Kaelble/Kocka (Hg.), Europäische Konsumgeschichte, S. 61–67; Kriedte/Medick/Schlumbohm, Industrialisierung vor der Industrialisierung, S. 97–119, 138–154; Veblen, Theorie der feinen Leute.

17 Rainer Beck, Luxus oder Decencies? Zur Konsumgeschichte der Frühneuzeit als Beginn der Moderne, in: Reith/Meyer (Hg.), Luxus und Konsum, S. 36ff.; Wallerstein, Das moderne Weltsystem, S. 50.

Man kann in diesem Zusammenhang auch von »sozio-kulturellen Konstrukten« (Christoph Maria Merki) sprechen, wobei die Zuschreibungen, die dem jeweiligen Genussmittel (bzw. luxury good oder excitant) anhaften, sich im Zeitverlauf auch ändern können. Sie gelten dann einmal als Lebensmittel, ein anderes Mal als Genuss- oder auch als Heilmittel.[18]

Im Folgenden sollen diese Entwicklungen am Beispiel des Kaffees verdeutlicht werden. Kaffee kam ursprünglich aus dem Orient und dem Osmanischen Reich über die Handelsmacht Venedig in den europäischen Mittelmeerraum und verbreitete sich über den Balkan und Österreich auch nach Mitteleuropa. Die europäischen Kolonialmächte Großbritannien, Frankreich, Spanien, die Niederlande und Portugal bauten Kaffee auch in ihren Kolonien an, so dass dieser sich seit dem 16. Jahrhundert zu einem weltwirtschaftlichen Konsumgut entwickelte. Aus europäischen Reiseberichten dieser Zeit geht hervor, dass Kaffee »ein schwarzes Wasser, ähnlich wie Tinte, von bitterem Geschmack« sei. Zudem sei er »schwarz wie Ruß und schmeckt auch nicht viel anders«, sondern eher nach »verbranntem Brot«.[19] Andererseits galt Kaffee als Heilmittel gegen Verdauungsprobleme, als Blutverdünner, sei gut gegen Nieren- und Blasensteine sowie gegen Gicht und Gelbsucht und fördere schließlich auch einen klaren Verstand. Zusammen mit einer anderen Kolonialware, nämlich Zucker, entwickelte sich Kaffee zu einem exklusiven Genussmittel, dass seit dem 17./18. Jahrhundert als »höfisch-aristokratisches Statussymbol« galt.[20] Am Wandel der Zuschreibung von »schwarzem Wasser«, welches »wie Ruß schmeckt« bis hin zu einem wohlschmeckenden Genussmittel der höfischen Gesellschaft innerhalb eines Jahrhunderts wird der konstruktivistische Aspekt des Kaffeekonsums besonders deutlich.

18 Christoph Maria Merki, Zwischen Luxus und Notwendigkeit: Genussmittel, in: Reith/Meyer (Hg.), Luxus und Konsum, S. 83–95.

19 Menninger, Genuss im kulturellen Wandel, S. 96.

20 Ebd., S. 96, 253, 320; Hans-Jürgen Teuteberg, Kaffee, in: Thomas Hengartner/Christoph Maria Merki (Hg.), Genussmittel. Ein kulturgeschichtliches Handbuch, Frankfurt 1999, S. 81–115.

Die gesellschaftliche Diffusion des Luxusgutes Kaffee verlief von oben nach unten und erreichte zusammen mit anderen Genussmitteln wie Tee oder Kakao die bürgerlichen Eliten, die es in den Handelsmetropolen London, Amsterdam oder Paris, später dann auch in Leipzig, Hamburg und anderen deutschen Städten, in öffentlichen Kaffee- oder Teehäusern konsumierten. So etablierte sich eine Kaffeehauskultur, wobei Kaffeehäuser einerseits als Orte bürgerlicher Geselligkeit und als der Beginn einer bürgerlichen Freizeitkultur gelten, andererseits auch als Institutionen des Informationsaustauschs, des Handels und, wie etwa im Falle von »Lloyd's Coffeehouse« in England, als Keimzelle von Geschäftszentren bzw. Versicherungsgesellschaften. Eine solche Kaffeehauskultur als Ausdruck bürgerlicher Öffentlichkeit etablierte sich zunächst in denjenigen Ländern, die Kaffee und andere Kolonialwaren mehr oder weniger leicht importieren konnten. Da die deutschen Staaten keine Kolonien besaßen, mussten sie die meisten Kolonialwaren für viel Geld importieren, was nicht im Interesse der merkantilistischen Wirtschaftspolitik lag. Um den drohenden Devisenabfluss zu verhindern, versuchten u.a. Preußen, Sachsen und Hannover den Kaffeeimport bzw. -konsum zu verbieten oder mit Hilfe von Zöllen und Steuern einzuschränken. Andererseits machten sich Mitte des 19. Jahrhunderts die Einnahmen des Deutschen Zollvereins mit Blick auf den Kaffee 19%, zusammen mit den Einnahmen aus Zucker 49% aus, was wiederum den Import aus staatlicher Perspektive lukrativ machte. Der zunehmende weltweite Handel und sinkende Preise führten zu einem Anstieg des Kaffeekonsums, so dass im Verbund mit mangelnden Kontrollmöglichkeiten staatlich restriktive Regulierungen wenig Sinn machten.[21]

Über die Fürstenhöfe und das gehobene Bürgertum erreichte der Kaffee im Laufe des 19. Jahrhunderts auch die unteren sozialen Schichten. Neben sinkenden Preisen und dem Nachahmungseffekt spielten dabei Surrogate eine nicht unwesent-

21 Teuteberg, Kaffee, S. 81–115; North, Genuss und Glück, S. 196–204; Menninger, Genuss im kulturellen Wandel, S. 384–396.

liche Rolle. Im Zuge der Kontinentalsperre und dem Erliegen des Imports durch die Absperrung der Häfen gewannen Ersatzprodukte aus heimischem Anbau an Bedeutung. Ersatzkaffee wurde u. a. aus Nüssen, Eicheln, Kastanien und Möhren, vor allem aber aus der Zichorienpflanze (Chicorée) hergestellt. Seit Ende des 18. Jahrhunderts dominierte der Ersatzkaffeekonsum den Verbrauch der unteren sozialen Schichten. Am Vorabend des Ersten Weltkriegs lag der durchschnittliche Verbrauch von Ersatzkaffee in Deutschland bei drei Kilogramm, derjenige von »echtem Bohnenkaffee« bei 1,7 kg. Der Anstieg des Verbrauchs von Bohnenkaffee ist als ein Indikator des Übergangs zur Wohlstandsgesellschaft zu bewerten. Dieser fiel in die Zeit nach dem Zweiten Weltkrieg und deckt sich mit der Durchsetzung der Massenkonsumgesellschaft in diesem Zeitraum.[22]

22 Teuteberg, Kaffee; Menninger, Genuss im kulturellen Wandel, S. 396–402; Merki, Zwischen Luxus und Notwendigkeit, S. 89.

IV. Kaiserreich: Konsumgesellschaft als Klassengesellschaft

1. Daseinsvorsorge als Voraussetzung der Konsumgesellschaft

Im Kaiserreich wurden die infrastrukturellen Voraussetzungen für eine flächendeckende Versorgung der Bevölkerung mit Verbrauchsgütern zur Befriedigung von Grundbedürfnissen wie Trinkwasser und Energie geschaffen. Gleichzeitig vollzog sich, ausgehend von den wohlhabenderen bürgerlichen Haushalten, die Ausbreitung von Gas- und Elektrobeleuchtung sowie von Haushaltsgeräten als Grundlage einer konsumgesellschaftlichen Entwicklung, die nachfolgend breitere Gesellschaftsschichten erfasste. Dieser Diffusionsprozess sollte mehr als ein halbes Jahrhundert dauern, so dass schließlich seit der zweiten Hälfte des 20. Jahrhunderts von einer Massenkonsumgesellschaft gesprochen werden kann, wobei in der Mehrzahl der Privathaushalte entsprechende Konsumgüter zur Verfügung stehen.

Die Versorgung mit Wasser, Gas und Elektrizität spielte in diesem Prozess eine zentrale Rolle, da es sich hierbei zunächst um Verbrauchsgüter zur Befriedigung von Grundbedürfnissen der Bevölkerung als auch der Industrie und des Gewerbes handelte. Industrialisierung, Städtewachstum und die steigende Nachfrage nach Verbrauchsgütern gingen dabei Hand in Hand.

Während in den 1830er Jahren nur 1,3 % der gesamten Bevölkerung in Großstädten wohnten, waren es zu Beginn des 20. Jahrhunderts schon 21,3 %. Allein zwischen 1850 und 1870 stieg der Anteil der städtischen Bevölkerung um 16 Prozentpunkte auf über 50 %. Die Versorgung mit Wohnraum wurde zunehmend zu einem Problem. Viele Wohnungen verfügten über keine Toilette. Etwa 10 % des Berliner Wohnungsbestandes im Jahr 1861 waren gesundheitsschädliche Kellerwohnungen. Deren Anteil sank dann bis zur Jahrhundertwende auf etwa 3–4 %. Städte- und Bevölke-

Infrastruktur
Infrastruktur meint die materiellen, institutionellen und personellen Basisfunktionen und Grundvoraussetzungen, die zumeist von der öffentlichen Hand als Vorleistungen für Produktion und Konsum zur Verfügung gestellt werden und angemessene wirtschaftliche und personale Entfaltungsmöglichkeiten der Individuen gewährleisten sollen.

rungswachstum führten im Zuge der Industrialisierung zu einer Wohnungsverdichtung, die hygienische Probleme und Gesundheitsgefährdungen mit sich brachten. Es wird aber anhand der letztgenannten Zahl auch deutlich, dass sich dies gegen Ende des 19. Jahrhunderts allmählich zu verbessern schien.[1]

Der Ausbau entsprechender Infrastruktureinrichtungen als Reaktion der Städte auf Fragen der Hygiene und der Energieversorgung im letzten Drittel des 19. Jahrhunderts – auch »Städtetechnik« genannt (J. Reulecke) – schuf über diese reine Daseinsvorsorge hinaus die Grundlagen für die »ursprüngliche Vernetzung« der Stadt im Sinne der Errichtung umfangreicher Versorgungs-, Kommunikations- und Nahverkehrssysteme, die gleichzeitig die infrastrukturellen Voraussetzungen des sich entwickelnden wachstums- und konsumorientierten Wirtschaftsmodells Europas und der USA bildeten.[2] Davon profitierten zunächst die einkommensstarken, vor allem die bürgerlichen Haushalte, die sich die entsprechenden Einrichtungen, die hohen Preise für Gas und Elektrizität sowie Haushaltsgeräte leisten konnten. Dies soll am Beispiel der Wasser-, der Gas- und Elektrizitätsversorgung gezeigt werden.

1 König, Konsumgesellschaft, S. 209f.
2 Dieter Schott/Hanni Skroblies, Die ursprüngliche Vernetzung, in: Die alte Stadt 1,1987, S. 72ff.; am Essener Beispiel siehe auch Klaus Wisotzky/Michael Zimmermann (Hg.), Selbstverständlichkeiten. Strom, Wasser, Gas und andere Versorgungseinrichtungen: Die Vernetzung der Stadt um die Jahrhundertwende, Essen 1997.

Die Wasserversorgung war eines der großen hygienischen Probleme im 19. Jahrhundert. Sie erfolgte in vorindustrieller Zeit zumeist aus privaten Brunnen, denen ein oder mehrere Häuser angeschlossen waren. Damit verbunden war ein hohes Risiko durch Verschmutzung, Infekte, Unfälle und Wassermangel. Qualitativ und quantitativ genügte diese Art der Wasserversorgung dann nicht mehr den Anforderungen verdichteter industrialisierter Städte und Regionen nach Trinkwasser, industriellem Nutzwasser und Löschwasser. Gefahren und Gesundheitsrisiken durch Epidemien und Seuchen aufgrund schlechter Wasserqualität gehörten zu den typischen Existenzbedingungen der Menschen vor dem Anstieg der Lebenserwartung in den letzten hundert Jahren. Noch bis Mitte des 19. Jahrhunderts gab es in Deutschland nur wenige Einrichtungen zur Wasserversorgung und Abwasserbeseitigung, und auch zu Beginn des 20. Jahrhunderts verfügte nur die Hälfte der deutschen Städte mit mehr als 2.000 Einwohnern über eine zentrale Wasserversorgung. Zwar war schon seit dem Jahr 1531 in der schlesischen Stadt Bunzlau die Schwemmkanalisation bekannt gewesen (die Ableitung des Regen- und Brauchwasser über Kanäle in Flüsse und Seen), welche die Stadt jahrhundertelang vor Seuchen verschonte, doch fand dieses Vorbild kaum Nachahmung. In den meisten Städten lag zu dieser Zeit Jauche und Dung an Wegen und es gab Abortgruben in Kellern, oftmals nicht weit entfernt von öffentlichen Brunnen.

Das erste auf neuen Anschauungen beruhende Wasserwerk Deutschlands (Axel Föhl) wurde 1848 in Hamburg errichtet. Berlin besaß als erste deutsche Großstadt eine einheitliche Wasserversorgung, Stadtentwässerung und Abwasserbeseitigung. Doch waren auch diese Maßnahmen keine Garantie zur Verhinderung von Seuchen, die einzelne Großstädte um die Jahrhundertwende erfassten. Zu der Verschmutzung der Flüsse trugen die Landwirtschaft und die großen Industrieunternehmen wesentlich bei. Gleichzeitig gehörten Letztere vielfach zu den Gründern der Wasserwerke, die meist auf private Initiative zurückgingen. Der bekannteste Fall einer Wasserverunreinigung ereignete sich im

Jahr 1892 in Hamburg, wo 17.000 Menschen aufgrund ungeklärten Elbewassers an der Cholera erkrankten und tausende innerhalb weniger Monate den Tod fanden. Die Errichtung von Anlagen zur Wasserver- und Wasserentsorgung allein bedeutete somit noch keinen ausreichenden Risikoschutz. Dieser konnte erst seit Beginn des 20. Jahrhunderts durch den Bau moderner stadthygienischer Einrichtungen gewährleistet werden, stieß jedoch zunächst auf erhebliche Widerstände.[3]

Mit der Errichtung von Wasserwerken entstanden in der zweiten Hälfte des 19. Jahrhunderts komplexe großtechnische Systeme der Wasserver- und Wasserentsorgung, die für einen erheblichen Komfort in Bezug auf das Konsumgut Wasser sorgten, welches bis weit ins 19. Jahrhundert hinein für die meisten privaten Haushalte ein Luxusgut darstellte.[4]

Es wird deutlich, dass die große ökonomische, politische und soziale Bedeutung des Wassers im Spannungsfeld öffentlicher und privater Bereitstellung und Nutzung stand. Im gleichen Spannungsfeld muss auch die Herstellung und Nutzung von Energie in Form von Gas oder Elektrizität gesehen werden.

Gas diente zunächst vornehmlich Beleuchtungszwecken, und es war auch hier in erster Linie die Industrie und weniger die private Nutzung der Haushalte, die der neuen Technologie zum Durchbruch verhalf. Für die industrielle Produktionsweise, die zumeist in größeren Räumen stattfand, bot die künstliche Beleuchtung Vorteile vor den traditionellen Lichtquellen wie Kerzen oder Petroleum. Leuchtgas war zwar schon seit dem 18. Jahrhundert bekannt, fand jedoch zunächst keine praktische Anwendung. Als Industriebeleuchtung kam Gas dann erstmals bei der

3 Zur Geschichte der Wasserversorgung s. Thomas Kluge; Engelbert Schramm, Wassernöte. Zur Geschichte des Trinkwassers, Köln 1988; Axel Föhl, Versorgungswirtschaft, staatliche Regie und Privatindustrie in der Wasserversorgung, in: Technik und Wirtschaft, hg. von Ulrich Wengenroth, Düsseldorf 1993, S. 506–527; John v. Simson: Kanalisation und Städtehygiene im 19. Jahrhundert, Düsseldorf 1983.

4 Günter Bayerl, Konsum, Komfort und Netzwerke. Die Versorgung mit Wasser, in: Reith/Meyer (Hg.), Luxus und Konsum, S. 129–158.

Maschinenbauanstalt Boulton & Watt in den 1780er Jahren zum Einsatz und in Deutschland im Jahr 1818 in der Essener Maschinenfabrik Dinnendahl. Den Übergang von der Fabrik- zur öffentlichen Beleuchtung wurde u. a. durch den aus Deutschland emigrierten Friedrich Albert Winzer befördert, der in England die Gasbeleuchtung propagierte und dort eine Gesellschaft zur Belieferung der Konsumenten mit Gas mittels Leitungsröhren nach dem Vorbild der Wasserversorgung gründete. In der ersten systematischen Darstellung der Gasbeleuchtung aus dem Jahr 1815 heißt es dazu: »Durch das Gas wird es möglich, so oft wir wollen in jedem Zimmer des Hauses ein angenehmes Licht zu haben, so wie dieses mit dem Wasser der Fall ist«.[5] Über London (1814) und etwa zeitgleich in Paris fand die Gasbeleuchtung seit den 1820er Jahren auch Eingang in deutschen Städten wie Hannover, Berlin, Köln und Aachen. Bis 1850 gab es jedoch erst 24 Gasanstalten, und in London wurde in den 1860er Jahren noch doppelt so viel Gas verbraucht wie in ganz Deutschland. Die schleppende Durchsetzung des Gases als Licht- und Energiequelle in Deutschland ist nicht zuletzt auf Vorbehalte hinsichtlich der Risiken und Gefahren bei der Nutzung zurückzuführen.

Die öffentliche Beleuchtung bot Schutz und Sicherheit, und ermöglichte in den Städten auch ein öffentliches Leben nach Einsetzen der Dunkelheit, ein Nachtleben, zu dem die Beleuchtung von Gaststätten, Cafés und Restaurants, von Schaufenstern und Theatern gehörte, und das nicht mehr allein im Sinne des höfischen Luxus, sondern zur Nutzung durch breitere Bevölkerungsschichten – auch im Sinne von Massenkonsum – bereitstand.[6]

Nicht nur zu Beleuchtungszwecken spielte das Gas seit Mitte des 19. Jahrhunderts eine große Rolle. In fast allen Räumen der

5 Frederick Accum, Praktische Abhandlung zur Gasbeleuchtung, Berlin o.J. (1815), zit. nach: Wolfgang Schivelbusch, Lichtblicke. Zur Geschichte der künstlichen Helligkeit im 19. Jahrhundert, Frankfurt 1986, S. 33.

6 S. jüngst auch am Essener Beispiel Yvonne Rieker/Michael Zimmermann, Licht und Dunkel. Der Beginn der öffentlichen Beleuchtung in Essen, in: Wisotzky/Zimmermann, Selbstverständlichkeiten, S. 46–84.

bürgerlichen Haushalte, so eine zeitgenössische Publikation aus dem Jahr 1907, könnte Gas als Energieträger genutzt werden und sei zudem auch noch wirtschaftlich erschwinglich. Zum Kochen, Heizen und Baden in vornehmlich bürgerlichen Privathaushalten gewann das Gas ebenso an Bedeutung wie als Kraft- und Heizgas in Industrie und Gewerbe.

So wie die Vorteile des Gases zu Beleuchtungszwecken sowie sein Einsatz in privaten Haushalten und in der Industrie gegenüber den traditionellen Energieträgern hervorgehoben wurde, so propagierten die Befürworter der neuen, fast parallel auftretenden Energieform Elektrizität die Vorteile gegenüber dem Gas.

An der insbesondere gegen Ende des 19. Jahrhunderts auftretenden Frage »Gas oder Elektrizität?« entspann sich eine harte Auseinandersetzung und ein Konkurrenzkampf, der sowohl technische, ökonomische, politische und soziale Fragen hinsichtlich der Privathaushalte, der Industrie und der Kommunen berührte.[7]

Das Problem »Gas oder Elektrizität« zeigte sich zunächst an der Beleuchtungsfrage. Der große Vorteil des elektrischen Lichts lag auf dem Gebiet der Sicherheit und der Bequemlichkeit. Offene Flammen und Explosionsgefahr, hoher Sauerstoffverbrauch sowie Vergiftungsgefahr entfielen bei der Nutzung von Elektrizität. Die Vorteile der Helligkeitseigenschaften des Gaslichts unter Vermeidung seiner Nachteile wurden schließlich in Edisons Kohlefadenglühlampe erstmals im Jahr 1879 umgesetzt. Die Glühbirne stellte sich als ideales Leuchtmittel dar, welches selbst dem schon seit längerem bekannten elektrischen Bogenlicht überlegen war. Während das Bogenlicht durch die Verbrennung zweier Kohle-Elektroden einen sehr hellen Lichtbogen erzeugte und vornehmlich in großen Räumen und Plätzen zur

7 Zur Geschichte von Gas und Elektrizität s. Schivelbusch, Lichtblicke; Föhl, Die Gasversorgung, in: Technik und Wirtschaft, S. 528–539; Johannes Körting, Die Geschichte der deutschen Gasindustrie, Essen 1963; Hans-Joachim Braun, Gas oder Elektrizität? Zur Konkurrenz zweier Beleuchtungssysteme, 1880–1914, in: Technikgeschichte 47 (1980), S. 1–19.

Anwendung kam, überwand die Glühlampe nicht nur die technischen Nachteile der Bogenlampe, sondern bot darüber hinaus auch vielseitigere Einsatzmöglichkeiten, vor allem für kleinere Abnehmer und Privathaushalte. Anlässlich der Internationalen Elektrizitätsausstellung in München im Jahr 1882 schilderte Oskar von Miller seine erste Begegnung mit der Edisonschen Glühlampe: »Der Eindruck der Ausstellung war überwältigend. Die Beleuchtung übertraf jede Vorstellung. Die Edison-Glühlichter, die im Gewölbe des Saales und im Treppenhaus untergebracht waren, strahlten wie Tausende von Sternen von der Decke. Die Bogenlampen von Brush, Siemens und Hefner-Alteneck verbreiteten ein bis dahin unbekannt starkes Licht. […] Das allergrößte Aufsehen aber erregte doch eine Glühlampe von Edison, die man mit einem Schalter anzünden und auslöschen konnte, an welcher die Menschen zu Hunderten anstanden, um selbst diesen Schalter einmal bedienen zu können.«[8]

Die Entwicklung des elektrischen Lichts als Weiterentwicklung des Gaslichts bedeutete jedoch keinen Automatismus hinsichtlich der Durchsetzung der Elektrizität gegenüber dem Gas, wie überhaupt technische Neuerungen nicht automatisch bzw. vollständig ältere Technologien verdrängten und ersetzten, da in diesem Prozess nicht allein nur die technischen Entwicklungen eine Rolle spielten, sondern auch die jeweiligen ökonomischen, politischen und sozialen Rahmenbedingungen.

Und in der Tat konnte mit der Entwicklung des Gasglühlichts (Glühstrumpf) durch den österreichischen Chemiker Carl Auer von Welsbach die Gasbeleuchtung wieder deutliche Konkurrenzvorteile gegenüber dem traditionellen Gaslicht, aber auch gegenüber dem elektrischen Licht erzielen. Der Gasverbrauch bei Straßenlampen konnte mit Hilfe des Glühstrumpfes auf ein Drittel gesenkt werden. Die Erfolge des Gasglühlichts provozierten

8 Oskar von Miller, Erinnerungen an die Internationale Elektrizitätsausstellung im Glaspalast zu München im Jahre 1882, Berlin 1932, zit. nach Helmut Lindner: Strom. Erzeugung, Verteilung und Anwendung der Elektrizität, Reinbek 1985, S. 145.

wiederum die Weiterentwicklung der Glühbirne, die in Form der Metallfadenlampe (statt der älteren Kohlefadenlampe) eine höhere Lichtstärke, einen geringeren Stromverbrauch und eine höhere Haltbarkeit aufwies.[9] Es ist dies sicherlich ein Musterbeispiel für die technologische Entwicklung, die Rolle der Konkurrenz und die Bedeutung ökonomischer Faktoren, die schließlich den Konsumenten zu Gute kamen.

Die Beleuchtung war eine Art Brückenkopf, von dem aus sich die Elektrizität seit Ende des 19. Jahrhunderts ausbreitete. Die Nutzung der Elektrizität als universell einsetzbare Energie war ein »Schlüsselereignis bei der Entstehung der modernen Industriegesellschaft« und wird vielfach als »Zweite Industrielle Revolution« bezeichnet.[10] Zum Einsatz kam Elektrizität – zunächst vornehmlich in wohlhabenden – Privathaushalten (zum Kochen, Bügeln, Waschen, Staubsaugen etc.), in Kaufhäusern und Gaststätten, im Verkehrswesen (insbesondere bei der Elektrifizierung der Straßenbahn), im Handwerk und in der Industrie (etwa im Bergbau bei der Wasserhaltung, der Streckenförderung, der Bewetterung und bei Fördermaschinen), in der Eisen- und Stahlindustrie (bei Walzwerken, Elektrostahlöfen) und im Transportwesen. Erzeugung, Anwendung und Verteilung von Elektrizität entwickelten sich seit den 1880er Jahren zu immer umfangreicheren Systemen, so dass, ausgehend von privaten, meist industriellen Punkten, sich eine zunehmende Zentralisierung in Form von Elektrizitätswerken herausbildete, die schließlich über die kommunalen Grenzen hinaus in komplexe Netzwerke und Verbundsysteme mündete. 1882 wurde in Stuttgart das erste öffentliche Elektrizitätswerk gegründet, 1884 erhielt die Deutsche Edison-Gesellschaft (später AEG) unter Emil Rathenau die Konzession zur Gründung eines Elektrizitätswerks in Berlin. Zwischen der Jahrhundertwende und dem Ersten Weltkrieg verzehnfachte sich die Leistung der Elektrizitätsversorgung, die

9 Dazu Lindner, Strom, S. 211ff.; Braun, Gas oder Elektrizität?, S. 54ff.

10 Theo Horstmann, Die »Zweite Industrielle Revolution in Westfalen«, in: ders. (Hg.), Elektrifizierung in Westfalen, Hagen 1990, S. 31–39.

Anschlussleistung für Glüh- und Bogenlampen, Elektromotoren etc. stieg um ein Hundertfaches.

Die Konzentration der Energieversorgung, die Entstehung von Verbünden und Netzwerken bedeutete das Ende der individuellen, autarken, auf einen Haushalt oder einen Betrieb bezogenen Energieversorgung, so dass sich auch in diesem Bereich eine arbeitsteilig organisierte Markt- und Verkehrswirtschaft durchzusetzen begann. Die durch die Energiewirtschaft, insbesondere durch die Elektrifizierung eingeleiteten Veränderungen waren nach Thomas P. Hughes unter ökonomischen, technischen und wissenschaftlichen Aspekten die wichtigsten Projekte des 19. Jahrhunderts, und von keinem gingen größere soziale Effekte aus als von dem System der Elektrizität, welches ein wichtiger Baustein auf dem Weg zu einer komplexen modernen Welt war.[11] Der Aufbau von Ver- und Entsorgungssystemen, nicht zuletzt auf dem Gebiet der Wasser- und Energielieferung sowie die Bereitstellung einer umfangreichen technischen Infrastruktur schuf als »ursprüngliche Vernetzung« zudem die Voraussetzungen für die konsumorientierte Wachstumsgesellschaft des 20. Jahrhunderts.[12]

2. Zwischen Konsumgenossenschaft und Konsumtempel

So wie die öffentliche Daseinsvorsorge im Zuge von Industrialisierung und Urbanisierung den Massenbedarf und eine Grundversorgung mit Wasser und Energie abdeckte, entwickelten sich ab Mitte des 19. Jahrhunderts neue Formen des Einzelhandels

11 Thomas P. Hughes, Networks of Power. Electrification in Western Society, 1880–1930, Baltimore-London 1983; zur Elektrifizierung s. a. Zängl, Deutschlands Strom, 1989; Thomas Herzig, Von der Werkstattzentrale zur Verbundwirtschaft, in: Technik und Wirtschaft, hg. v. Ulrich Wengenroth, Düsseldorf 1993, S. 483–505; Wolfgang König/Wolfhard Weber, Netzwerke Stahl und Strom 1840–1914, Berlin 1990, S. 314ff.

12 Dieter Schott/Hanni Skroblies, Die ursprüngliche Vernetzung, in: Die alte Stadt 14 (1987), S. 75.

im Übergang von der Bedarfsdeckung mittels Eigenproduktion und -versorgung hin zur Bedarfsdeckung über den Markt, die eine Versorgungssicherheit garantieren, Kosten senken und den Marktzugang verbessern sollten. Neben dem traditionellen Kleinhandel, den Konfektionsgeschäften und Magazinen sowie den Filialbetrieben waren es vor allem die Konsumgenossenschaften und -vereine und die Warenhäuser, die als Innovationen im Distributionsbereich den alltäglichen Bedarf an Massenkonsumgütern befriedigen sollten und damit die »Basis der Konsumgesellschaft« (Uwe Spiekermann) darstellten.

Konsumgenossenschaften waren insofern eine Besonderheit, als sie zugleich Ausdruck moderner Institutionen des Handels als auch Produkte des Konflikts und des Widerstands gegen die gesellschaftliche Modernisierung waren, was nicht zuletzt die Unzufriedenheit und Konsumentenproteste gegen überhöhte Preise, schlechte Herstellungsbedingungen und Qualität zeigten.[13] Die Anfänge der Genossenschaftsbewegung liegen in Großbritannien in den 1760er Jahren und haben durch den Sozialplaner Robert Owen in den 1820er Jahren weitere Impulse erhalten, wobei es im Sinne der Selbsthilfe und -verwaltung durch Gründung von Kooperationen um eine ausreichende, qualitätsvolle und kostengünstige Versorgung mit Lebensmitteln und Gütern des täglichen Bedarfs ging.[14] In Deutschland entwickelten sich die Konsumgenossenschaften einerseits aus den von bürgerlichen Sozialreformern gegründeten Spar- und Konsumvereinen, andererseits als Organisationen der Arbeiterbildungs- und Selbsthilfebewegungen seit den 1840er Jahren. In beiden Fäl-

13 Ulrich Pfister, Vom Kiepenkerl zu Karstadt. Einzelhandel und Warenkultur im 19. und frühen 20. Jahrhundert, in: VSWG 87 (2000), S. 48; Michael Prinz, Von der Nahrungssicherung zum Einkommensausgleich. Entstehung und Durchsetzung des Selbsthilfemusters Konsumverein 1770–1914 in England und Deutschland, in: Siegrist/Kaeble/Kocka (Hg.), Europäische Konsumgeschichte, S. 717–744; Brett Fairbairn, Konsumgenossenschaften in Internationaler Perspektive: ein historischer Überblick, in: Prinz (Hg.), Der lange Weg in den Überfluss, S. 437ff.; Spiekermann, Basis der Konsumgesellschaft, S. 238–277.

14 Prinz, Brot und Dividende, S. 55–65.

len handelte es sich um Aktivitäten des Konsumenten- bzw. Verbraucherschutzes. Seit Mitte des 19. Jahrhunderts häuften sich Meldungen über Lebensmittelverfälschungen sowie über manipulierte Qualitäts- und Mengenangaben.

Dies war auch das Ergebnis des Übergangs von der Eigen- zur Fremdversorgung und einer zunehmenden Marktintegration verbunden mit der Tatsache, dass Lebensmittel im Zeitalter der Industrialisierung unter Zuhilfenahme industrieller Produktionsmethoden vonstatten ging. Die Technisierung des Lebensmittelkonsums hielt mit der Konservendose sowie chemisch-technischer Konservierungs- und Färbemittel Einzug und eröffnete zugleich der Manipulation und Verfälschung von Nahrungsmitteln neue Möglichkeiten. Die Selbstkontrolle von Handwerk und Zünften war dieser Entwicklung ebenso wenig gewachsen wie die gewerbepolizeilichen Maßnahmen und Kontrollen. Insbesondere die Verwässerung des Bieres bot Ende der 1870er Jahre Anlass für die Verabschiedung eines reichseinheitlichen Nahrungsmittelgesetzes[15]. Das 1879 verabschiedete »Gesetz, betreffend den Verkehr mit Nahrungsmitteln, Genussmitteln und Gebrauchsgegenständen« (NMG) regelte in erster Linie den Umgang mit Nahrungsmitteln, aber eben auch mit Gebrauchsgegenständen, also auch technischen Artefakten, die von den Verbrauchern im Alltag benutzt wurden.

Drei Jahre zuvor war das Kaiserliche Gesundheitsamt als Zentralbehörde und technische Sonderbehörde gegründet worden. Es diente der Kontrolle von Nahrungsmitteln und vor allem der Vermittlung und des Interessenausgleichs zwischen Wissenschaft, Staat, Produzenten und Konsumenten, und verstand sich als Teil staatlicher Gesundheitspolitik.[16] Die amtlichen Nahrungsmittelchemiker des Kaiserlichen Gesundheitsamtes gelten als »Pioniere des modernen Verbraucherschutzes«.[17]

15 Dazu ausführlicher: Ellerbrock, Lebensmittelqualität vor dem Ersten Weltkrieg, S. 127–188.

16 Ebd., S. 129f.

17 Ebd., S. 184.

Nahrungsmittelgesetz
Beim Nahrungsmittelgesetz aus dem Jahr 1879 (»Gesetz, betreffend den Verkehr mit Nahrungsmitteln, Genussmitteln und Gebrauchsgegenständen« [NMG]) handelt es sich um ein wirtschaftsrechtliches Spezialgesetz, welches reicheinheitliche Grundlagen für die staatliche Überwachung sowie analytische Kontrollen im Umgang mit Lebens- und Genußmitteln vorsah und eine strafrechtliche Verschärfung im Falle der gesundheitsgefährdenden Verfälschung von Lebensmitteln bedeutete. Insofern kann es als Vorläufer eines staatlichen Verbraucherschutzes betrachtet werden.

Gegenüber diesem paternalistischen Verbraucherschutz stellten die Konsumgenossenschaften, sei es in Verbindung mit der Arbeiterbewegung, sei es in Zusammenarbeit mit bürgerlichen Sozialreformern, ein Modell der Selbsthilfe und -organisation dar, wobei sich die Konsumenten gegen die Risiken des Marktes und die drohende Übervorteilung durch die Produzenten zusammenschlossen. Großeinkäufe ermöglichten eine günstige Preisgestaltung, und zudem wollten die Genossenschaften – durchaus in Orientierung an einer paternalistischen Fürsorge und Nahrungssicherung des merkantilistischen Staates – die Konsumenten vor einer nachteiligen Preis-Qualitätsgestaltung schützen. Insbesondere für die unteren sozialen Klassen, die die Möglichkeiten des freien Marktes durch »unrationelles« (häufig in kleinen Mengen und damit teueres) Einkaufen suboptimal nutzten, dienten die Konsumgenossenschaften zu einer »Regulierung der Haushaltsführung« (Michael Prinz). Spätestens seit den 1890er Jahren entwickelten sich die Genossenschaften und Konsumvereine zu einer Massenbewegung. Vor dem Ersten Weltkrieg existierten in Deutschland etwa 1.500 Konsumvereine mit über zwei Millionen Mitgliedern.[18]

Während Konsumgenossenschaften und -vereine alternative Möglichkeiten der Grundversorgung, eine Politisierung des Kon-

18 Prinz, Von der Nahrungssicherung, S. 729–735.

sums und auch Ausdruck eines wachsenden Verbraucherbewusstseins und -schutzes darstellten, steht die etwa zeitgleiche Entwicklung der Kaufhäuser für die großgewerbliche Organisation sowie eine funktionale Spezialisierung und Inszenierung des Warenangebots und spiegelt zugleich die konsumgesellschaftlichen Kontroversen des Kaiserreichs wider.

Warenhäuser entstanden ab Mitte des 19. Jahrhunderts zunächst in Frankreich, das als Pionierland der Warenhauskultur gilt. Ab den 1880er Jahren gründeten in Deutschland Leonhard und Hermann Tietz, Rudolf Karstadt und Georg Wertheim Konfektionshäuser, die sich in den folgenden Jahren zu Warenhäusern entwickelten, also ein breites Warensortiment zu festen Preisen anboten, stark arbeitsteilig organisiert waren und einen hohen Warenumschlag aufwiesen. Zu »Konsumtempeln« wurden sie vor allem durch eine repräsentative Architektur, die (der Zeit entsprechend meist in der Formensprache des Jugendstils) nicht selten Kathedralen oder Schlossbauten ähnelten und zugleich durch Verwendung neuer Materialien wie Stahl und Glas Ausdruck von Modernität waren. Im Innern waren die Kaufhäuser ebenfalls mit entsprechenden architektonischen Elementen wie Lichthöfen und großzügigen Treppenhäusern versehen. Sie wiesen eine luxuriöse Ausstattung auf, insbesondere unter Berücksichtigung moderner Technik wie elektrischem Licht, Fahrstühlen und Rolltreppen. Ergänzt wurde dies durch große Schaufenster, Lichtreklame, neue Werbemethoden und den Verkauf von Markenartikeln. Die Einrichtung von Cafés; Lesesalons und Erfrischungsräumen machte aus Warenhäusern Erlebnisräume, die eine enge Verknüpfung zwischen Konsum und Freizeit schufen.[19] Die zeitgenössische Wahrnehmung sah in der Etablierung von Warenhäusern jedoch nicht nur positive Aspekte der Modernisierung der Konsumkultur. Kritiker betrachteten Großkauf-

19 Pfister, Vom Kiepenkerl zu Karstadt, S. 51–62; Haupt, Konsum, S. 75–85; Axel Kuhn, »Verkauf von Waren und Träumen«. Die Warenhausgesellschaft, in: August Nitschke u.a. (Hg.), Jahrhundertwende. Der Aufbruch in die Moderne 1880–1930, Bd. 2, Reinbek 1990, S. 61–75.

häuser als Gefährdung von Städtebau und Architektur, die allein schon aufgrund ihrer Größe das Stadtbild verunzierten. Der Verkauf von »billigen und schlechten« Massenprodukten und die zunehmende Diebstahlgefahr, die als Folge des Selbstbedienungsprinzips betrachtet wurde, galt als Ausdruck des Verfalls der Einkaufssitten und der Zerstörung der Wirtschaftsmoral. Als Folge der Ausbreitung von Kaufhäusern galt ebenfalls die in erster Linie als weibliche Erkrankung betrachtete Kleptomanie. Die sich gegen Ende des 19. Jahrhunderts abzeichnende, öffentlich geführte Warenhausdebatte war insofern »zuerst und vor allem eine moralische Debatte« (Detlef Briesen), die jedoch auch eine starke politische Dimension enthielt. Danach galt das Warenhaus als Bedrohung für den Handel des Mittelstands und dessen Klein- und Mittelbetriebe. Dies wiederum führe zu einer gesellschaftlichen Polarisierung, die den Bestrebungen der Sozialdemokratie in die Hände spiele, so die Kritiker. Neben dieser antisozialdemokratischen Stoßrichtung hatte die Warenhausdebatte auch einen antisemitischen Unterton. Warenhäuser galten als »spezifisch jüdische« Formen des Handels, die dem deutschen Geschäftsleben fremd und feindlich gegenüberstünden. Dies war Teil eines grundsätzlichen gesellschaftlichen Diskurses um die Jahrhundertwende, der zwischen den Polen der Kulturkritik und des Fortschrittsoptimismus verlief.[20] Konsum war damit zu einem zentralen gesellschaftspolitischen Thema geworden.

3. Kneipe, Kientopp, Jahrmarkt

Für das 19. Jahrhundert als dem Zeitalter des Übergangs von der Stände- zur Klassengesellschaft lassen sich mit Blick auf die Entwicklung der Konsumgesellschaft »klassenspezifische Konsummuster« (Klaus Tenfelde) beobachten, die auch im Bereich der Freizeitgestaltung relevant waren. Wie weiter oben gezeigt, gab es deutliche Unterschiede zwischen der Freizeitgestaltung des

20 Briesen, Warenhaus, S. 12–24, 83–86.

bürgerlichen und des Arbeitermilieus. Dies betrifft die Ausbildung einer bürgerlichen Turnbewegung und einer Arbeitersportbewegung ebenso wie eine separierte Theater- und Musikkultur, da insbesondere im Zuge der Etablierung einer eigenständigen Arbeiterbewegungskultur sich auch die organisierte Arbeiterschaft zunehmend Fragen der Kultur- und Freizeitgestaltung widmete.

Zu den Freizeiteinrichtungen, die nicht als Teil der organisierten Arbeiterbewegungskultur, jedoch als Ausdruck von Arbeiterkultur und damit einer zunehmend an Bedeutung gewinnenden Massen- und Populärkultur gelten, zählte neben Kneipen und Wirtshäusern, Kirmessen und Jahrmärkten auch das Kino, welches noch vor dem Ersten Weltkrieg ein Millionenpublikum anzog. Zur »klassenspezifischen Konsumkultur« sind diese Einrichtungen kaum noch zuzuordnen. Massenkultur war immer weniger Klassenkultur (Kaspar Maase), und Diffusionsprozesse verliefen nicht notwendigerweise von oben nach unten, sondern im Falle des Kinos eher in umgekehrter Richtung. Während Theater- und Konzertsäle in erster Linie Orte des bürgerlichen Freizeitkonsums waren und die Kneipe Treffpunkt der Arbeiterschaft war, trafen in den Animierkneipen, Music-Halls, Tanzcafés und Kinos Arbeiter, Gymnasiasten, Studenten, Künstler und Angestellte aufeinander.

Die Kneipe gilt als »primäre Freizeitinstitution im Arbeitermilieu«. Dieser besondere Stellenwert resultiert aus der Tatsache, dass beengte Wohnverhältnisse und fehlende betriebliche und kommunale Freizeitmöglichkeiten einerseits, kommerziell kaum erschwingliche Freizeitangebote wie Theater- und Konzertbesuche andererseits, zu einer Verlagerung des Freizeitlebens in die Öffentlichkeit, speziell die Kneipe führten. Dort fanden u.a. auch Musik-, Theater und Tanzveranstaltungen statt, vor allem aber ging es um Geselligkeit und Alkoholgenuss. Der Zusammenhang zwischen Kneipe und Arbeiterschaft war auch deshalb besonders eng, weil viele Kneipen gegen Ende des 19. Jahrhunderts als Parteilokal der Sozialdemokratie fungierten, ja man kann seit den 1880er Jahren sogar von einer »Symbiose von Wirtshaus und Arbeiterbewegung« (James S. Roberts) sprechen. Politik, Freizeit und Konsum waren eng miteinander verknüpft: Politik und Alkoholkonsum waren Formen der Freizeitgestaltung.[21]

Von normalen Kneipen zu unterscheiden waren die sogenannten Animierkneipen, die als Ort der besonderen sittlichen Gefährdung und des »niederen Vergnügens« galten. In Animierkneipen ging es nicht allein um den Konsum von Alkohol, sondern auch um Sexualität. Männliche Konsumenten, von Arbeitern über kleine Angestellte bis hin zu Beamten und Geschäftsleuten, ließen sich von weiblichen Kellnerinnen bedienen, wobei die »Animierdamen« nicht nur den Genuss alkoholischer Getränke fördern sollten, sondern auch für sexuelle Dienste zur Verfügung standen. Zu Beginn des 20. Jahrhunderts waren Animierkneipen in deutschen Großstädten weit verbreitet. In Frankfurt gab es mehr als 100 Einrichtungen, in Berlin sogar mehr als 800. Und auch wenn die Animierkneipe kein klassenspezifisches Phänomen war, so bestanden hier doch »feine Unterschiede«, da in bestimmten Gegenden Berlins wie etwa der Friedrichstadt eher das »bessere« Publikum verkehrte, während sich am Hackeschen Markt oder im Scheunenviertel die »einfachen« Leute vergnügten.[22]

Die hohe Kneipendichte in Arbeitervierteln und der zunehmende Alkoholkonsum männlicher Arbeiter wurden nicht nur zu einem Problem innerhalb der Familien, sondern entwickelten sich auch zum Gegenstand öffentlicher Diskussionen. Kritische Stimmen kamen zum einen aus der Arbeiterbewegung selbst. Die Temperenzbewegung, etwa in Form des »Deutschen Arbei-

21 James S. Roberts, Wirtshaus und Politik in der deutschen Arbeiterbewegung, in: Huck (Hg.), Sozialgeschichte der Freizeit, S. 123–139; Elisabeth Kosok, Die Reglementierung des Vergnügens. Konzessionspraxis und Tanzbeschränkung im Ruhrgebiet (1879–1914), in: Dagmar Kift (Hg.), Kirmes – Kneipe – Kino. Arbeiterkultur im Ruhrgebiet zwischen Kommerz und Kontrolle (1850–1914), Paderborn 1992, S. 60–82.

22 Ulrich Linse, »Animierkneipen« um 1900. Arbeitersexualität und bürgerliche Sittenreform, in: Kift (Hg.), Kirmes – Kneipe – Kino, S. 83–118.

ter-Abstinenten-Bundes« warnte vor den Folgen des wachsenden Alkoholkonsums nicht zuletzt für die Arbeiterbewegung selbst. Bürgerliche Reformer thematisierten in erster Linie aus pädagogisch-fürsorglichen Gründen den drohenden Verfall der Sitten und der Familien. Schließlich spielte auch der Staat eine wichtige Rolle, indem er über Konzessionen von Gaststätten auf der Basis der Gewerbeordnung des Jahres 1879 regulierend eingriff.[23] Damit wird deutlich, dass Freizeit und Konsum im Kaiserreich keine individuell gestaltbaren und unbegrenzten »Freiräume« darstellten, sondern vielmehr Gegenstand unterschiedlicher Interessen und Einflussnahmen waren.

Dies gilt auch für Kirmessen und Jahrmärkte. Diese sind zumeist aus Viehmärkten oder Ostermessen hervorgegangen und entwickelten sich spätestens im 19. Jahrhundert zu Freizeitmassenveranstaltungen mit umfangreichen Vergnügungsangeboten wie Schaubuden, Karussells, Zirkuszelten, Völkerschauen, Zauberei und schließlich auch Wanderkinos. Jahrmärkte waren darüber hinaus ein regionaler Wirtschaftsfaktor, da auch die Kneipen und Restaurants der Umgebung einen steigenden Umsatz verzeichneten. Als Konsumenten kam auch hier vor allem das kleinbürgerliche und proletarische Publikum in Betracht, welches wiederum die Jahrmärkte nicht selten zum Anlass nahm, vorübergehend der Arbeit fern zu bleiben. Dementsprechend stießen diese Großveranstaltungen auf den Widerstand der Unternehmer, die aus Gründen der Arbeitsdisziplin eine Einschränkung und sogar die Abschaffung solcher Feste forderten. Auch Kirchenvertreter standen Kirmessen und Jahrmärkten ablehnend gegenüber, da sie sie als Konkurrenz zu den religiösen Feiertagen betrachteten und eine sittliche Gefährdung von Jugendlichen sowie ein Ansteigen der Kriminalität befürchteten. Schließlich wurden auch von Seiten der kommunalen Behörden Bedenken geäußert, die sich im Wesentlichen auf ordnungs- und sicherheitspolitische Aspekte bezogen. Dies alles führte zu öffentlichen Auseinandersetzungen über Massenfreizeitveranstal-

23 Kosok, Die Regulierung des Vergnügens.

tungen mit der Konsequenz, dass in einigen Fällen die Jahrmärkte verlegt oder auch ganz geschlossen wurden. In anderen Fällen wurden Vergnügungs- und Freizeiteinrichtungen mit der Erbauung von Sälen, Kneipen und Restaurants sowie Spielautomaten, Schießhallen und Achterbahn in Form von Lunaparks fest installiert. Impulse dazu kamen u. a. von Brauereien, die sich davon steigende Absatzmöglichkeiten erhofften.[24]

Kirmes und Kino lagen eng beieinander. Schon die Vorläufer des Kinos, wie Guckkästen, Panoramen, Zauberlaternen oder die Fotographie, wurden häufig auf Kirmessen und Jahrmärkten gezeigt. Die von Thomas A. Edison 1894 entwickelte und im selben Jahr in New York erstmals der Öffentlichkeit vorgestellte Kinetoskop-Show mit einer etwa 20-sekündigen Filmsequenz wurde kurze Zeit später in europäischen Großstädten wie Paris, London, Berlin und Hamburg präsentiert. Kurzfilme, die in der Frühphase Alltagsszenen und dokumentarische Filmszenen zeigten, galten als technische Sensation und wurden als Attraktion auf Jahrmärkten, Festen und in Kneipen vor allem von »kleinen Leuten« konsumiert. Die »Deutsche-Automaten-Gesellschaft Stollwerk & Co.« (D.A.G.), die aus dem Süßwarenunternehmen Stollwerk hervorgegangen war, übernahm den kommerziellen Vertrieb von Kinematographen und installierte diese in deutschen und europäischen Großstädten vor allem in Automatenrestaurants zusammen mit anderen Spiel-, Getränke- und Süßwarenautomaten. Die Anfänge des Kinos waren somit eng an andere Einrichtungen der Konsumindustrie gekoppelt, neben Kneipen, Tanzcafés, und Varietés auch Warenhäuser und Jahrmärkte. Zu Beginn des 20. Jahrhunderts entstanden dann erste ortsfeste Kinos, deren Publikum zunächst vorwiegend aus der Arbeiterschaft und dem Kleinbürgertum kam.[25] Um 1910 gab

24 Maase, Grenzenloses Vergnügen, S. 39, 54; Ralf Ebert, Der Lunapark im Fredenbaum, in: Gisela Framke (Hg.), Acht Stunden sind kein Tag. Freizeit und Vergnügen in Dortmund 1870–1939, o. O. o. J., S. 126–130.

25 Jürgen Kinter, »Durch Nacht zum Licht« – Vom Guckkasten zum Filmpalast. Die Anfänge des Kinos und das Verhältnis der Arbeiterbewegung zum Film, in: Kift (Hg.), Kirmes – Kneipe, Kino, S. 119–146.

es in Deutschland bereits etwa 1.000 ortsfeste Kinos mit täglich 1,5 Millonen Besuchern. Es waren vor allem neue Konsumentengruppen wie Kinder, Jugendliche und Frauen, die sich durch das neue Unterhaltungsmedium angesprochen fühlten. Doch sollte es nicht lange dauern, bis auch diese Form des Freizeitkonsums staatlich reguliert wurde. Neben bau- und sicherheitspolitischen Vorschriften wurde um 1910 die Vorzensur eingeführt, nach der alle Filme einer behördlichen Zensurkommission vorgelegt werden mussten. Zudem wurde Kindern und Jugendlichen unter 16 Jahren der Kinobesuch nur in Begleitung Erwachsener gestattet.[26] Trotzdem war der Siegeszug des Kinos als eine der erfolgreichsten Freizeiteinrichtungen, nicht zuletzt auch durch den Zuspruch des bürgerlichen Publikums, im 20. Jahrhundert nicht mehr aufzuhalten. Film und Kino eröffneten »endgültig das Zeitalter der Massenkultur«, und mit dem Film erhielt auch »die Kunst Einzug in den Alltag der Lohnabhängigen«.[27]

26 Kinter, »Durch Nacht zum Licht«, S. 137.
27 Maase, Grenzenloses Vergnügen, S. 108f.

V. Weimarer Republik: »Take-off« der modernen Konsumgesellschaft

1. »Munizipalsozialismus« und Privathaushalte – Konsum im Wohlfahrtsstaat

Der Erste Weltkrieg bedeutete in vielen Bereichen eine Unterbrechung der Entwicklung der Konsumgesellschaft, nicht zuletzt bedingt durch die Verlagerung der Wirtschaft in Richtung der militärisch wichtigen Grundstoff- und Rüstungsproduktion, sowie den Rückgang der disponiblen Zeit und Einkommen großer Bevölkerungskreise. Der schwierige Übergang von der Kriegs- zur Friedenswirtschaft in der Weimarer Republik und die Zeit der Inflation verzögerten ebenfalls ein Anknüpfen an die konsumgesellschaftlichen Grundlagen des Kaiserreichs. Dabei spielte auch die mangelnde Kaufkraft eine Rolle, die eine den USA vergleichbare Entwicklung konsumgesellschaftlicher Strukturen in Deutschland verhinderte.[1] Wenn man für die Weimarer Republik trotzdem von einem »ersten Anlauf der Konsumgüterevolution«[2] sprechen kann, der sich vor allem in der Ausbreitung von Haushaltstechnik festmachen lässt, so ist dies zu einem nicht unbedeutenden Anteil auf den Ausbau einer öffentlich geförderten Grundversorgung zurück zu führen. Die in der Tradition des Kaiserreichs stehende kommunale »Daseinsvorsorge« stellte in diesem Zusammenhang auch ein Kontinuitätsmoment der Konsumgesellschaft dar. Der als »Munizipalsozialismus« verstandene Ausbau der Infrastruktureinrichtungen bildete in der Weimarer Republik eine wesentliche Grundlage der Konsumgesellschaft.

1 Dazu vor allem König, Konsumgesellschaft.

2 Martina Hessler, »Mrs. Modern Woman«. Zur Sozial- und Kulturgeschichte der Haushaltstechnisierung, Frankfurt 2001, S. 93.

Unter »Munizipalsozialismus« bzw. der Kommunalisierung oder »Verstadtlichung« (F. Schöningh) verstand man ein »System von Gemeindeanstalten und -betrieben, die sich in kommunaler Hand befanden und von den Gemeinden in eigener Verantwortung verwaltet wurden«.[3] Dazu gehörten in den 1920er Jahren neben der Wasser- und Energieversorgung sowie dem öffentlichen Personennahverkehr zunehmend auch Einrichtungen der Kultur- und Freizeitorganisation.

Überlegungen zu einem stärkeren kommunalen Engagement im Rahmen der Daseinsvorsorge fanden sich sowohl im sozialdemokratischen wie im liberal-bürgerlichen Lager. Den öffentlichen Unternehmen wurde eine unterschiedliche Bedeutung beigemessen, die je nach politischen Vorstellungen und Zielen von sozialpolitischen, finanz- und konjunkturpolitischen bis hin zu gesundheits- und wettbewerbspolitischen Aufgaben reichte. Teile der Sozialdemokratie, hier vor allem der reformistische Flügel, sahen in der Ausweitung öffentlicher Unternehmen eine Möglichkeit, »Ausbeutungsmechanismen des kapitalistischen Wirtschaftssystems« zu mildern und die politischen Verhältnisse zu demokratisieren, wenn auch nur im regionalen oder lokalen Rahmen. So wurde etwa die soziale Tarifierung der Wasser- und Energieversorgung als eine Möglichkeit der Umverteilung betrachtet. Öffentliche Unternehmen sollten eine Vorbildfunktion hinsichtlich der Arbeitsbedingungen haben sowie eine flächendeckende Versorgung der Bevölkerung mit wichtigen Gütern gewährleisten. Darüber hinaus wurde ihnen eine finanzpolitische (Einnahmesteigerung für die Kommunen) sowie konjunkturpolitische Bedeutung (wirtschaftliche Stabilisierung in Krisenzeiten) beigemessen. Insbesondere nach dem Ersten Weltkrieg und dem Scheitern der Sozialisierungsbemühungen gewannen öffentliche Unternehmen für die Sozialdemokratie

3 Wolfgang Krabbe, Kommunalpolitik und Industrialisierung. Die Entfaltung von städtischer Leistungsverwaltung im 19. und frühen 20. Jahrhundert, Stuttgart 1985, S. 85; F. Schöningh, Die Geschichte und wirtschaftliche Bedeutung der Kleinbahnen (Überlandstraßenbahnen) im rheinisch-westfälischen Kohlenrevier, Paderborn 1911, S. 169.

an Bedeutung, da sie Elemente einer Politik der Bedarfsdeckung, der Planwirtschaft, der gemeinwirtschaftlich-demokratischen Betriebsführung sowie fortschrittlicher Arbeitsbedingungen und betrieblicher Sozialpolitik als Keimzelle wirtschaftsdemokratischer Strukturen enthielten.

Anders als die Sozialdemokratie sah das bürgerlich-liberale Lager in den öffentlichen Unternehmen einen systemimmanenten und stabilisierenden Faktor, indem diese Aufgaben übernahmen, die entweder von privaten Unternehmen nicht übernommen wurden oder die zur Aufrechterhaltung eines kapitalistischen Wettbewerbssystems dienten und einer Monopolisierung vorbeugten.[4]

Mit Blick auf die Konsumgüterversorgung übernahmen öffentliche Unternehmen wie die Stadtwerke eine Art Vermittlerfunktion. Nach den schwierigen Jahren der Nachkriegszeit, nach Revolution und Streiks, Inflation und Ruhrbesetzung bestand das oberste Ziel der kommunalen Energieversorger in einer Steigerung der Energieabgabe und in einer Konsolidierung der wirtschaftlichen Verhältnisse. Die Einnahmen aus dem Energiebereich bildeten einen wesentlichen Teil der kommunalen Haushalte. »Es muss angestrebt werden, das Gas nunmehr für Koch- und Heizzwecke im Haushalt und auf sämtlichen Wärmegebieten im Handwerk und in der Industrie einzuführen. Es ist dies nur möglich durch eine eingehende Aufklärung der Abnehmer und eine rege allgemeine Werbetätigkeit«,[5] so hieß es z. B. im Verwaltungsbericht eines kommunalen Energieversorgers Mitte der 20er Jahre. Dabei galt es, an die Erfolge der Gasabsatzsteigerung vor dem Ersten Weltkrieg im Zusammenhang mit der Eröffnung von Ladenlokalen anzuknüpfen. Die Licht- und Schaufensterwerbung gewann in den 20er Jahren immer mehr an Bedeutung, woran sich die städtischen Energieversorgungsbetriebe auf doppelte Weise beteiligten. Sie unterhielten

4 Gerold Ambrosius, Öffentliche Wirtschaft in der Weimarer Republik, S. 27ff.
5 Zit. nach Christian Kleinschmidt, Stadtwerke Gelsenkirchen. Vom Regiebetrieb zum modernen Dienstleistungsunternehmen, Essen 1998, S. 81.

selbst beleuchtete Laden- und Verkaufslokale, in denen Haushaltsgeräte angeboten und ausgestellt wurden, und sie lieferten Gas oder Elektrizität für die Lichtwerbung, die sich, aus den USA kommend, ab Mitte des Jahrzehnts auch in Deutschland durchzusetzen begann.[6] Die Versorgung der Haushalte mit Gas- und Elektrogeräten, insbesondere der großen Anbieter wie AEG, Bosch oder Siemens, machte deutliche Fortschritte, was nicht zuletzt auf Preissenkungen in Folge der Massenproduktion zurück zu führen war. In Großstädten wie beispielsweise Berlin stieg der Anteil der elektrifizierten Wohnungen allein zwischen 1924 und 1928 von 21,5 % auf 55 %, um 1930 sogar 68 % zu erreichen. Die Versorgung mit elektrischen Geräten lag z. T. unter derjenigen von Gasgeräten, erreichte jedoch etwa bei Bügeleisen (55,9 %) und Staubsaugern (27,6 %) schon einen recht hohen Grad.[7] Allerdings bestand hier ein deutliches Stadt-Land-Gefälle.

Tab. 2: Versorgung der Haushalte mit elektrischen Geräten in Berlin (1928)

elektrische Geräte	% Haushalte
Bügeleisen	55,9
Staubsauger	27,5
Heizkissen	16,3
Kochapparate	5,9
Brat- und Röhrenapparate	1,7
Waschmaschinen (ungeheizt)	0,5
Kühlschränke	0,2

Quelle: Zängl, Deutschlands Strom, S. 113

6 Hermann Kircher, Das Licht in der Werbung, Diss. Frankfurt 1930, S. 2–6.
7 Zängl, Deutschlands Strom, S. 113; Hessler, »Mrs. Modern Woman«, S. 136–194.

Konsumentinnen gerieten zunehmend ins Visier einer nach Geschlechterrollen ausgerichteten Werbung der Haushaltsgeräteproduzenten.[8] Doch nicht nur die privaten Hersteller, auch die öffentlichen Anbieter von Elektrizität und Gas machten Werbung für Haushaltsgeräte. Im Laufe der 20er Jahre wurden in zahlreichen Haushalten weitere Gas- und Elektrogeräte wie etwa Bügeleisen, Staubsauger, Haartrockner, Kaffeemaschinen, Heizkissen, Radiogeräte etc. angeschafft, wobei ein Teil der Geräte zunächst nur für bürgerliche Haushalte erschwinglich war und nur allmählich Einzug in die Arbeiterhaushalte fand. Diesbezüglich gab es Stimmen, die vor einer verstärkten Haushaltselektrifizierung warnten: »Besonders die Propagierung der elektrischen Küche muss mit größter Zurückhaltung geschehen. Es ist nicht ›Dienst am Kunden‹, wenn sich bei deren Einführung in Abnehmerkreisen, die scharf zu rechnen gezwungen sind, Überraschungen durch Mehrkosten gegenüber den bisher verwendeten Energieträgern (Gas oder Kohle) ergeben, die durch anderweitige Ersparnisse und wertvolle andere Eigenschaften nicht ausgeglichen werden können. Ein solches Vorgehen würde zu Rückschlägen und zu einer Vertrauenskrisis zwischen Werk und Verbraucher führen, die unter allen Umständen vermieden werden muss«.[9]

Gleichwohl wurde in den Ladenlokalen im Sinne einer »Politik des Mehrverbrauchs«[10] mit unterschiedlichen Mitteln für die Absatzsteigerung von Strom und Gas geworben. Dies betrifft vor allem die Ausstellung und den Verkauf von Gas- und Elektrogeräten u. a. auch mit Hinweis auf ortsansässige Haushaltsgeräteproduzenten. Öffentliche und privatwirtschaftliche Bestrebungen zur Erhöhung des Energieverbrauchs und des Haushaltsgeräte-

8 Hessler, »Mrs. Modern Woman«, S. 168–190.

9 Zit. nach Norbert Gilson, Konzepte von Elektrizitätsversorgung und Elektrizitätswirtschaft, Stuttgart 1994, S. 182.

10 Frauke Langguth, »Elektrizität in jedem Gerät« – Die Elektrifizierung der privaten Haushalte am Beispiel Berlins, in: Haushalts Träume. Ein Jahrhundert Technisierung und Rationalisierung im Haushalt, bearb. v. Barbara Orland, Königstein 1990, S. 102.

konsums ergänzten sich an dieser Stelle. In Zusammenarbeit mit Wirteverbänden fanden »Kochkunst-, Fach- und Gewerbeausstellungen« statt. Geworben wurde weiterhin mit Vorträgen über den Umgang mit und die Vorteile von Gas- und Elektrogeräten, wobei als Zielgruppe vor allem Hausfrauen und Schulkinder in Betracht kamen. Die Vorträge in den Ladenlokalen wurden von mehreren tausend Menschen besucht, die dort nicht nur Unterweisungen in die Gerätebenutzung erhielten, sondern auch zahlreiche Tipps und Lebenshilfen für den Bereich Haushalt und Küche.

Mit dieser offensiven Absatz- und Werbestrategie bedienten sich die öffentlichen Energieversorgungsbetriebe nicht nur moderner Methoden der Werbung und der Kundenbetreuung, vielmehr müssen sie durch den Vertrieb von Gas- und später auch von Elektrogeräten, also langlebiger Konsumgüter, im Verbund mit den Elektro- und Haushaltsgeräteherstellern als Wegbereiter der modernen Konsumgesellschaft betrachtet werden.

Über den Energiebereich hinaus engagierte sich die öffentliche Hand zunehmend auch beim Wohnungsbau und damit in einem wichtigen Bereich der Befriedigung menschlicher Grundbedürfnisse. Der Wohnungsbau war, bedingt durch den Ersten Weltkrieg, vorübergehend fast zum Erliegen gekommen. Artikel 155 der Weimarer Reichsverfassung gestand »jedem Deutschen eine gesunde Wohnung und allen deutschen Familien [...] eine ihren Bedürfnissen entsprechende Wohn- und Arbeitsstätte« zu.[11] Dementsprechend wurde der Wohnungsbau durch staatliche und kommunale Maßnahmen reglementiert und subventioniert. Über den engeren Bereich der Grundbedürfnisbefriedigung hinaus umfasste schließlich das kommunale Engagement auch Grünflächen und Sportanlagen, Museen und Schwimmbäder, Theater, Orchester und Spielplätze, deren Finanzierung u.a. auf der Basis von Krediten und amerikanischen Anleihen

11 Michael Ruck, Der Wohnungsbau – Schnittpunkt von Sozial- und Wirtschaftspolitik, in: Werner Abelshauser (Hg.), Die Weimarer Republik als Wohlfahrtsstaat, Stuttgart 1987, S. 95f.

beruhte. Aus der Sicht einiger Kommunalpolitiker gehörte es »zu den ureigenen kulturellen Aufgaben der Städte, neue Bedürfnisse und Geschmacksrichtungen beim Verbraucher zu entdecken und zu fördern«.[12] Düsseldorf und Köln leisteten sich unter den Bürgermeistern Robert Lehr und Konrad Adenauer repräsentative Ausstellungen in Form der »Gesolei« (Gesundheitspflege, soziale Fürsorge und Leibesübungen) und der »Pressa« (Internationale Presseausstellung) mit umfangreichen Gebäudekomplexen und aufwendiger Ausstattung.[13] Andere Kommunen errichteten unter Hinweis auf pädagogische, hygienische und sozialpolitische Ziele sowie auf den Erholungs- und Freizeitaspekt »Volksparks« mit Sport- und Grünanlagen.[14]

All diese kommunalen Einrichtungen sind auch Ausdruck eines öffentlichen, staatlichen oder kommunalen, Beitrags zur Entwicklung der Konsumgesellschaft der Weimarer Republik. Die Kehrseite dieser »Gigantomanie der Städte« (Harold James) bestand darin, dass die Kommunen dazu beitrugen, hohe Ausgaben ohne hinreichende Deckung durch Einnahmen zu produzieren, sich in die Abhängigkeit von Krediten zu begeben und damit spätestens Ende der 20er Jahre die Wirtschaftskrise der Weimarer Republik zu forcieren.[15]

12 Harold James, Deutschland in der Weltwirtschaftskrise 1924–1936, Stuttgart 1988, S. 99.

13 Ekkehard Mai, Gesolei und Pressa: Zu Programm und Architektur rheinischen Ausstellungswesens in den zwanziger Jahren, in: Kurt Düwell; Wolfgang Köllmann (Hg.), Rheinland und Westfalen im Industriezeitalter Bd. 4, Wuppertal 1985, S. 271–287.

14 Ralf Ebert; Michael Schneider, Das Dortmunder Volkspark-Konzept: Mehr Sportanlage als Volkspark?, in: Framke (Hg.), Acht Stunden sind kein Tag, S. 153–161.

15 James, Deutschland in der Weltwirtschaftskrise, S. 101.

2. Von der Reklame zur Werbung

Werbung war kein neues Phänomen der Weimarer Republik. Ihre Entwicklung verlief vielmehr parallel zum Übergang von der Subsistenz- zur Marktwirtschaft, zum Auseinanderfallen von Produktion und Konsum, zur Durchsetzung des Konkurrenzprinzips und des freien Unternehmertums. Bereits in der Vormoderne gab es werbeähnliche Praktiken, von der Marktschreierei über Zeitungsannoncen bis hin zur Verteilung von Werbezetteln. Für diese frühen Formen der Werbung wurde in Deutschland bis zum Ersten Weltkrieg, z. T. sogar noch bis in die 1930er Jahre, der aus dem französischen stammende Begriff der Reklame (réclamer = ausrufen, anpreisen) benutzt. Der Übergang von der Reklame zur Werbung und schließlich auch zum Marketing vollzog sich im letzten Viertel des 19. Jahrhunderts mit der Etablierung neuer Absatzmethoden wie etwa der Einführung des Markenartikels, der Einrichtung eigener Werbeabteilungen, neuer Methoden der Schaufenstergestaltung, der Dekoration und Innenarchitektur. Zu den ersten Unternehmen mit eigener Werbeabteilung zählten u. a. Lebensmittel- und Konsumgüterproduzenten wie »Odol«, »4711«, »Stollwerck«, »Bahlsen«, »Oetker«, »Kaffee Hag« und »Zeiss«. In den 1920er Jahren erreichte die Wirtschaftswerbung eine neue Qualität, die zum einen in der Professionalisierung der Werbung, zum anderen darin bestand, dass diese sich zu einem »komplexen Medienverbund« ausweitete, »der kaum einen Medienträger nicht einzusetzen verstand«.[16]

16 Stefan Haas, Sinndiskurse in der Konsumkultur. Die Geschichte der Wirtschaftswerbung von der ständischen bis zur postmodernen Gesellschaft, in: Prinz (Hg.), Der lange Weg in den Überfluss, S. 303; s. a. Dirk Reinhard, Von der Reklame zum Marketing. Geschichte der Wirtschaftswerbung in Deutschland, S. 24–35; Roman Rossfeld, Markenherrschaft und Reklameschwung. Die schweizerische Schokoladenindustrie zwischen Produktions- und Marketingorientierung, 1860–1914, in: Hartmut Berghoff (Hg.), Marketinggeschichte. Die Genese einer modernen Sozialtechnik, Frankfurt 2007, S. 87–119.

Selbst öffentliche und Gemeinschaftsunternehmen betrieben in der Weimarer Republik eine massive Werbe- und Absatzpolitik. Vor allem aber war es die private Konsumgüterindustrie, die sich neuer Werbemethoden und -strategien bediente. »Nicht nur die moderne Welt braucht die Reklame, sondern die Reklame schafft erst die moderne Welt«, so drückte es der Werbefachmann G. Hofmann im Jahr 1922 aus.[17] Mit Blick auf die Produzenten und Unternehmen zeigte sich dies in der Durchsetzung des absatzorientierten Denkens. Auch wenn der Werbeumsatz in den 20er Jahren quantitativ nicht signifikant zunahm, so kam es doch zu einer qualitativen Neuorientierung der Werbung und Mediennutzung.[18] Anzeigen und Plakate, die zu den ältesten und eher traditionellen Werbeträgern gehören, entwickelten sich in den 20er Jahren weiter. Der neue Werbestil bestand aus einer ausgewogenen Kombination von Text und Bild, wobei dem Informationsgehalt der Werbung im Sinne einer »neuen Sachlichkeit« mehr Aufmerksamkeit geschenkt wurde. Andererseits wurde Werbung aber auch bunter, greller und omnipräsent. Straßenbahnen und Busse fanden als Werbefahrzeuge Verwendung, Hauswände, Bahnhöfe, Plätze und Schaufenster vor allem der Großstädte erstrahlten in Neonlichtreklamen. Blinklichter und Laufbilder mit periodischen Schaltungen von Glühlampenfeldern standen für die Nutzung moderner Technik und aufwendiger Inszenierungen. Henkel machte so etwa 1929 in Berlin mit 4.000 farbigen Glühlampen eine spektakuläre Lichtwerbung für das Waschmittel Persil.[19] Und selbst Flugzeuge wurden als Himmelsschreiber für Werbezwecke eingesetzt und erregten viel Aufsehen: »Man muss es selbst erlebt haben«, so eine Schilderung über die Himmelsschreiber über Berlin im Jahre 1927, »das überwältigende Schauspiel, das die Riesenstadt in diesem Augenblick bot […] Der Potsdamer Platz, der belebteste Verkehrs-

17 Zit. nach Haas, Sinndiskurse, S. 302.
18 Reinhardt, Von der Reklame zum Marketing, S. 442ff.; König, Konsumgesellschaft, S. 398.
19 König, Konsumgesellschaft, S. 398; Haas, Sinndiskurse, S. 301ff.

platz Deutschlands, bot für einige Minuten ein Bild absoluter Ruhe, und straßauf straßab hielten Autos und Straßenbahnen, gestikulierten aufgeregte Menschen: das ganze Leben der Weltstadt stand unter dem bezwingenden Eindruck des unbegreiflichen Vorgangs«.[20]

Werbung war sehr stark geschlechtsspezifisch geprägt. Frauen rückten als Konsumentinnen zunehmend in den Mittelpunkt der Werbewirtschaft, Frauenbilder fungierten in der Werbung als »Impulsgeber« und »Objekt der Begierde«. Dies gilt für Waschmittelwerbung ebenso wie für die Bewerbung von Zahnpasta, Automobilen, Zigaretten oder Suppenwürfeln. Einerseits wurden Frauen in ihrer traditionellen Rolle als Hausfrau und Mutter gezeigt, andererseits rückten erotische Motive, Frauenkörper und Sex-Appeal, etwa für Kosmetika und Kleidung, mehr und mehr in den Vordergrund.[21]

Dass Werbung nicht nur präsenter im Alltag, sondern auch subtiler wurde, dafür sorgten Werbepsychologen, die durch Erfahrungen aus den USA angeregt wurden. Schon zu Beginn der 1920er Jahre gab es erste wissenschaftliche Untersuchungen zum Thema »Psychologie der Reklame«, die sich mit der Analyse menschlichen Verhaltens, des Gedächtnisses und der Gefühlsausdrücke bis hin zur Werbewirksamkeit auseinander setzten, und deren Ergebnisse in die ebenfalls nach amerikanischem Vorbild entstandenen Werbeagenturen einflossen. Führende deutsche Werbefachleute in der Weimarer Republik waren etwa Hans Domizlaff, Hanns F. J. Kropff oder Hanns W. Brose, die aus den USA kommende Methoden der Absatzwirtschaft, der Marktforschung

20 Silke Brune-Berns, Im Lichte der Großstadt – Werbung als Signum einer urbanen Welt, in: Peter Borscheid/Clemens Wischermann (Hg.), Bilderwelt des Alltags. Werbung in der Konsumgesellschaft des 19. und 20. Jahrhunderts, S. 90–115, 114.

21 Ulrike Thoms, Dünn und dick, schön und hässlich. Schönheitsideal und Körpersilhouette in der Werbung 1850–1950, in: Borscheid/Wischermann (Hg.), Bilderwelt des Alltags, S. 242–281; Margarete Wagner-Braun, Die Frau in der Konsumgüterwerbung im 20. Jahrhundert, in: Walter (Hg.), Geschichte des Konsums, S. 415–436.

und der Werbepsychologie nutzten. Insbesondere die Absatzprobleme der Nachkriegszeit erforderten neue Wege der Konsumentenforschung und Marktanalyse. 1925 entstand unter der Leitung Wilhelm Vershofens das Institut für Wirtschaftsbeobachtung in Berlin, welches sich mit Fragen des Absatzes und der Marktforschung auseinander setzte. Marktanalysen auf der Basis statistischen Materials wurden zunehmend auch von privaten Marktforschungsunternehmen durchgeführt. Nicht zufällig war es die amerikanische Firma Thompson, die Mitte der 20er Jahre das erste spezialisierte Marktforschungsunternehmen in Deutschland gründete, gefolgt von Zweigniederlassungen amerikanischer Werbeagenturen.[22]

Professionelle Werbung war in erster Linie eine Angelegenheit von Großunternehmen mit entsprechenden Werbeabteilungen. Für mittlere Unternehmen bot sich die Möglichkeit in Werbefragen mit anderen Anbietern zu kooperieren und Gemeinschaftswerbung zu betreiben. Diese wurde von Hutfabrikanten ebenso betrieben wie von Schirmherstellern, Sparkassen und der deutschen Landwirtschaft. Ein typisches Beispiel für eine umfangreiche Gemeinschaftswerbungskampagne stellte die Aktion des Rheinischen Weinbauverbandes Mitte der 20er Jahre dar, die also in eine Zeit fällt, in der nach der Hyperinflation 1923/24 eine nachhaltige Kaufkraftvernichtung breiter bürgerlicher Schichten, also eines wichtigen Nachfragepotentials, zu beklagen war. Die Kampagne »Trinkt deutschen Wein« bezog sich auf die Tatsache, dass die Konsumenten zunehmend billigen Importwein aus Spanien favorisierten, deutsche Weine zudem seit 1918 mit einer Weinsteuer belegt waren, was sich insgesamt verheerend auf die deutsche Weinwirtschaft auswirkte. Dieses Beispiel zeigt aber auch, dass Werbung keine Erfolgsgarantie bot, denn der Ertrag der Gemeinschaftswerbekampagne

22 Reinhardt, Von der Reklame zum Marketing, S. 44ff., 87–99, 125–128; Tino Jacobs, Hans Domizlaff und der Aufstieg Reemtsmas, 1921 bis 1932, in: Hartmut Berghoff (Hg.), Marketinggeschichte. Die Genese einer modernen Sozialtechnik, Frankfurt 2007, S. 148–176.

stand in keinem Verhältnis zum Aufwand. Neben 1 Mio. Plakate waren u. a. 1,9 Mio. Postkarten, 14,6 Mio. Reklamekarten und 25.000 Automobilkarten verteilt worden, ohne dass sich der Absatz der Branche merklich erhöhte. Schon Zeitgenossen bemängelten die fehlende Professionalisierung der Kampagne. Hier seien die »falschen Leute am falschen Platz« gewesen, die psychologische Schwelle des Weintrinkens hätte stärker herabgesetzt werden müssen, und eine Zusammenarbeit z. B. mit der Fisch- und Geflügelwirtschaft und der Glas- und Porzellanindustrie wäre sinnvoll gewesen.[23]

Neue Wege der Werbung wurden mit der Nutzung neuer Medien wie dem Radio und dem Film beschritten. Rundfunkwerbung wurde allerdings zunächst nur in geringem Umfang genutzt. Zwar hatte die Post 1924 ihre Zustimmung zur Werbung im Rundfunk gegeben, und der Reichsrundfunkverband richtete noch im gleichen Jahr einen Funkreklamedienst ein. Doch trotz steigender Rundfunkteilnehmerzahlen (1924 = 1.580, 1930 = 3.067.000) und damit potentieller Werbekunden erkannte vor allem der lokale Einzelhandel als wichtigster Auftraggeber die Potenziale der Radiowerbung in der Frühzeit des Rundfunks nicht. Die Nationalsozialisten mit Propagandaminister Goebbels stellten schließlich 1935 die Rundfunkwerbung ganz ein.[24]

Anders als beim Radio setzte sich die Werbung im Film sehr schnell durch. In den Kinos wurden Werbefilme zum Beispiel als Trickfilme oder in Form amüsanter Geschichten erzählt, wobei die Werbewirtschaft, nicht zuletzt auf der Basis werbepsychologischer Erkenntnisse, im Kino auf entspannte, ihre Freizeit genießende Zuschauer als potentielle Konsumenten setzte.[25]

Die Allgegenwart der Werbung, zunehmend aber auch die Werbeinhalte und -aussagen, hatten bereits vor dem Ersten Weltkrieg die Kritik unterschiedlicher sozialer Gruppen auf sich gezogen. Heimatschützer wehrten sich gegen die »Verunstaltung

23 Reinhardt, Von der Reklame zum Marketing, S. 148–165.
24 Ebd., S. 359–369.
25 Brune-Berns, Im Lichte der Großstadt, S. 108–111.

der Landschaft«, so dass bereits 1907 das erste »Preußische Verunstaltungsgesetz« erlassen worden war. Auf Druck der Kirchen erließen einige Gemeinden Anordnungen, nach denen an Sonntagen die Schaufenster verhüllt werden mussten. Auch zwischen den Werbetreibenden untereinander kam es zu Konflikten, etwa um Werbeflächen zum Plakatieren, die nach dem Ersten Weltkrieg zum »Berliner Plakatterror« führten.

Berliner Plakatterror

Der »Berliner Plakatterror« war Ausdruck eines zunehmenden Konkurrenzkampfes und wachsender gesellschaftlichere Auseinandersetzungen um das Thema Werbung. Die Werbung und das Kleben von Plakaten ergriffen bereits vor dem Ersten Weltkrieg zunehmend den öffentlichen Raum wie z.B. Hauswände und öffentliche Verkehrsmittel, wurden abgerissen und überklebt. Das »Preußische Verunstaltungsgesetz« aus dem Jahr 1907 war eine Reaktion auf diese Entwicklung. Nach dem Ersten Weltkrieg verschärfte sich das Problem der Verunstaltung und des Konkurrenzkampfes der Werbetreibenden insbesondere zur Zeit der Novemberrevolution in den Großstädten und kulminierte schließlich im »Berliner Plakatterror«.

Werbewirtschaft und Heimatschützer schlossen daraufhin in den 20er Jahren einen Kompromiss, nicht zuletzt weil sie durch neue Werbemethoden und -möglichkeiten nicht mehr allein auf traditionelle Formen der Außenwerbung angewiesen waren. Auch dies war ein Ausdruck dafür, dass Werbung in der Konsumgesellschaft der Weimarer Republik zunehmend als Selbstverständlichkeit betrachtet wurde.[26]

26 Haas, Sinndiskurse, S. 308ff.; Reinhardt, Von der Reklame zum Marketing, S. 441–445.

3. Film, Musik, Reisen – Die »goldenen 20er Jahre«?

Wegen des Übergangs zur parlamentarischen Demokratie, tarifvertraglich geregelten Arbeitszeitverkürzungen und Urlaubsregelungen, steigenden Löhnen und des Ausbaus des Wohlfahrtsstaats wird von der Zeit der Weimarer Republik häufig als den »goldenen 20ern« gesprochen. Dazu passt, dass diese Jahre als Zeitraum einer »gesteigerten Suche nach Vergnügen« (Kaspar Maase) gelten. Diese Entwicklung hatte bereits im Kaiserreich begonnen und setzte sich nach den Erfahrungen und Entbehrungen des Ersten Weltkriegs verstärkt fort. Im Bereich der Freizeit und Kultur spiegelten sich Phänomene wie Kommerzialisierung, Rationalisierung und Polarisierung, die auch typisch sind für die wirtschaftliche und politische Entwicklung der Weimarer Republik.

Seit den 20er Jahren entwickelte sich eine regelrechte »Vergnügungsindustrie«, die vor allem auch durch das Kino als wichtigstem Massenunterhaltungsmedium geprägt wurde. Mit täglich etwa zwei Millionen Besuchern stand das Kino Mitte des Jahrzehnts an der Spitze der Freizeitvergnügen. Der Erste Weltkrieg und die Gründung der »Universal-Film-Aktiengesellschaft« (Ufa 1917) hatte einen deutlichen Schub in diese Richtung gegeben. Vor allem Unterhaltungsfilme für eine breites Publikum, besonders für kleinbürgerliche Schichten und Frauen, aber auch Stoffe aus Literatur und Theater, und damit die zunehmende Akzeptanz beim bürgerlichen Publikum, prägten das Kino der 20er Jahre. Deutschland besaß nach den USA die weltweit größte Filmproduktion, doch gewann die amerikanische Filmindustrie mit Hollywood als Zentrum zunehmend Einfluss auf den deutschen Markt. 1925 betrug der Marktanteil amerikanischer Filme bereits 60 %, was eine Quotenregelung zum Schutz der heimischen Branche nach sich zog. Diese wurde zwar zwei Jahre später wieder aufgehoben, doch auch ohne sie fiel der Anteil amerikanischer Filme bis 1930 auf 48 %, was in erster Linie auf die technische Innovation des Tonfilms (und nicht synchronisierte amerikanische Filme) zurückzuführen ist. Trotzdem blieben amerikanische Filme auf lange Sicht sehr erfolgreich auf dem deutschen Markt, gerade weil sie sich an ein breites Publikum wandten und zumeist anspruchslose Stoffe transportierten. Dies sowie die Tatsache, dass über den Film der »American-Way-of-Life« an Attraktivität gewann, rief andererseits Kritiker aus dem konservativen und schließlich auch aus dem nationalsozialistischen Lager auf den Plan. Letztere befürchteten nicht nur eine »Weltherrschaft des Kinos« und damit einen zunehmenden amerikanischen Einfluss auf die deutsche Kunst und Kultur, sondern darüber hinaus den Niedergang der deutschen Kultur, nicht zuletzt bedingt durch die »jüdische Dominanz« im Bereich des Films. Das Kino geriet so zunehmend in den Sog antiamerikanischer Propaganda. Während gegen Ende der Weimarer Republik Filme wie »Der Kongress tanzt« oder »Der blaue Engel« große Erfolge zeitigten, deutete sich mit dem Übergang zum Nationalsozialismus eine zunehmende politische Instrumentalisierung des Kinos wie des Unterhaltungskonsums insgesamt an.[27]

Auch in der Weimarer Republik griff der Staat in den Bereich der Massenkultur ein. Dies vor allem in Form des Jugendschutzes und als Reaktion auf die sogenannte »Schmutz- und Schundliteratur« der Groschenromane, die u. a. Tabuthemen wie Prostitution, Erotik und Sexualität aufgriffen und in hohen Auflagen gedruckt und vor allem von Jugendlichen konsumiert wurden. Vor allem aber geriet auch das Kino ins Visier der Kritiker, insbesondere der Kirchen, der Sittlichkeits- und Wohlfahrtsvereine, die hier eine gefährliche Verbreitung von Sexualität, Kriminalität und Autoritätsverlust witterten. Während die Weimarer Verfassung einerseits die Pressefreiheit garantierte, gab es andererseits, ähnlich wie im Kaiserreich, eine Zensur sowie ab 1926 ein »Gesetz zur Bewahrung der Jugend vor Schund- und Schmutzschriften« und ein Verbot von sittlichkeits- und jugendgefährdenden Filmen, das von entsprechenden Prüfstellen

27 Jost Hermand/Frank Trommler, Die Kultur der Weimarer Republik, Frankfurt 1988, S. 261–298; Egbert Klautke, Unbegrenzte Möglichkeiten. »Amerikanisierung« in Deutschland und Frankreich (1900–1933), Stuttgart 2003, S. 240–251.

und Verordnungen wie dem Ministerialerlaß zur »Bekämpfung anstößiger Auslagen« überwacht wurde. Allerdings ging die Zensur von einer etwa zehnprozentigen Verbotsquote innerhalb weniger Jahre auf 2 % zurück. Die entsprechenden Regelungen und Überwachungen erwiesen sich als problematisch, zumal ein gesichertes Wissen über die tatsächliche Wirkung der entsprechenden Literatur und Filme auf die Jugendlichen fehlte. Schließlich »konnte weder die Jugend vom Trivialkonsum abgebracht noch die Unterhaltungsindustrie auf neue Inhalte und alte Werte verpflichtet werden. Die Attraktivität der Großstadtkultur ließ nicht nach, der Wandel der Wertvorstellungen, ablesbar etwa an Familienstrukturen, Frauenberufstätigkeit und Jugendinteressen, setzte sich fort«.[28]

Ähnliche Beobachtungen lassen sich mit Blick auf die populäre Musik machen. Hier gab es in der Weimarer Republik ganz neue Entwicklungen. Im Bereich des bürgerlichen Musikkonsums und Konzertbetriebs änderte sich dagegen wenig. Es waren vor allem die deutschen Klassiker von Bach über Beethoven und Brahms bis Wagner, ergänzt durch die aktuelle expressionistische Musik, die den bürgerlichen Musikgeschmack dominierten. Im Bereich der Massenkultur und der populären Musik lässt sich jedoch ein rasch zunehmender Einfluss der amerikanischen Jazz-Musik beobachten. Jazz galt als schick, modisch, erotisch, elegant und gleichzeitig als amerikanische »Gebrauchsmusik«. Jazz war Teil einer Pluralisierung der Musikstile in den 20er Jahren und damit auch Teil eines öffentlichen Diskurses in der Weimarer Republik, der zwischen Allgemeinmusik (A-Musik), ernsthafter Musik (E-Musik) und Unterhaltungsmusik (U-Musik), zu der der Jazz zählte, unterschied. Dieser Diskurs geriet mehr und mehr in den Sog der Politisierung und Polarisierung und damit zwischen die Fronten von SPD, KPD und den Nationalsozia-

28 Winfried Speitkamp, Jugendschutz und kommerzielle Interessen. Schunddebatte und Zensur in der Weimarer Republik, in: Hartmut Berghoff (Hg.), Konsumpolitik. Die Regulierung des privaten Verbrauchs im 20. Jahrhundert, Göttingen 1999, S. 68, s. a. S. 47–75.

listen. Letzteren galt der Jazz, wie schon das Kino, als negativer Ausdruck eines »American-Way-of-Life«, der in Deutschland zunehmend auf Resonanz stieß, abzulesen am Auftritt zahlreicher Jazz-Bands und amerikanischer Revuen sowie der Gründung eigener deutscher Jazz-Kapellen. Aus nationalsozialistischer Perspektive galt diese »Niggermusik« als »artfremd« und »zersetzend« und wurde als »jüdisch-negroid« diffamiert.[29]

Der massenhafte Konsum von (populärer) Musik erfolgte in den 1920er Jahren über neue Medien wie Schallplatten, Rundfunk und Tonfilm. Während technische Möglichkeiten der massenhaften Reproduktion von Büchern, Bildern und Texten schon seit langen existierten, war dies für die Musik erst seit Ende des 19. Jahrhunderts der Fall. Der Tonfilm, der Phonograph, das Grammophon und die Music-Box setzten sich, aus den USA kommend, vor allem in der auf privatwirtschaftlicher Basis organisierten Unterhaltungsindustrie der Weimarer Republik durch. Der Rundfunk war dagegen in Deutschland in öffentlicher Hand bzw. ein Monopol des Staates. Während zunächst die Post für die Rundfunktechnik zuständig war, ging die Verantwortung 1926 an die neu gegründete »Reichs-Rundfunk-Gesellschaft« über, die damit auch die Inhalte der Radiosendungen bestimmte, die sich vornehmlich auf ein Informationsprogramm sowie E-Musik-Sendungen konzentrierten. Damit etablierte sich in Deutschland »eine Art staatspublizistisches und staatswirtschaftliches Modell des Unterhaltungsrundfunks« (Wolfgang König). Die Verbreitung des Radios verlief in Deutschland zunächst schleppend. Am Ende des Jahrzehnts war jeder vierte Haushalt im Besitz eines Radiogerätes. Da der Empfang in der Wohnung und zunächst nur über Kopfhörer stattfand, zeigen sich hier deutliche Tendenzen (im Unterschied zum Kino) einer Privatisierung und Intimisierung des Musikkonsums.[30]

29 Klautke, Unbegrenzte Möglichkeiten, S. 257–268; Hermand/Trommler, Die Kultur, S. 322–329.

30 König, Konsumgesellschaft, S. 359ff.; Hermand/Trommler, Die Kultur, S. 322–329.

Das Reisen als Möglichkeit des Freizeitkonsums gewann in der Weimarer Republik stark an Bedeutung. Die 20er Jahre gelten als »Aufbruch in den modernen Massentourismus« (Christine Keitz). Dies gilt vor allem für die Jahre des wirtschaftlichen Aufschwungs um 1927/28, als Arbeiter und kleinere Angestellte, die sich bislang keinen Urlaub leisten konnten, aus Gründen der Erholung, des Vergnügens oder der persönlichen Bildung Reisen ins In- und Ausland unternahmen. Die Grenzen zwischen den sozialen Schichten verwischten sich. Urlaub und Reisen entwickelten sich zum einen Leitbild des modernen Lebensstils. Andererseits zeigten sich auch hier »feine Unterschiede«, denn obwohl Urlaubsreisen nun für die unteren sozialen Schichten im Bereich des Möglichen lagen, unterschieden sich die Reisen der Arbeiter bezüglich der Reisedauer, des Reiseziels und vor allem der Unterkunft von den vergleichsweise luxuriösen Reisen des gehobenen Bürgertums. Bürgerliches Reisen stand in der Tradition der Erholungs- und Bildungsreise des 18. und 19. Jahrhunderts, umfasste Badereisen und Kuren ebenso wie Reisen nach Italien zu den Stätten des Altertums oder Museums- und Ausstellungsbesuche in Frankreich. Neu an der Situation in der Weimarer Republik war die Tatsache, dass auf der Basis tariflicher Regelungen etwa die Hälfte der Arbeiter einen Anspruch auf einen Höchsturlaub von 6–12 Arbeitstagen im Jahr und ca. 60 % der Angestellten auf 12–18 Tage im Jahr hatten, wobei es deutliche Differenzen zwischen einzelnen Berufszweigen und Branchen gab. Die steigenden Löhne führten ab Mitte der zwanziger Jahre dazu, dass etwa 10 % der Arbeiter in den Jahren 1927/28 Urlaub machten. Schon vor der Zeit der nationalsozialistischen »Kraft durch Freude« (»KdF«) -Reisen boten einige Arbeiterorganisationen in den zwanziger Jahren Arbeiterbildungs- und Erholungsreisen nach Paris, London, Genf oder Marseille an, wobei allerdings gesagt werden muss, dass Angestellte und Beamte bei entsprechenden Auslandsreisen überrepräsentiert waren. Die Anfänge eines modernen Massentourismus – an dem aber, genau genommen, die Massen der Weimarer Republik noch nicht partizipierten – begünstigten in den 20er Jahren auch einen entsprechenden Auf- und Ausbau touristischer Infrastruktureinrichtungen. Dies betrifft die verkehrstechnische Erschließung von Urlaubsorten über Eisenbahn und Bus, den Bau von Hotels, Pensionen, Ferienheimen und Jugendherbergen sowie die Bewerbung derselben. Gleichzeitig wurden Reisebüros gegründet, die z. T. mit Organisationen der Arbeiterschaft, der Angestellten und Beamten spezifische Reiseangebote vom »proletarischen Wandern« der Naturfreunde bis hin zu den ersten Pauschalreisen anboten.[31]

Doch trotz dieser in der Zeit der Weimarer Republik rasch ansteigenden Vergnügungsangebote in Form von Reisen, Kinos oder Freizeitkonsumgütern waren die 20er Jahre keine »goldenen«. »Golden« waren, wenn überhaupt, nur die Boomjahre 1927–1929, bevor dann die Weltwirtschaftskrise mit sinkenden Löhnen und Gehältern sowie steigender Arbeitslosigkeit den »Take-off« der Konsumgesellschaft unterbrach, bevor er richtig begonnen hatte.

31 Hachtmann, Tourismusgeschichte, S. 98–119; Christine Keitz, Reisen als Leitbild. Die Entstehung des modernen Massentourismus in Deutschland, München 1997, S. 78–111; 112–180.

VI. Nationalsozialismus: Pseudo-Massenkonsumgesellschaft

1. Konsumlenkung

Die nationalsozialistische Gesellschaft war ohne Zweifel eine Konsumgesellschaft. Während sich die sozial- und wirtschaftsgeschichtliche Forschung bis vor wenigen Jahren darüber stritt, ob dies auch als Ausdruck von »Modernisierung« zu werten sei, geht es inzwischen vielmehr darum, die Ausprägungen und Spezifika der nationalsozialistischen Konsumgesellschaft herauszuarbeiten und sie mit den Entwicklungen in der Weimarer Republik und der Bundesrepublik zu vergleichen und insofern von einer »nationalsozialistischen Version der Konsumgesellschaft« (Wolfgang König) zu sprechen. Zugleich geht es um die Rolle des Konsums in der nationalsozialistischen Wirtschafts- und Ordnungspolitik sowie dessen Bedeutung für ein vermeintliches nationalsozialistisches »Wirtschaftswunder«. Waren konsumgesellschaftliche Ziele, die Steigerung des Lebensstandards der Bevölkerung und der Ausbau der Konsumgüterindustrie nach dem Motto »Kanonen *und* Butter« Ausdruck »wirtschaftspolitischer Erfolge« des Nationalsozialismus, die nicht allein als »Abfallprodukt der Rüstungsanstrengungen« betrachtet werden dürfen?[1] Oder waren das sogenannte Wirtschaftswunder und damit auch die sozialpolitischen und konsumgesellschaftlichen Errungenschaften der Nationalsozialisten ein »Mythos« und »mehr Desaster als Wunder«?[2]

1 Werner Abelshauser, Kriegswirtschaft und Wirtschaftswunder. Deutschlands wirtschaftliche Mobilisierung für den Zweiten Weltkrieg und die Folgen für die Nachkriegszeit, in: VfZ 47 (1999), S. 504, 514, 525.

2 Christoph Buchheim, Die Wirtschaftsentwicklung im Dritten Reich – mehr Desaster als Wunder, in VfZ 49 (2001), S. 652–664; Marc Spoerer, Demon-

Bei allen plakativen Zuschreibungen der nationalsozialistischen Konsumpolitik gilt es zunächst einmal festzuhalten, dass die nationalsozialistische Konsum- und Sozialpolitik nicht ausschließlich als Propagandainstrument betrachtet werden sollte. Die Erfahrungen des Ersten Weltkriegs, die Traumata der Entbehrungen, der Hungersnot und Teuerungen führten schließlich dazu, dass eine ausreichende Versorgung der Bevölkerung mit Nahrungsmitteln und Konsumgütern für die nationalsozialistische Politik einen großen Stellenwert einnahm und ein Abgleiten des Lebensniveaus auf jeden Fall verhindert werden sollte. Auch nach der »Machtübernahme« galt der Ausbau der Sozialpolitik wie auch der Konsumgesellschaft als Teil der nationalsozialistischen Vision eines »sozialen Volksstaats«, wobei die »nationale Integration« eine zentrale Rolle spielte.[3] Die Stabilität und Legitimation des Regimes sollten auf diese Weise gewährleistet werden. Nach 1933 ging es dabei zunächst um die Überwindung der Mangelgesellschaft der krisengeschüttelten Weimarer Republik und um die Vision einer raschen Ausweitung des Lebensstandards in Richtung einer »Überflussgesellschaft«, also um die Verbindung von »Volksgemeinschaft« und Konsumgesellschaft hin zu einer klassenlosen Konsumgemeinschaft.[4]

Die große Herausforderung dieser Konsumgesellschaft bestand in der Vorrangstellung der Rüstungswirtschaft und Autarkiepolitik. Die Vereinbarkeit von Rüstungswirtschaft und Konsumgesellschaft ist für eine Volkswirtschaft nur schwer umzusetzen, und dieser Zielkonflikt sowie die daraus resultierenden Folgen bilden auch einen der wesentlichen Unterschiede zur Konsumgesellschaft der Weimarer Republik wie auch der Bundesrepublik. Zur Vereinbarkeit der divergierenden Ziele des Konsum-

tage eines Mythos? Zu der Kontroverse über das nationalsozialistische Wirtschaftswunder, in: GG 31 (2005), S. 415–438.

3 Götz Aly, Hitlers Volksstaat. Raub, Krieg und nationaler Sozialismus, Frankfurt 2005, S. 16–34.

4 Wolfgang König, Volkswagen, Volksempfänger, Volksgemeinschaft. »Volksprodukte« im Dritten Reich: Vom Scheitern einer nationalsozialistischen Konsumgesellschaft, Paderborn 2004, S. 17ff.

und Rüstungsausbaus griff das NS-Regime verstärkt auf Mittel der Konsumlenkung zurück.

Das zeigte sich beispielsweise auf dem Gebiet der Handelspolitik, die sich, in Fortsetzung der Weimarer Handelspolitik und der Devisenknappheit, durch gezielte Einschränkungen des Imports auszeichnete. So gab es einen Erlass von Einfuhrverboten für Kolonialwaren wie Kaffee, Tee, Tabak oder Gewürzen sowie im Rahmen des »Neuen Plans« bilaterale Tausch- und Verrechnungsabkommen über Rohstoffe und zahlreiche landwirtschaftliche Produkte gegen deutsche Rüstungsgüter vor allem mit südosteuropäischen und südamerikanischen Staaten (also: »Kanonen für Butter«), während traditionelle Handelspartner und Importe aus Staaten wie Belgien, den Niederlanden, Frankreich, Italien, Polen, Großbritannien und den USA stark rückläufig waren, was wiederum erhebliche Einschränkungen des Konsums mit sich brachte.[5] Als konsumlenkende und -beschränkende Maßnahmen nach 1933 müssen auch die antijüdischen Boykottmaßnahmen sowie der Kampf der NSDAP gegen Großkaufhäuser und Konsumgenossenschaften als unerwünschte Großbetriebsformen des Einzelhandels gewertet werden.[6] Hier zeigen sich Überschneidungen zwischen Konsumgesellschaft und NS-Rassenpolitik, die Juden und »Gemeinschaftsfremde« von der Produktion und Konsumtion ausschlossen.[7]

Die nationalsozialistische Konsumlenkung zeigte sich weiterhin in der Politik der Lohn- und Preisregulierung. Stabile Löhne und Preise sollten den Wirtschaftsaufschwung nach der Überwindung der Weltwirtschaftskrise erleichtern. Zwischen 1932 und 1938 stiegen die Löhne an, wobei die Brutto-Wochenverdienste nicht zuletzt in Folge längerer Arbeitszeiten um etwa 20 % stiegen, während die Realeinkommen aufgrund gleichzeitig steigender Lebenshaltungskosten nur um etwa 1 % zunahmen.

5 James, Deutschland in der Weltwirtschaftskrise, S. 368–377; Willi A. Boelcke, Die deutsche Wirtschaft 1930–1945, Düsseldorf 1983, S. 100–117.

6 S. ausführlicher Kap. VI.3 sowie Briesen, Warenhaus, S. 151–195; Ulrich Kurzer, Nationalsozialismus und Konsumgenossenschaften, Pfaffenweiher 1997.

7 König, Volkswagen, S. 261.

Ein Arbeiterhaushalt verfügte 1937/38 kaum über ein höheres Nettoeinkommen als im Jahr 1929, der private Verbrauch sank pro Kopf der Bevölkerung zwischen 1932 und 1938 um 1,4% und zugleich nahm der Anteil des verfügbaren Einkommens der abhängig Beschäftigten an der Gesamtwirtschaft von 63% (1927/28) auf 58% (1937/38) ab.[8] Im gleichen Zeitrau sank die Lohnquote von etwa 59% auf ca. 56%.

Schließlich gab es auch noch eine direkte Verbrauchslenkung im Nationalsozialismus, die in enger Verbindung zur Rüstungs- und Autarkiewirtschaft stand. Dies lässt sich am überproportionalen Wachstum der Produktionsgüter ablesen. Diese stiegen vom Wert 100 (1928) auf 180 Punkte (1943) an, während die Verbrauchsgüter im gleichen Zeitraum knapp auf einen Wert von 98 fielen.[9] Das NS-Regime warb für Ressourcenschonung und Konsumverzicht sowie für die Verwendung »deutscher Roh- und Werkstoffe« oder für Surrogate wie Zellwolle und Ersatzkaffee und sprach sich für Zurückhaltung beim Fleischkonsum und anderen Luxusgütern aus. Unter dem Motto »Kampf dem Verderb« wurde ein möglichst sparsamer Umgang mit Lebensmitteln angemahnt, was mit Hilfe entsprechender Werbemaßnahmen begleitet wurde. Zwar lehnten die Nationalsozialisten die »individualistische« Reklame der Weimarer Zeit ab[10], Stattdessen verstanden sie Werbung aber als ein legitimes Mittel zur »Lenkung der Nachfrage mit der weichen Hand«, und so hieß es auf einer Kundgebung »Deutsche Werbung für deutsche Arbeit« im April 1933: »Es ist geradezu empörend, wenn man feststellen muss, dass auch in der Zeit der Devisenbewirtschaftung [...] täg-

8 André Steiner, Von der Preisüberwachung zur staatlichen Preisbildung, in: ders. (Hg.), Preispolitik und Lebensstandard. Nationalsozialismus, DDR und Bundesrepublik im Vergleich, Köln 2006, S. 23–85; Spoerer, Demontage, S. 426f.

9 Sozialgeschichtliches Arbeitsbuch III. Materialien zur Statistik des Deutschen Reiches 1914–1945, hg. von Dietmar Petzina/Werner Abelshauser/Anselm Faust, München 1978, S. 61.

10 Hartmut Berghoff, Von der »Reklame« zur Verbrauchslenkung. Werbung im nationalsozialistischen Deutschland, in: ders (Hg.), Konsumpolitik, S. 77–112.

Tab. 3: Volkseinkommen und Lohnquote

Jahr	Volkseinkommen insgesamt Mill. M/RM	Volkseinkommen je Einwohner M/RM	Lohnquote (b) in %
1913 (a)	45.693	766	46,6
1925	59.978	961	58,4
1926	62.673	997	58,1
1927	70.754	1.119	57,6
1928	75.373	1.153	59,5
1929	68.524	1.066	59,8
1930	68.524	1.066	60,1
1931	56.466	874	61,9
1932	45.175	693	60,7
1933	46.514	713	59,4
1934	52.765	805	59,1
1935 (c)	59.112	884	58,3
1936	65.849	978	57,1
1937	73.757	1.087	56,2
1938	82.098	1.201	55,6
1939	89.787	1.295	55,0 (d)
1940	92.482	1.322	54,2 (d)
1941	97.825	1.399	–

Volkseinkommen und Lohnquote (a) Gebiet ohne Saarland, (b) Der Anteil von Lohn und Gehalt sowie der Arbeitgeberbeiträge zur Sozialversicherung am Volkseinkommen, (c) ab 1935 einschl. Saargebiet, (d) kein besonderer Ausweis der Arbeitgeberbeiträge, daher wurde für die Berechnung der Lohnquote der Anteil der Arbeitgeberbeiträge zur Sozialversicherung am Volkseinkommen 1938 = 3,3 % jeweils konstant gesetzt und hinzugerechnet.

Quelle: Dietmar Petzina/Werner Abelshauser/Anselm Faust, Sozialgeschichtliches Arbeitsbuch III. Materialien zur Statistik des Deutschen Reiches 1914–1945, München 1978, S. 102

lich für 20.000 RM französische Lippenstifte und Parfüms nach Deutschland kommen. Hier hat die Werbung einzusetzen [...] Sie hat [...] dem deutschen Käufer immer wieder die Mahnung ins Ohr zu rufen [...]: Kauf deutsch! [...] Dem Deutschen mit seiner Sucht [...], alles das, was von außen kommt, zu vergötzen, kann nicht eindringlich genug nahe gelegt werden, welche Verantwortung er dafür trägt, [...]für deine erwerbslosen [...] Volksgenossen wieder Arbeitsmöglichkeiten zu schaffen«.[11] Hier zeigen sich gleich mehrere Elemente der nationalsozialistischen Konsumlenkung: die Devisenknappheit und der Zwang zur Importregulierung, die moralische Verpflichtung der »Volksgenossen« zum Konsumverzicht, insbesondere bei Luxusgütern, die Verbindung von Konsum und Volksgemeinschaft, und schließlich die lenkende Wirkung der Werbung.

All diese Aspekte zusammen genommen sprechen eher dafür, die Einschränkungen und damit auch die Nachteile für die Verbraucher in der gelenkten Konsumgesellschaft des Nationalsozialismus in den Vordergrund zu stellen. Diese Einschränkungen sowie die Umverteilung zugunsten der Rüstungsindustrie auf Kosten des Konsums sind nur mit Blick auf die Beseitigung der Arbeitslosigkeit und die Verbesserung der Lebenslage im Vergleich zur Weltwirtschaftskrise aus Sicht der Betroffenen zu erklären.[12]

Der Konsum blieb im Nationalsozialismus der Rüstung nachgeordnet. Statt »Kanonen und Butter« wäre »Kanonen und Margarine« (Hans-Ulrich Thamer) die angemessene Formulierung. Allerdings ist es erstaunlich, dass vor diesem Hintergrund zumindest bis zum Kriegsausbruch die Vision einer Konsumgesellschaft aufrechterhalten werden konnte. Dass dies nicht ohne Brüche verlief, zeigen die folgenden Beispiele.

11 Zit. nach ebd., S. 98.
12 Steiner, Von der Preisüberwachung, S. 83.

2. Die Einzelhandelsdebatte

Die Widersprüchlichkeit nationalsozialistischer Konsumlenkung zeigt sich vor allem auch im Bereich des Einzelhandels, in der Warenhausdebatte sowie mit Blick auf die Rolle der Konsumgenossenschaften. Die Kritik an den Warenhäuser als Großbetriebe, die die Existenz des klein- und mittelständischen Einzelhandels angeblich bedrohten, wurde nicht nur von der NSDAP geäußert, sondern in unterschiedlicher Akzentuierung bereits im Kaiserreich und in der Weimarer Republik auch von anderen, vom Zentrum über die Sozialdemokratie bis hin zur KPD.[13] Die NSDAP zeichnete sich allerdings bereits seit ihrem ersten Parteiprogramm durch eine besondere Radikalität im Umgang mit Warenhäusern aus, denn unter Punkt 16 forderte sie schon im Jahr 1920 deren Kommunalisierung und die Vermietung der Räumlichkeiten an kleine Gewerbetreibende. Die Anti-Warenhaus-Rhetorik zeichnete sich durch eine antisemitische Stoßrichtung aus, wobei die NSDAP auch hier kein Neuland betrat, sondern an die politischen Ziele der Christlich-Sozialen Partei bzw. der antikapitalistischen, antiliberalen und antisemitischen Stoecker-Bewegung der 1880er Jahre anknüpfte. Die Kritik an den Warenhäusern, dort würden vor allem Ramsch und Trödel verkauft, die Kunden zu nutzlosen Käufen verführt, die Existenz der kleineren Anbieter gefährdet und schließlich die deutsche Kultur zerstört, verband sich mit antisemitischer Propaganda, wonach die Juden für den Niedergang eines ganzen Wirtschaftszweigs und der Kultur schlechthin verantwortlich gemacht wurden.[14] Mit den Boykottmaßnahmen nach der Machtübernahme im Jahre 1933, den Nürnberger Gesetzen des Jahres 1935 und den Arisierungen jüdischer Geschäfte und Kaufhäuser kam es zu einer Radikalisierung der nationalsozialistischen Einzelhandelspolitik. Ähnliche Trends zeigten sich im Umgang mit den Konsumgenossenschaften. Hier ging es in erster Linie um die Zerschlagung

13 S. a. Kap. IV.2.

14 Briesen, Warenhaus, S. 157–167, 186ff.

der Arbeiterbewegung und ihr nahe stehender Organisationen. Und auch hier wurde das Argument der mittelstandsgefährdenden Konsumvereine – und dies auch nicht erst seit der Machtübernahme – propagandistisch in den Vordergrund gestellt. Die Konsumvereine sollten liquidiert und schließlich in den Verantwortungsbereich der Deutschen Arbeitsfront (DAF) überführt und damit gleichgeschaltet werden.[15]

Das Ziel der Ausschaltung der Juden und der Arbeiterbewegung aus dem Einzelhandel haben die Nationalsozialisten innerhalb weniger Jahre erreicht. Die Liquidierung des großbetrieblichen Einzelhandels im Sinne des vielfach propagierten Mittelstandsschutzes wurde allerdings aus pragmatischen Gründen weitgehend fallen gelassen. Dies ist Teil der Ambivalenzen und Widersprüchlichkeiten nationalsozialistischer Konsumpolitik. Zwar wurden im »Gesetz zum Schutz des deutschen Einzelhandels vom 12. Mai 1933« sowie Nachfolgegesetzen und Verordnungen restriktive Lenkungsmaßnahmen erlassen, doch entgegen nationalsozialistischer Rhetorik und Propaganda profitierten davon weniger die kleinen und mittleren Unternehmen des Einzelhandels als vielmehr die Großbetriebe. Der 1933 kurz vor dem Konkurs stehende Karstadt-Konzern erhielt einen lebensrettenden Kredit von der Reichsbank. Die Unternehmen Leonhard und Hermann Tietz wurden arisiert und im Besitz des Reiches weitergeführt. Auch von staatlich festgelegten Preisregulierungen und -stopps profitierten die Großbetriebe wegen höherer Umsätze in viel stärkerem Maße als der Mittelstand.[16]

Vergleichbare Entwicklungen zeigen sich bei den Konsumgenossenschaften. Entgegen den Ankündigungen der Liquidierung wurden sie nicht zerschlagen, sondern zum Teil mit Hilfe staatlicher Subventionen saniert. Es lag nicht im Interesse des Reiches, in einer Zeit hoher Arbeitslosigkeit diese durch die Schließung von Großbetrieben des Einzelhandels, und dies gilt auch für die Warenhäuser, zu erhöhen. Auch sollte in der Übergangs-

15 S. Kurzer, Nationalsozialismus und Konsumgenossenschaften.
16 Briesen, Warenhaus, S. 65–68.

zeit nach 1933 das Ansehen der Nationalsozialisten bei den Mitgliedern der Konsumgenossenschaften, die 1934 noch bei etwa einer Million lag, die über Einlagen in Millionenhöhe verfügten und die politisch dem Zentrum und der Sozialdemokratie nahe standen, nicht zusätzlich belastet werden. Vor diesem Hintergrund hatten die Interessen des Mittelstands hinter den pragmatischen Zielen der nationalsozialistischen Konsumpolitik zurück zu stehen.[17]

3. Volksprodukte: Vom Volksempfänger zum Volkswagen[18]

Die nationalsozialistische Konsumgesellschaft zeichnete sich nicht nur durch Lenkung und Regulierungen, Einschränkungen und Ausgrenzungen aus. Das Regime versuchte vielmehr, sich als Vorreiter einer modernen Konsumgesellschaft zu präsentieren. Die Deutschen sollten in den Genuss von Automobilen, Radios, Fernsehgeräten und Kühlschränken kommen, auf Reisen gehen und Urlaub machen. Dabei orientierten sich die Nationalsozialisten trotz ihres ideologischen Antiamerikanismus am Leitbild der amerikanischen Konsumgesellschaft sowie an amerikanischen Produktionsmethoden der Rationalisierung und Massenproduktion. Amerikanische Haushalte hatten weltweit den höchsten Ausstattungsgrad an Haushaltsgeräten und Automobilen und verzeichneten den höchsten Lebensstandard. Dies sollte auch in Deutschland möglich sein. Als Anhänger Henry Fords setzte sich Adolf Hitler für die Massenmotorisierung der Deutschen ein: »Das deutsche Volk hat genau dasselbe Bedürfnis, sich des Kraftwagens zu bedienen wie, sagen wir, das amerikanische. Es ist oberflächlich, für Amerika die Zahl von 23 oder 24 Millionen Kraftwagen als natürlich und verständlich anzusehen und für Deutschland (nur) die Zahl von 500.000 oder 600.000, (obwohl) das deutsche Volk zahlenmäßig etwas mehr als die Hälfte der

17 Kurzer, Nationalsozialismus und Konsumgenossenschaften, S. 406.
18 Ausführlich dazu: König, Volkswagen.

nordamerikanischen Union ausmacht. Nein, die volkliche Bedingung ist auch in Deutschland gegeben.«[19] Dies war allerdings eine sehr selektive Wahrnehmung der amerikanischen Verhältnisse bzw. ein hinkender Vergleich mit der deutschen Situation, die sich nicht in erster Linie durch die Bevölkerungszahl, sondern durch die Kaufkraft unterschied. Wenn Hitler die Vision einer deutschen Massenmotorisierung und Konsumgesellschaft entwarf, so ging er vom Modell der »Volksgemeinschaft« aus, das er mit den Methoden des auf standardisierte Massenproduktion und Massenkonsum abzielenden Fordismus und der amerikanischen Konsumgesellschaft kombinieren wollte. In Fragen der Wirtschafts- und Sozialpolitik sahen sich die Nationalsozialisten gegenüber dem amerikanischen New Deal und dessen Form der Wirtschaftslenkung zudem in einer Vorreiterrolle. Die Wirtschaftspolitik unter Franklin D. Roosevelts sollte mit verstärkten staatlichen Investitionen die Binnekonjunktur ankurbeln und somit die Wirtschaftskrise überwinden. Der »Völkische Beobachter« sprach mit Blick auf den New Deal sogar von »Roosevelts Anlehnung an nationalsozialistische Gedankengänge.«[20]

Fordismus und Volksgemeinschaft sollten eine Symbiose eingehen, wobei der Konsum als Motor der Volkswirtschaft diente. Die Konsumenten wurden angehalten, ihre traditionell sparsame und verbrauchsfeindliche Haltung aufzugeben: »Wir dürfen nicht mehr argumentieren: Das ist nicht schlimm! Früher haben wir das auch nicht gehabt! Ich habe dafür kein Geld! Dieser Standpunkt ist falsch. Wer sein Volk und seinen Besitz liebt, der zögert nicht länger, der schreitet zur Tat, indem er die notwendigen Aufträge vergibt. Wollen Sie heute noch in einem Haus

19 Zit. nach Rüdiger Hachtmann, »Die Begründer der amerikanischen Technik sind fast lauter schwäbisch-allemannische Menschen«: Nazi-Deutschland, der Blick auf die USA und die »Amerikanisierung« der industriellen Produktionsstrukturen im »Dritten Reich«, in: Lüdtke u.a. (Hg.), Amerikanisierung, S. 38.

20 Wolfgang Schivelbusch, Entfernte Verwandte. Faschismus, Nationalsozialismus, New Deal 1933–1939, München, Wien 2005, S. 24; Philipp Gassert, Amerika im Dritten Reich, Wiesbaden 1997, S. 184.

wohnen, in dem man die Annehmlichkeiten des elektrischen Stroms nicht kennt? Die Elektrizität gehört dem ganzen Volke, jeder Volksgenosse soll ihrer Vorteile teilhaftig werden.«[21] Der Aufruf zum Konsum und zum Abbau traditioneller Konsumhindernisse war verbunden mit einem moralischen Appell zum Abbau der Arbeitslosigkeit. »Die Elektrofront greift an! Die Arbeitslosigkeit muss verschwinden! Auch in Deinem Haus, Deinem Betrieb gibt es Arbeit für den Installateur. Gib ihm Arbeit«[22], so lautete eine Aufforderung der Elektroindustrie. Die enge Verknüpfung von Volksgemeinschaft und Konsumgesellschaft kam nicht zuletzt dadurch zum Ausdruck, dass ein Großteil der Konsumprodukte, die von den Nationalsozialisten mit Blick auf die Vision einer Konsumgesellschaft propagiert wurden, mit der Vorsilbe »Volk« versehen wurden. Das war nicht neu. Bereits in der Weimarer Republik wurden »Volksherde«, »Volksstaubsauger«, »Volkswaschmaschinen« und »Volkskühlschränke« angeboten, wobei es den Produzenten darauf ankam, den Kreis der Kunden in Richtung weniger kaufkräftiger Kunden zu erweitern.[23] Ein Großteil der genannten Produkte war bis dahin nur in wohlhabenderen Haushalten anzutreffen. Nach der nationalsozialistischen Machtübernahme signalisierte der Begriff »Volk« dann vor allem ein politisch-ideologisches Verständnis im Sinne von »Volksgemeinschaft«, die auch »Konsumgemeinschaft« sein sollte.[24]

Der Volksempfänger markierte in diesem Zusammenhang eine Art »Dammbruch bei der Etablierung und Propagierung neuer Volksprodukte«.[25] Dort bündelten sich die Anforderungen und Vorstellungen, die von nationalsozialistischer Seite an die Volks-

21 Arbeitsgemeinschaft zur Förderung der E-Wirtschaft, Berlin an die Elektrogemeinschaften und die E-Werke, 1934, zitiert nach Hessler, »Mrs. Modern Woman«, S. 349.

22 Aufruf der Neckarwerke Stuttgart, zit. nach Hessler, »Mrs. Modern Woman«, S. 347.

23 Hessler, »Mrs. Modern Woman«, S. 137.

24 König, Volkswagen, S. 19, 227.

25 Ebd., S. 227.

produkte gestellt wurden. Sie sollten preiswert und qualitätsvoll sein und zugleich eine flächendeckende Versorgung der Haushalte garantieren. Sie stellten damit die Basis der neuen nationalsozialistischen Konsumgesellschaft dar. Da es sich beim Nationalsozialismus nicht um eine dirigistische Kommandowirtschaft mit staatlicher Konsumgüterindustrie handelte, sondern um eine »gelenkte Marktwirtschaft« (Christoph Buchheim/Jonas Scherner), die auf Kooperation mit den Herstellern setzte, erwies sich die Durchsetzung der Volksprodukte am Markt als problematisch. Der Volksempfänger war ein Gemeinschaftsprodukt von 28 Herstellern, das nach Vorgaben des Propagandaministeriums zu einem festgelegten Preis verkauft werden sollte. Für die Produzenten, die je nach Marktanteilen eine Quote erhielten, war damit ein hohes Risiko an Umsatz- und Gewinneinbußen verbunden, so dass es zu erheblichen Auseinandersetzungen zwischen Politik und Wirtschaft kam. Zwar erreichte der Volksempfänger, nicht zuletzt aufgrund umfangreicher Werbemaßnahmen und der Einführung des Ratenzahlungsgeschäfts zunächst hohe Absatzzahlen, im Rahmen der sogenannten Radiokrise 1935 brachen sie jedoch ein. Auch wenn sich die Zahl der deutschen Rundfunkteilnehmer dann zwischen 1933 und 1941 von 25 % auf 65 % erhöhte, so war dies doch weit entfernt von der von den Nationalsozialisten angestrebten Vollversorgung deutscher Haushalte, ganz zu schweigen von Vergleichszahlen aus den USA mit einer Rundfunkverbreitung von 80–90 %. Ab 1942 brach der Radiohandel in Deutschland dann kriegsbedingt zusammen.[26]

Der seit 1928 in der Entwicklung befindliche »Volksfernseher« kam – trotz umfangreicher nationalsozialistischer Bemühungen – gar nicht erst über den Status eines Prototyps hinaus. Gerade mit einem solchen Prestigeobjekt wollten die Nationalsozialisten ihre (technische) Überlegenheit gegenüber den USA und Großbritannien demonstrieren. Dabei wurde sogar die federfüh-

26 Ebd., S. 25–99; Kilian J. L. Steiner, Ortsempfänger, Volksfernseher und Optaphon. Die Entwicklung der deutschen Radio- und Fernsehindustrie und das Unternehmen Loewe 1923–1962, Essen 2005, S. 159–167.

Tab. 4: Rundfunkteilnehmer

	Rundfunkteilnehmer auf 100 Einwohner 1914/42	Zunahme 1934–1942 in %
Schweden	248,6	138
Dänemark	237	71
Deutschland	197,3	174
Großbritannien	191	53
Schweiz	164,1	131
Niederlande	159,8	121
Norwegen	154,3	231
Belgien	132,8	137
Frankreich	131,7	286
Bulgarien	23,2	1.916

Quelle: Wolfgang König, Volkswagen, Volksempfänger, Volksgemeinschaft, S. 84

rende Rolle des jüdischen Herstellers Siegmund Loewe akzeptiert, der im Jahr 1933 ein Exposé über die Einführung des Fernsehens in Deutschland erstellte. Doch spätestens 1935/36 wurde deutlich, dass Deutschland auf dem Gebiet der Fernsehtechnik international nicht die führende Rolle spielte, auch wenn die Olympischen Spiele und deren Übertragung im Fernsehen im Jahr 1936 der Weltöffentlichkeit mit erheblichem propagandistischen Aufwand das Gegenteil zeigen sollte. Gleichwohl erlangt der von fünf deutschen Unternehmen (Telefunken, Fernseh AG, Lorenz, Loewe und TeKaDe) entwickelte Einheitsfernsehempfänger »E1« im Jahr 1938 die Marktreife und sollte ab 1939 in Serie produziert werden. Aufgrund des Rohstoffmangels wurden jedoch nur wenige Exemplare fertig gestellt, und der Kriegsausbruch verhinderte die Markteinführung.[27]

27 Steiner, Ortsempfänger, S. 167–178; König, Volkswagen, S. 100–114.

Beim Radio- wie beim Fernsehgerät handelte es sich um »Volksprodukte«, die vor allem eine Propaganda- und Prestigefunktion der nationalsozialistischen Vision der Konsumgesellschaft erfüllten. Der Volksempfänger, dessen Preis politisch festgesetzt und dessen Absatz über Quoten geregelt war, konnte tatsächlich massenhaft an deutsche Haushalte verkauft werden, auch wenn dies nicht selten auf Kosten anderer Markengeräte ging. Ein Fernsehgerät hätte bei Markteinführung mit 650 RM das Mehrfache eines Monatseinkommens eines Arbeiters gekostet und schon allein deshalb wenig Verbreitung gefunden. Auch darin zeigte sich der propagandistische Charakter der nationalsozialistischen Konsumgesellschaft. Dies wird auch am Beispiel des Volkskühlschranks und des Volkswagens deutlich.

Beim Volkskühlschrank trafen die Prestigeziele einer flächendeckenden Versorgung der Bevölkerung mit einem für damalige Verhältnisse teuren Luxusgut auf die volkswirtschaftlichen Interessen des Regimes: »Das Ziel darf nicht sein«, so ein Artikel eines Unterabteilungsleiters im »Reichsnährstand«, »einige Tausende Haushaltungen mit teuren Kühlschränken zu versorgen, sondern die Aufgabe, die allen Beteiligten gestellt ist, lautet: durch den Volkskühlschrank in Millionen Haushalten die Möglichkeit zu schaffen, die unermesslichen Werte zu erhalten, die jetzt verloren gehen, und deren Verlust im Ernstfall von unabsehbarer Bedeutung werden kann: Angesichts der Größe dieser Aufgabe müssen alle Hemmungen und Bedenken zurückgestellt werden, die sich aus privatwirtschaftlichen Erwägungen ergeben. Hier geht es um mehr.«[28] Es ging um den sparsamen Umgang mit Lebensmitteln, um deren Haltbarkeit über längere Zeiträume hinweg, um den »Kampf dem Verderb«. Das wurde zunehmend als eine staatliche Aufgabe betrachtet, schließlich ging es um den Erhalt von volkswirtschaftlichen Werten. Deshalb mischte sich auch auf diesem Gebiet der Staat ein. Schon in der Weimarer Republik hatte es erste Entwicklungsarbeiten für einen elektrischen Kühlschrank gegeben. Unter dem National-

28 Zit. nach Hessler, »Mrs. Modern Woman«, S. 373.

sozialismus erhöhte das Regime den Druck auf die Produzenten in Richtung eines Gemeinschaftsmodells, was auch hier zu Konflikten zwischen Wirtschaft und Politik führte. Die Hersteller sahen auch beim Volkskühlschrank erhebliche Absatzprobleme, nicht zuletzt wegen der hohen Anschaffungskosten. Das hatte zur Konsequenz, dass das Reichswirtschaftsministerium das Rationalisierungskuratorium der Deutschen Wirtschaft (RKW) mit der Weiterentwicklung des Volkskühlschranks beauftragte und die DAF die Weiterführung des Projekts übernahm. Vor Ausbruch des Krieges kam es jedoch nicht zum entscheidenden Durchbruch des Volkskühlschranks. Nicht einmal 1 % der deutschen Haushalte verfügten 1937/38 über ein solches Gerät, während in den USA etwa jeder zweite Haushalt einen Kühlschrank besaß. Zudem verhinderte der Kriegsausbruch eine weitere Verbreitung in Deutschland, so dass das Projekt Volkskühlschrank eine Illusion blieb.[29]

Zwischen dem Projekt Volkskühlschrank und dem Projekt Volkswagen gab es zahlreiche Parallelen, die einmal mehr den Charakter der nationalsozialistischen Variante der Konsumgesellschaft aufzeigen. Auch ein Automobil war Mitte der dreißiger Jahre ein Luxusgut, das sich nur wenige Haushalte leisten konnten, ganz im Unterschied zu den USA, wo sich aufgrund höherer Kaufkraft die Motorisierung bereits seit den 20er Jahren durchsetzte. Dementsprechend galten amerikanische Produktions- und Absatzmethoden als Leitbild, insbesondere für Adolf Hitler. Seine Vorstellungen gingen davon aus, mit Hilfe eines Personenwagens zu einem erschwinglichen Preis von unter 1.000 RM die Massenmotorisierung im Reich zu befördern und jährlich etwa 100.000 Automobile zu produzieren. Das Automobil wurde zu einem politischen Projekt mit entsprechenden Preisvorgaben, das von einer Produktionsgemeinschaft der

29 Michael Wildt, Technik, Kompetenz, Modernität. Amerika als zwiespältiges Vorbild für die Arbeit in der Küche, 1920–1960, in: Lüdtke u. a. (Hg.), Amerikanisierung, S. 84; König, Volkswagen, S. 137–150; Hessler, »Mrs. Modern Woman«, S. 366–379.

führenden deutschen Hersteller realisiert werden sollte. Auch in diesem Fall gab es Bedenken der Produzenten hinsichtlich des Preises und der zu veranschlagenden Kosten. Aufgrund unüberwindbarer Meinungsverschiedenheiten beauftragte Hitler schließlich Ferdinand Porsche mit der Umsetzung des Projektes, das dann ab 1938 in staatlicher Regie unter der Führung der DAF vorangetrieben werden sollte. Es kam zur Grundsteinlegung des Volkswagenwerkes, welches als weltweit größtes und modernstes Automobilwerk, als »River Rouge am Mittellandkanal« gepriesen wurde. Dort sollten Millionen ziviler Automobile gebaut werden, die in Anlehnung an die Organisation »Kraft durch Freude« (KdF) als »KdF-Wagen« bezeichnet wurden. Doch ähnlich wie der Volkskühlschrank erwies sich der später sogenannte Volkswagen als konsumgesellschaftliche Propaganda, es blieb bei der Illusion der Massenmotorisierung. Denn statt der millionenfachen Zivilfahrzeuge wurden in der Phase der Kriegsvorbereitung Kübel- und Schwimmwagen, Flugzeugteile und Wehrmachtsöfen produziert, wobei es aus Mangel an Arbeitskräften und Rohstoffen immer wieder zu Produktionsunterbrechungen und -einschränkungen kam. Von der zivilen Version des Volkswagens wurden nur 630 Stück gebaut. Das wichtigste individuelle Fortbewegungsmittel im Nationalsozialismus blieb das Fahrrad. »Das Volkswagenprojekt stellte nicht viel mehr dar als ein Luxusspielzeug des nationalsozialistischen Diktators«.[30]

4. Reisen mit »Kraft durch Freude«

»›Kraft durch Freude‹ ist vielleicht der kürzeste Ausdruck für das Wollen des neuen Deutschlands. Wenn ich gefragt würde, was unser Führer als Schönstes seinem Volk gegeben hat, würde ich sagen: Er gab ihm einen neuen Lebensstil, eine neue Lebenshaltung.«, so der Leiter der Deutschen Arbeitsfront, Robert Ley,

30 Hans Mommsen mit Manfred Grieger, Das Volkswagenwerk und seine Arbeiter im Dritten Reich, Düsseldorf 1996, S. 33f.; König, Volkswagen, S. 151–191.

1937 anlässlich des Stapellaufs des Passagierschiffs »Wilhelm Gustloff«.[31] Die NS-Gemeinschaft KdF war eine Unterorganisation der DAF und bot ein umfangreiches kulturelles und touristisches Freizeitprogramm an, das von Theaterveranstaltungen, Konzerten und Vorträgen bis hin zu Wochenendereisen und Kreuzfahrten reichte.[32] KdF-Kreuzfahrten mit der »Wilhelm Gustloff« sind mit Blick auf die nationalsozialistische Konsumgesellschaft ebenso legendär wie der Volksempfänger oder der Volkswagen. Tatsächlich waren Kreuzfahrten nach Madeira, Norwegen, Italien oder Nordafrika eine Sensation und galten als »Paradestück der NS-Sozialpolitik« (Hasso Spode), aber sie spiegeln ebenso wie der Volkswagen oder der Volkskühlschrank die propagandistischen Intentionen, den ideologischen Hintergrund wie auch den Illusionscharakter und die Grenzen der NS-Konsumgesellschaft wider.

KdF war in Anlehnung an das Vorbild der Freizeitorganisation »Opera Nazionale Dopolavoro« (OND) des faschistischen Italien ins Leben gerufen worden, mit dem Ziel, auch dem deutschen Arbeiter Urlaub, Freizeit und Reisen ermöglichen zu können. »Ich will, dass dem Arbeiter ein ausreichender Urlaub gewährt wird und dass alles geschieht, um ihm diesen Urlaub sowie seine übrige Freizeit zu einer wahren Erholung werden zu lassen. Ich wünsche das, weil ich ein nervenstarkes Volk will, denn nur allein mit einem Volk, das seine Nerven behält, kann man wahrhaft große Politik machen.«, so Robert Ley.[33] Im Übrigen verwies er darauf, dass ein erholtes Volk »noch besser arbeiten kann. Es ist dem Arbeitgeber nicht von Nutzen, wenn ein müder und abgespannter Mensch dort schafft. Ist ein Mensch aber frisch,

31 Zit. nach Hasso Spode, Arbeiterurlaub im Dritten Reich, in: Carola Sachse u.a., Angst, Belohnung, Zucht und Ordnung. Herrschaftsmechanismen im Nationalsozialismus, Opladen 1982, S. 319f.

32 Zur NS-Gemeinschaft KdF s.a. Hermann Weiss, Ideologie der Freizeit im Dritten Reich. Die NS-Gemeinschaft ›Kraft durch Freude‹, in: Archiv für Sozialgeschichte 33 (1993), S. 289–303; s.a. Hachtmann, Tourismusgeschichte, S. 120–139.

33 Zit. nach Spode, Arbeiterurlaub, S. 290.

dann holt er leicht das ein, was der bezahlte Urlaub ausmacht.«[34] Diese Zitate verweisen auf die Instrumentalisierung der Freizeit durch den Nationalsozialismus. Urlaub und Freizeit wurden als Teil der Volksgemeinschaftsidee betrachtet und waren ein wichtiges Integrations- und Legitimationsmoment des NS-Systems. Ebenso wie auf anderen Gebieten der nationalsozialistischen Konsumgesellschaft zeigte sich auch hier eine große Diskrepanz zwischen Anspruch und Wirklichkeit. Bereits ab Mitte der 30er Jahre traten zudem deutliche Differenzen zwischen der Politik und dem Fremdenverkehrsgewerbe hervor, als etwa Ley am Rande einer Fremdenverkehrstagung das Verhältnis zur privaten Wirtschaft umriss und dabei forderte: »Die Fremdenverkehrswirtschaft muss sich diesem großen Gedanken ›Kraft durch Freude‹ unterordnen. Je eher sie das tut, ... um so besser ist es für sie.«[35] Das private Fremdenverkehrsgewerbe sah sich fortan in Gestalt der KdF einer bedrohlichen Konkurrenz ausgesetzt, beklagte sich über unlauteren Wettbewerb und das Ausbleiben von Gästen. Tatsächlich wurden KdF-Reisen stark subventioniert, und zusammen mit den Nachlässen der Reichsbahn war diesen Urlaubsangeboten von den privaten Anbietern kaum etwas entgegen zu setzen.[36]

Kdf-Reisen richteten sich bewusst an ein Publikum, welches sich bis dahin eine Urlaubsreise kaum hatte leisten können, und die Organisation machte dies auch mit erheblichem propagandistischen Aufwand publik. Gleichzeitig knüpfte KdF an vergleichbare Bemühungen aus der Weimarer Zeit an, wobei die Freizeitorganisationen der Arbeiterbewegung mit der Machtübernahme zerschlagen worden waren. Die Urlaubsregelungen der Nationalsozialisten waren gleichwohl besser als in der Weimarer Republik, so dass sich auf diesem Gebiet das Prinzip von »Zuckerbrot und Peitsche« auf beeindruckende Weise darstellte. Der Propaganda auf der einen Seite entsprachen durchaus posi-

34 Zit. nach ebd., S. 279.
35 Zit. nach König, Volkswagen, S. 202.
36 Keitz, Reisen als Leitbild, S. 239ff.; König, Volkswagen, S. 196, 201f., 215.

tive Erfahrungen mit KdF-Reisen auf Seiten der Arbeiterschaft, insbesondere dann, wenn die Betroffenen zuvor jahrelang unter Arbeitslosigkeit gelitten hatten. So äußerte etwa ein Bergarbeiter, ein SPD- und Gewerkschaftsmitglied, der von 1932 bis 1936 arbeitslos war und dann eine Arbeit als Akkordarbeiter im Bergbau erhielt: »Und ich wird' nie vergessen: Restlohn 1936 zu Weihnachten, bekam ich 90 Mark. Meine Frau, die sprang so hoch, so viel Geld auf einmal hatte sie in unseren Ehejahren noch gar nicht in der Hand gehabt [...] 1938 hab ich eine Kraft-durch-Freude-Fahrt gehabt. Die wurden ja ausgelost. Ich bin ganz erstaunt gewesen: drei Jahre auf dem Pütt und schon eine Urlaubsfahrt, nach dem Harz hin.«[37]

Reisen in den Harz, ins Sauerland, an die Ostsee oder an die Mosel machten den größten Teil der KdF-Angebote aus. Eine neue Dimension des Freizeit- und Reisekonsums eröffneten die nationalsozialistischen Massen- und Großprojekte, die es so bislang nicht gegeben hatte. So waren etwa Landerholungsheime für Arbeiterkurzurlaube in Königswinter und Waldbröl in Größenordnungen von 5.000 bzw. 1.000 Betten sowie Kinos, Theater, Restaurants und Sporteinrichtungen geplant. Geradezu gigantische Ausmaße nahm jedoch das Projekt des geplanten Seebades Prora auf der Insel Rügen an, wo auf einer 4,5 km langen Anlage direkt an der Ostsee 20.000 Betten mit einer Jahreskapazität von 700.000 Übernachtungen, mit Speisesälen für 820 Gäste, Theater, Kinos, Cafés und Sporteinrichtungen bislang nicht gekannten Ausmaßes geplant wurden. Hier verbanden sich die nationalsozialistischen Visionen von Massentourismus und Massenmotorisierung, abzulesen an der Planung von 5.000 Parkplätzen für Automobile, die ja vor allem als KdF-Wagen vom Fließband rollen sollten. Politisch subventionierte Preise sollten so einer breiten Bevölkerungsschicht nicht nur den Erwerb eines Volkswagens ermöglichen, sondern auch einen Urlaub am Meer. Die KdF-Großferienanlage Prora ereilte jedoch ein ähnliches Schick-

37 Zit. nach Alexander von Plate, »Der Verlierer geht nicht leer aus«. Betriebsräte geben zu Protokoll, Bonn 1984, S. 47.

sal wie der KdF-Wagen: eine zivile Nutzung von Touristen wurde nie Realität, und schon gar nicht in den von den Nationalsozialisten angedachten Dimensionen. Zu Kriegsbeginn wurden die Bauarbeiten in Prora weitgehend eingestellt, einige Räumlichkeiten schließlich als militärische Unterkünfte genutzt.[38]

Prora ist ein besonders drastisches Beispiel für die Diskrepanz zwischen Anspruch und Wirklichkeit der NS-Konsumgesellschaft. Auch andere Großferienanlagen wurden nie gebaut, und das Ziel der Überwindung von Klassenschranken und die besondere Förderung von Arbeiterhaushalten konnte auch nur bedingt erreicht werden. Der Arbeiteranteil bei den propagandistisch besonders angepriesenen Seereisen lag nur bei 17 %, bei Landreisen immerhin bei etwa einem Drittel. Besonders Arbeiterfrauen waren stark unterrepräsentiert. Die Mehrheit der Reisenden stellten Angestellte, Selbständige und Beamte. Zudem gab es »feine Unterschiede« innerhalb der Arbeiterschaft. Gutbezahlte Facharbeiter konnten sich auch bessere Reiseangebote leisten, während die Masse der Arbeiter die einfachen und billigen Angebote wahrnahm. Im Übrigen ging, wie bereits erwähnt, der Ausbau des Reiseangebots von KdF einher mit dem Verbot von Reiseveranstaltern der Arbeiterbewegung, und Juden waren von den Veranstaltern und in zahlreichen Reiseorten als »unerwünscht« ausgeschlossen.[39]

Insgesamt gesehen lässt sich zwar ein Anstieg der Reisetätigkeit und des Tourismus im Nationalsozialismus beobachten, der jedoch, gemessen an den Gästezahlen, nur etwa 10–15 % über denjenigen der Weimarer Zeit lag und damit deutlich hinter den propagandistischen Verlautbarungen zurück blieb – zumal KdF am Gesamtreiseaufkommen nur einen Anteil von etwa 10 % hatte. Reisen und Rüstung vertrugen sich im Laufe der 30er Jahre immer weniger miteinander. Im Zuge der Vorrangstellung

38 Bernfried Lichtnau, Prora. Das erste KdF-Bad Deustchlands, Peenemünde 1993; König, Volkswagen, S. 178, 192–219.

39 Spode Arbeiterurlaub, S. 304; Keitz, Reisen als Leitbild, S. 248ff.; König, Volkswagen, S. 204f.

der Aufrüstung verfügte das Reichsverkehrsministerium im Sommer 1938 eine Reduzierung des Wochenendverkehrs mit der Bahn um 90 %, der KdF-Fahrten an Wochentagen und der Weihnachtsfahrten um 70 %. Zahlreiche Urlauber konnten ihre Urlaubsreise gar nicht erst antreten. Zudem gefährdete der Devisenmangel die Schiffsreisen.[40]

Der Massentourismus wie der Massenkonsum des Nationalsozialismus zeigten vergleichbare Muster eines Primats der Politik, der sich durch erhebliche staatliche Initiativen, Subventionen, Interventionen und Regulierungen auszeichnete und in vielen Fällen Konflikte mit der Privatwirtschaft nach sich zog. Die mit viel propagandistischem Aufwand verfolgten Ziele einer flächendeckenden Versorgung der breiten Bevölkerung konnten jedoch, nicht zuletzt aufgrund mangelnder Kaufkraft und konkurrierender Rüstungsinteressen, nicht realisiert werden und blieben Illusion, ebenso wie eine erfolgreiche Orientierung an amerikanischen Vorbildern. Dementsprechend scheint es angemessen, von einem »Scheitern der nationalsozialistischen Konsumgesellschaft« (Wolfgang König) oder auch von einer Pseudo-Massenkonsumgesellschaft zu sprechen, anders ausgedrückt: »Ohne den nationalsozialistischen Rüstungswahn hätten sich Konsum und Export ungleich dynamischer entwickeln können…«[41] Der eigentliche Durchbruch der Massenkonsumgesellschaft wurde so in die Zeit der Bundesrepublik verschoben.

40 König, Volkswagen, S. 218.
41 Buchheim, Wirtschaftsentwicklung, S. 663.

VII. Bundesrepublik Deutschland: Durchbruch zur Massenkonsumgesellschaft

1. Von der Rationierung zum »kleinen Wohlstand«

Das Ende des Zweiten Weltkriegs bedeutete für einen Großteil der deutschen Bevölkerung die Zerstörung der Wohnungen und den Verlust an Eigentum, einen Mangel an Nahrungsmitteln und Kleidung sowie eine erhöhte Krankheitsanfälligkeit. Insgesamt wurden während des Krieges 20 % des Wohnraums vernichtet, in den Großstädten waren es sogar zwischen 60 % und 75 %. Viele Menschen litten aufgrund des Nahrungsmittelmangels und schlechter hygienischer Verhältnisse an Ruhr, Typhus oder Diphtherie. Die Säuglingssterblichkeit nahm rapide zu. 1946 nahm die Nahrungsmittelversorgung dramatische Züge an. Pro Person standen in der amerikanischen Zone nur etwa 1.300, in der französischen Zone sogar nur 900 Kalorien zur Verfügung. Die Bevölkerung war in dieser »Zusammenbruchsgesellschaft« (Christoph Klessmann) auf das Überleben und die Befriedigung der Grundbedürfnisse zurück geworfen. An die Anschaffung größerer Konsumgüter war bis Ende der 1940er/Anfang der 1950er Jahre kaum zu denken. Umso erstaunlicher ist es, dass in einer Zeit materieller Not neben der Versorgung von Lebensmitteln und Kleidung auch die Befriedigung kultureller Bedürfnisse Berücksichtigung fand. Noch im Jahr 1945 strahlte der Rundfunk wieder erste Sendungen aus, Tageszeitungen wurden lizenziert, Kinos, Konzerthäuser und Kunstausstellungen öffneten ihre Pforten.[1]

1 Axel Schildt, Die Sozialgeschichte der Bundesrepublik Deutschland bis 1989/90, München 2007; Werner Plumpe, Alltag bei Kriegsende: Überlebensstrategien der Bevölkerung und Wirtschaft im Übergang 1945/56, in: Jan-Peter Barbian/Ludger Heid (Hg.), Zwischen Gestern und Morgen. Kriegsende und Wiederaufbau im Ruhrgebiet, Essen 1995, S. 158ff.

Der Mangelwirtschaft und Unterversorgung wurde auf unterschiedliche Weise begegnet:

a) von Seiten der Betroffenen in Form von Hamsterei, Improvisation, Schwarzmarktgeschäften sowie durch Streiks und Proteste,
b) auf politisch-verwaltungstechnischer Ebene in Form von Bewirtschaftungs- und Lenkungsmaßnahmen und
c) auf internationaler Ebene durch externe Hilfsprogramme.

Zu a) Insbesondere in den zerstörten Großstädten, wo die Versorgungslage deutlicher schlechter war als auf dem Land, gingen Zehntausende auf »Hamsterfahrten«, um bei Bauern Kartoffeln, Obst, Gemüse, Butter und Eier zu tauschen oder in vielen Fällen auch zu stehlen. Der Kölner Erzbischof Frings rechtfertigte letzteres aufgrund der besonderen Notlage ebenso wie den Diebstahl von Kohlen auf Eisenbahnwaggons (»Fringsen«). Die Schattenwirtschaft, Tausch- und Kompensationsgeschäfte und die Herausbildung von Schwarzmärkten hatte schließlich eine verhängnisvolle Wirkung auf die wirtschaftliche Entwicklung. Die verdeckte Inflation führte auf den Schwarzmärkten zu dramatischen Preissteigerungen. So kostete ein Pfund Butter 1947 dort 230 Mark. Zigaretten etablierten sich als Ersatzwährung. Neben der Tauschwirtschaft und dem Schwarzmarkt waren Streiks und Hungerdemonstrationen Ausdruck der Unzufriedenheit mit der Versorgungslage. Die Hungermärsche im Ruhrgebiet zwischen 1946 und 1948 hatten auch Auswirkungen auf die Produktion und die Produktivität in den Betrieben und waren verbunden mit politischen Forderungen nach mehr wirtschaftlicher Planung, Lenkung und nach einer Sozialisation der Schlüsselindustrien. Einerseits wurde die schlechte Versorgungslage zunehmend durch parteipolitische Forderungen instrumentalisiert, andererseits führte sie auch zu Ernüchterung, Apathie und politischem Desinteresse und war damit ein potentieller Destabilisierungsfaktor.[2]

2 Christoph Klessmann/Peter Friedemann, Streiks und Hungermärsche im Ruhrgebiet 1946–1948, Frankfurt, New York 1977; Wolfgang Benz, Von der

Zu b) Die alliierten Besatzungsmächte reagierten auf die sich zuspitzende Versorgungslage, indem sie zunächst einmal das während der Zeit des Nationalsozialismus eingeführte System der Bewirtschaftung weitgehend fortführten. Lebensmittel waren danach ebenso rationiert wie Kleidung und Rohstoffe, die gegen entsprechende Marken und mit unterschiedliche Kategorien von Bezugsberechtigungen ausgegeben wurden. Wohnraum wurde in Form der Verlängerung des Mietpreisstopps aus dem Jahr 1936 bewirtschaftet. Ein »Gesetz zur Sicherung der Kartoffelversorgung« etwa stütze sich auf eine Verordnung zur öffentlichen Bewirtschaftung landwirtschaftlicher Erzeugnisse aus dem Jahr 1939. Doch all diese Maßnahmen der Konsum- und Wirtschaftslenkung konnten die Versorgungslage der Bevölkerung nicht verbessern. Im Frühjahr 1947 erreichte die Krise ihren Höhepunkt, begleitet von einer Ausweitung der Schwarzmarktgeschäfte, Massenstreiks und Hungermärsche. Die Verwaltungen der einzelnen Besatzungszonen konnten die Probleme ohne externe Hilfe schließlich nicht mehr lösen.[3]

Zu c) Externe Lebensmittelhilfe kam in erster Linie vom amerikanischen Kriegsministerium in Form des GARIOA-Programms (Government Appropriations for Relief in Occupied Areas), welches mit einem Volumen von 1,62 Mrd. Dollar sogar die Marshallplanhilfe (1,54 Mrd. Dollar) übertraf. Letztere wurde vor allem zur Überwindung von Rohstoffengpässen und zum industriellen Wiederaufbau genutzt. Neben den staatlichen amerikanischen Institutionen boten private Einrichtungen wie CARE (Cooperation for American Remittances to Europe) oder CRALOG (Council of Relief Agencies Licensed for Operation in Germany) über Spendengelder von kirchlicher, gewerkschaftlicher oder von Seite der Wohlfahrtsverbände Lebensmittel-, Kleidungs- und Medikamentenhilfe.[4]

Besatzungsherrschaft zur Bundesrepublik. Stationen einer Staatsgründung, Frankfurt 1984, S. 74ff.; Michael Wildt, Vom kleinen Wohlstand, S. 28ff.

3 Plumpe, Alltag, S. 162–165; Benz, Besatzungsherrschaft, S. 72; Michael von Prollius, Deutsche Wirtschaftsgeschichte nach 1945, Göttingen 2006, S. 28.

4 Plumpe, Alltag, S. 160ff.; Werner Abelshauser, Deutsche Wirtschaftsgeschichte seit 1945, München 2004, S. 130ff.

Diese externen Hilfslieferungen stellten eine Art Entwicklungshilfe, eine »Hilfe zur Selbsthilfe« für die westdeutsche Bevölkerung dar, die zugleich im Rahmen grundlegender Reformen der Sozial- und Wirtschaftsordnung verlaufen sollte. Wichtige ordnungspolitische Weichenstellungen zeichneten sich im Zuge des Marshallplans und der Währungsreform im Jahr 1948 ab, ergänzt durch das Konzept der Sozialen Marktwirtschaft. Ludwig Erhard und Alfred Müller-Armack beabsichtigten mit der Freigabe von Preisen im Rahmen der Währungsreform die Wiedereinführung marktwirtschaftlicher Preisbildungsprozesse, die Ausschaltung der Schwarzmärkte und schließlich die Überwindung der Versorgungsmängel. Die Soziale Marktwirtschaft sollte eine weitere Liberalisierung der Wirtschaft und die Gewährleistung einer Wettbewerbsordnung mit sozialpolitischen Maßnahmen kombinieren. 1948 wurden die Preise für einige Produkte ganz aufgehoben, für wichtige Lebensmittel wie Kartoffeln, Getreide, Butter und Zucker sowie für Kohle, Gas, Elektrizität und Wasser galten Höchstpreise, die in dieser Übergangsphase der Wirtschaftsreform eine Art Verbraucherschutz darstellten.[5]

Die wirtschafts- und ordnungspolitischen Weichenstellungen von Währungsreform und Marshallplan werden trotz kontroverser wirtschaftshistorischer Einschätzungen[6] aus erfahrungshistorischer Perspektive als »*das* politische Ereignis« der Nachkriegszeit gewertet, welches den Alltag der Konsumenten spürbar veränderte. Erstmals seit vielen Jahren gab es nun wieder nahezu alles zu kaufen. Nach den Kriegs- und Mangeljahren, nach Rationierung und Schwarzmarkt setzte nun wieder eine

5 Irmgard Zündorf, Staatliche Verbraucherpreispolitik und Soziale Marktwirtschaft in Westdeutschland 1948–193, in: Steiner (Hg.), Preispolitik und Lebensstandard, S. 132–136; zur Sozialen Marktwirtschaft s. Gerold Ambrosius, Die Durchsetzung der Sozialen Marktwirtschaft, Stuttgart 1977.

6 S. dazu u. a. den Band von Werner Abelshauser, Wirtschaft in Westdeutschland 1945–1948. Rekonstruktion und Wachstumsbedingungen in der amerikanischen und britischen Zone, Stuttgart 1975 sowie Beiträge von Christoph Buchheim und Rainer Klump in dem Sammelband von Wolfram Fischer (Hg.), Währungsreform und Soziale Marktwirtschaft, Berlin 1989.

gewisse Konsumnormalität ein.[7] Wenn auch im Juli 1948 noch etwa die Hälfte der westdeutschen Bevölkerung äußerte, dass ihr die Mittel fehlten, um die zum Lebensunterhalt nötigen Dinge zu kaufen, so verbesserte sich die Versorgungslage doch bis zum Beginn der 1950er Jahre langsam, aber stetig. Anhand von Haushaltsrechnungen einer westdeutschen Durchschnittsfamilie wird deutlich, dass man sich seitdem über die Versorgung der Grundbedürfnisse hinaus auch einmal »etwas leisten konnte«. Das betraf Kaffee und Apfelsinen als »Luxus«-Lebensmittel ebenso wie Damenstrümpfe (»Nylons«) oder einen neuen Herrenanzug. Mitte des Jahrzehnts wurden in vielen Haushalten erste größere Konsumartikel wie etwa ein Staubsauger angeschafft, es folgten Kühlschränke, Fernseher und erste Urlaubsreisen, wenn auch in einem bescheidenen Rahmen.[8]

Infolge des Koreakriegs und des Investitionshilfegesetzes 1950–1952 musste die Konsumgüterindustrie vorübergehend ihre Investitionen zugunsten der Grundstoff- und Energiewirtschaft zurückstellen. Der Koreakrieg führte zu einer enorm steigenden Nachfrage nach Rohstoffen, Energie und Grundstoffen für die Rüstungsindustrie. Dies wirkte sich auch auf die Wirtschaft der Bundesrepublik aus, denn entgegen dem geplanten Ausbau des Konsumgütersektors drängten die Amerikaner auf den Ausbau der deutschen Grundstoffindustrien, der schließlich in Form des »Investitionshilfegesetzes« (1952) umgesetzt wurde. Die Unternehmen der Konsumgüterindustrie wurden verpflichtet, Investitionsmittel insbesondere für die Stahlindustrie, den Bergbau und die Energiewirtschaft aufzubringen.[9]

Erst ab Mitte der 1950er Jahre erfolgte dann der vorübergehend verschobene Ausbau des Konsumgütersektors. Der Wirtschaftsaufschwung sowie steigende Löhne und Kaufkraft ermöglichten zumindest einen »kleinen Wohlstand« (Michael Wildt), der schließlich den Übergang zur Massenkonsumgesellschaft einläutete.

7 Wildt, Vom kleinen Wohlstand, S. 33.
8 Ebd., S. 48–58.
9 Werner Abelshauser, Deutsche Wirtschaftsgeschichte, S. 165f.

2. Die Wirtschaftswunderwellen

Auf den »kleinen Wohlstand« folgte die »Wohlstandsgesellschaft«, wobei sich die Entwicklung dorthin über zwei Jahrzehnte zog. In diesem Zusammenhang werden noch häufig die Begriffe »Wirtschaftswunder« und »Konsumwellen« bemüht, die in den 1950er Jahren den Weg in die Massenkonsumgesellschaft markierten. Plakative Darstellungen beschreiben diesen Prozess als eine kontinuierliche Abfolge von der Fresswelle über die Bekleidungswelle und die Hausratswelle bis hin zur Verkehrs- und Reisewelle, die dann »Schritt für Schritt ins Paradies« führte.[10] Abgesehen davon, dass im internationalen Vergleich das »westdeutsche Wirtschaftswunder« mit Blick auf ähnlich hohe Wachstumsraten in anderen westlichen Industriestaaten deutlich zu relativieren ist[11], erscheint es auf der Basis neuer Untersuchungen konstruiert und wenig sinnvoll, dies allein entlang von Produktgruppen und entsprechenden Konsumwellen nachzuzeichnen. Angemessener ist vielmehr eine Darstellung veränderter Konsumstrukturen unter Berücksichtigung veränderter Budgetmöglichkeiten und unterschiedlicher Haushaltstypen.[12] Auch auf dieser Basis lassen sich unterschiedliche Wellen oder Perioden der Konsumgesellschaft ausmachen, doch suggerieren diese nicht eine quasi automatische Abfolge von Konsumprodukten, die von Durchschnittsverbrauchern in ähnlicher Weise konsumiert wurden. Vielmehr wird deutlich, dass sich der Konsum

10 Andersen, Der Traum vom guten Leben, S. 21.

11 Ludger Lindlar, Das missverstandene Wirtschaftswunder. Westdeutschland und die westeuropäische Nachkriegsprosperität, Tübingen 1997.

12 Dazu jüngst Alfred Reckendrees, Konsummuster im Wandel. Haushaltsbudgets in der Bundesrepublik Deutschland 1952–1998, in: Jahrbuch für Wirtschaftsgeschichte 2007/2, S. 29–61. Ich bedanke mich für die Überlassung der Manuskripte bei den Autoren des JWG-Schwerpunkthefte »Die bundesdeutsche Massenkonsumgesellschaft 1950–2000«, Alfred Reckendrees, Jan-Otmar Hesse, Ralf Banken, Britta Stücker und Andé Steiner. S. a. die international vergleichende Studie von Sabine Haustein, Vom Mangel zum Massenkonsum. Deutschland, Frankreich und Großbritannien im Vergleich 1945–1970, Frankfurt 2007.

bzw. die Konsummöglichkeiten einkommens- und schichtenspezifisch bzw. mit Blick auf unterschiedliche Haushaltstypen sehr differenziert entwickelten und dass die Partizipation an der Massenkonsumgesellschaft ungleichzeitig verlief.

Voraussetzungen für diese Partizipation war zum einen das nach der Währungsreform, dem im Zuge des Koreakriegs durch die weltweite Nachfrage nach Industriegütern ausgelösten Koreaboom und der Wiederanbindung an den Weltmarkt einsetzende Wirtschaftswachstum der 1950er Jahre, steigende Löhne und Einkommen sowie ein Mehr an freier Zeit. Zwischen 1950 und 1960 verdoppelten sich die Arbeitnehmereinkommen. In diesen Zeitraum fiel auch die deutliche Erhöhung der Renten infolge der Rentenreform 1957. Hinzu kamen in den 1950er Jahren Maßnahmen der Konsumlenkung, die in einer Übergangsphase durchaus mit dem Konzept der Sozialen Marktwirtschaft und der Forderung »Wohlstand für alle« (Ludwig Erhard) kompatibel waren. Dies betrifft etwa regulierte Preise bei Heizmaterialien, im öffentlichen Nahverkehr, bei Bahn, Telefon, Post, Rundfunk- und Fernsehgebühren ebenso wie bei Infrastruktureinrichtungen wie Theater, Kindergärten und Badeanstalten sowie Preisbindungen bei der Gas-, Wasser- und Elektrizitätsversorgung. Mit dem ersten Wohnungsbaugesetz von 1950 wurde die flächendeckende Versorgung mit Sozialwohnungen angestrebt. Doch nicht nur der soziale Wohnungsbau, auch der Eigenheimbau wurde staatlich gefördert, ebenso wie seit 1959 die Vermögensbildung durch staatliche Sparprämien. Der Agrarsektor war weitgehend – mit dem primären Ziel des Produzentenschutzes und damit auf Kosten der Konsumenten – reguliert. Die Bundesregierung förderte die Automobilisierung durch Steuersenkungen, die Einführung der sogenannten »Kilometer-Pauschale« sowie den Ausbau der Verkehrsinfrastruktur und startete Konsumförderaktionen für Haushaltsgeräte. Im Laufe der 50er Jahre sollte die Grundversorgung und die Daseinsvorsorge dann zunehmend dereguliert und mehr Marktwirtschaft und Wettbewerb Einzug halten. Dabei spielte das 1957 verabschiedete »Gesetz gegen Wettbewerbsbeschränkungen« (GWB) eine wichtige Rolle, mit dem etwa die

Regulierung durch Preisbindung verboten wurde, die »Preisbindung der zweiten Hand« (festgelegte Preise vom Hersteller für Markenprodukte) allerdings zunächst weiterbestand[13] und deutlich machte, dass der Übergang von der gelenkten Konsumgesellschaft zur Wettbewerbswirtschaft langwierig war.

Die Maßnahmen der Konsumregulierung waren zum Teil sozialpolitisch motiviert und sollten auch den unteren Einkommensschichten den Zugang zur Konsumgesellschaft ermöglichen. Andererseits dienten sie, wie im Falle der Regulierungen im Agrarsektor, dem Produzentenschutz und schadeten so den Konsumenten.

Insgesamt blieben die Zugangsmöglichkeiten zur Konsumgesellschaft sehr unterschiedlich. Die Haushaltseinkommen der Unterschicht lagen Mitte der 50er Jahre bei 150 bis 400 DM, diejenigen der oberen Mittelschicht bei 700 bis über 900 DM. Fast drei Viertel aller Haushalte hatte Ende der 50er Jahre ein Einkommen unter 1.000 DM. Eine Waschmaschine kostete zu dieser Zeit etwa 2.000 DM, ein Mittelklassewagen etwa 7.000 DM. Entsprechend gering war noch um 1960 die Ausstattung bundesdeutscher Haushalte. Zwar standen Mitte der 50er Jahre sowohl bei Männern als auch bei Frauen der elektrische Kühlschrank und die elektrische Waschmaschine ganz oben auf der Wunschliste, tatsächlich besaßen jedoch 1955 nur 12 % aller Haushalte eine Waschmaschine und sogar nur 7 % einen elektrischen Kühlschrank. Diese Zahlen sprechen noch längst nicht für die Durchsetzung der Massenkonsumgesellschaft, sondern vielmehr für ein »Versprechen auf die Konsumgesellschaft« (Alfred Reckendrees).

13 Irmgard Zündorf, Staatliche Verbraucherpreispolitik, S. 157–169; Harm G. Schröter, Konsumpolitik und »Soziale Marktwirtschaft«. Die Koexistenz liberalisierter und regulierter Verbrauchsgütermärkte in der Bundesrepublik der 19fünfziger Jahre, in: Berghoff (Hg.), Konsumpolitik, S. 113–133; Josef Reindl, Wachstum und Wettbewerb in den Wirtschaftswunderjahren. Die elektronische Industrie in der Bundesrepublik Deutschland und in Grossbritannien 1945–1967, Paderborn 2001, S. 230–234; Dietmar Klenke, Bundesdeutsche Verkehrspolitik und Motorisierung: Konfliktträchtige Weichenstellungen in den Jahren des Wiederaufbaus, Stuttgart 1993, S. 124–137.

Beide Geräte hatten nicht nur einen großen Gebrauchswert, sondern vor allem auch einen hohen symbolischen Wert, standen für Wohlstand und eine fortschrittliche Lebensweise. Welche Bedeutung die Anschaffung eines Kühlschranks im individuellen Fall haben konnte, zeigt ein Beispiel aus dem Jahr 1957: »... immer ging man an dem Kühlschrank dran vorbei, hat drüber gestrichen und macht ihn auf. Und das glänzte und die Butter lag da drin und die Wurst, noch so, wie man sie vorgestern gekauft hat. Wissen Sie, ich denke, man hat in der schweren Zeit so viele Glücksgefühle, ich würde sagen: unwiederbringlich«.[14]

Erst in den 1960er Jahren sollte sich dieses »Konsumglück« für die Mehrheit der Haushalte einstellen. Zu Beginn des Jahrzehnts erreichte der Versorgungsgrad bei Kühlschränken 52%, bei Waschmaschinen lag er 1960 noch bei 25%, um dann bis zum Ende der 1960er Jahre auf 61% zu steigen.[15]

Dies gilt in ähnlicher Weise für die individuelle Mobilität und das Automobil. Auch hier vollzog sich der Wandel »vom Luxusgut zum Gebrauchsgegenstand« (Heidrun Edelmann) in den 1960er Jahren. Noch in den 1950er Jahren waren das Fahrrad und das Motorrad die wichtigsten Fortbewegungsmittel neben dem öffentlichen Nahverkehr. Um 1960 verfügten 13,7% aller Haushalte über ein Automobil (davon 3% der Haushalte mit einem Einkommen unter 300 DM, 16% mit einem Einkommen zwischen 500 und 750 DM und 58% mit einem Einkommen über 1.000 DM), 1969 dann 45%, so dass man erst dann von Massenmotorisierung sprechen kann.[16]

Haushalte mit geringen Einkommen gaben bis Ende der 50er Jahre den größten Teil ihres Budgets für Wohnung, Kleidung

14 Lutz Niethammer, »Normalisierung« im Westen: Erinnerungsspuren in die fünfziger Jahre, in: Gerhard Brunn (Hg.), Nordrhein-Westfalen du seine Anfänge nach 1945/46, Essen 1986, S. 200.

15 Zängl, Deutschlands Strom, S. 247; Andersen, Der Traum vom guten Leben, S. 93–99, 108.

16 Thomas Südbeck, Motorisierung, Verkehrsentwicklung und Verkehrspolitik in der Bundesrepublik Deutschland der 1950er Jahre, Stuttgart 1994, S. 42f.; Reckendrees, Konsummuster im Wandel, S. 48f.

und Nahrungsmittel aus, während Angestellten- und Beamtenhaushalte über die lebensnotwendigen Ausgaben hinaus bereits über ein disponibles Einkommen verfügten, von dem in größerem Umfang technische Haushaltsgeräte, Produkte der Gesundheit und Körperpflege, Freizeit und Unterhaltung oder auch ein Automobil angeschafft sowie Ersparnisse gebildet werden konnten. Ein vergleichbares Konsumniveau erreichten Haushalte mit geringerem Einkommen erst mit einer Verzögerung von 10 bis 15 Jahren. Der Einstieg in die Massenkonsumgesellschaft begann für Haushalte mit mittleren und höheren Einkommen dementsprechend in den späten 50er Jahren, für Arbeiterhaushalte und Haushalte mit geringerem Einkommen erst Ende der 1960er/Anfang der 1970er Jahre.

Tab. 5: Besitz langlebiger Konsumgüter, abhängig von sozialer Schicht und Jahreseinkommen 1968 in %

	PKW		Fernseher	
Jahreseinkommen in DM	7.200–9.599	9.600–17.999	7.200–9.599	9.600–17.999
Arbeiter	27	45	82	84
Angestellte	33	56	65	85

Quelle: Haustein, Vom Mangel zum Massenkonsum, S. 126

Diese Phase stellte somit eine weitere Umbruchperiode und den Durchbruch zur eigentlichen Massenkonsumgesellschaft dar, wobei sich seit den späten 70er und frühen achtziger Jahren kaum noch Veränderungen der Konsummuster ausmachen lassen. Besonders stark sanken die Ausgaben für Nahrungsmittel zwischen den 50er und 70er Jahren, während die Ausgaben für Verkehr (2 % auf 11 %), Haushaltsgüter (von 6,5 % auf 9 %) und Wohnungsmiete (von 10 auf 15,5 %) anstiegen.

Die Freizeit als zentraler Aspekt der Konsumgesellschaft erlangte seit Ende der 50er Jahre in Form von Reisen und Erholung eine rasch zunehmende Bedeutung. In diese Zeit fällt auch der

Tab. 6: Ausgabenstruktur eines Arbeitnehmer-Haushalts in %

Aufwendungen für	1949	1950	1955	1960	1965	1970
Ernährung	48,5	46,5	41,5	38	34	30
Getränke/Tabak	4,5	6	6,5	6,5	6	5
Kleidung/Schuhe	12,5	13,5	13,5	13,5	12	11
Wohnungsmiete	10	10,5	9,5	10,5	11	15,5
Elektrizität	4,5	5,5	5,5	4,5	4,5	4,5
Haushaltsgüter	6	6,5	9,5	10	10	9
Körperpflege/Gesundheit	2,5	2,5	2,5	3	3,5	3,5
Verkehr/Kommunikation	2,5	2	3	5	9,5	11
Bildung/Freizeit	8,5	7	8,5	6,5	6,5	7,7
Persönliches/Reisen	–	–	–	–	3	3

Quelle: Haustein, Vom Mangel zum Massenkonsum, S. 56

Durchbruch zum Massentourismus. Um 1960 erlaubten sich etwa ein Drittel der Deutschen eine Urlaubsreise. Zwischen 1957 und 1962 verdoppelte sich der Budgetanteil bundesdeutscher Haushalte für Ferien und Erholung und verdreifachte sich noch einmal zwischen 1968 und 1980. Gleichzeitig veränderten sich die Reiseziele und Reisemittel. Fuhren noch 1960 38% der Reisenden mit dem Auto und 40% mit der Eisenbahn in den Urlaub, so lag der Anteil des Automobils zehn Jahre später bei 61%. Flug- und Pauschalreisen nahmen seit den 70er Jahren stetig zu, wobei der Anteil der Flugreisen 1985 bei 18% lag. In den 50er Jahren verbrachten die meisten Deutschen ihren Urlaub im Inland, an Nord- und Ostsee, im Schwarzwald oder in den Alpen. Ende der 1960er Jahre überstieg dann erstmals der Auslandsurlaub die Inlandsreisen.[17]

17 Hachtmann, Tourismusgeschichte, S. 152–169; Keitz, Reisen als Leitbild, S. 272–290; Axel Schildt, »Die kostbarsten Wochen des Jahres«. Urlaubstourismus der Westdeutschen (1945–1970), in: Hasso Spode (Hg.), Goldstrand und Teutonengrill. Kultur- und Sozialgeschichte des Tourismus in Deutschland 1945–1989, S. 69–86.

Ein Großteil der wachsenden freien Zeit wurde aber auch zu Hause verbracht, etwa mit Hilfe des zunehmenden Angebots an Unterhaltungskonsumgütern wie Radio, Tonbandgerät und Schallplattenspieler, wobei der Fernseher eine zentrale Bedeutung hatte. Mitte der 50er Jahre gaben noch 70 % der Haushalte an, sich kein Fernsehgerät leisten zu können. Schon Anfang der 60er Jahre waren dann 40 %, Ende der 60er Jahre 75 % der Haushalte im Besitz eines Fernsehgerätes, wobei Arbeiterhaushalte gegenüber anderen sozialen Schichten überproportional vertreten waren. Das Fernsehen und dessen Programmgestaltung wiederum hatten geradezu einen revolutionierenden Einfluss auf das Alltagsleben der Konsumenten bzw. Zuschauer. Dies betraf die Gestaltung der Zeit und auch die des Raumes; ersteres allein dadurch, dass seit den 50er Jahren der quantitative Fernsehkonsum deutlich zunahm. Ab 1964 wurde die Nutzungsdauer der Programme gemessen. Sie lag damals bei einer Stunde und 10 Minuten täglich. Im Jahr 1970 lag sie dann bei 1:53 h und 1990 bei 2:15 h. Mit der Einführung der 5-Tage-Woche und des freien Samstags war auch die Ausstrahlung an den Wochenenden deutlich ausgeweitet worden. Hier wurden – vor allem abends – Familien-Unterhaltungssendungen, Quiz und Shows gesendet. Das Fernsehpublikum richtete sein Zeitbudget und seine Freizeit zunehmend am Fernsehprogramm aus, das Fernsehen wurde zum »Zeitgeber für den Alltag«.[18] Neben der zeitlichen erfolgte auch die räumliche Gestaltung der Haushalte auf das Fernsehen hin, indem die Wohnzimmereinrichtung auf das Fernsehgerät ausgerichtet wurde. Dass der Fernsehkonsum vornehmlich in Privathaushalten stattfand, ist zudem ein Hinweis auf die Individualisierung und Intimisierung der Mediennutzung. Die Zuschauerzahlen im öffentlichen Raum wie Kino oder Theater waren in den 1950er und 1960er Jahren stark rückläufig, ein Resultat eben dieser Privatisierung des Kulturkonsums.[19]

18 Knut Hickethier, Der Fernseher. Zwischen Teilhabe und Medienkonsum, in: Wolfgang Ruppert (Hg.), Fahrrad, Auto, Fernsehschrank. Zur Kulturgeschichte der Alltagsdinge Frankfurt 1993, S. 181.

19 Hickethier, Der Fernseher, S. 175ff.

Insgesamt gesehen lassen sich hinsichtlich des Durchbruchs der bundesdeutschen Konsumgesellschaft Konvergenzen beobachten. Auch Arbeiterhaushalte konnten sich in den späten 60er Jahren ein Automobil, eine Waschmaschine und einen Fernseher leisten. Regionale Unterschiede[20] und Unterschiede zwischen Stadt und Land verloren mit Blick auf die Konsumversorgung an Bedeutung, und auch im internationalen Vergleich zeichneten sich vergleichbare Konsummuster zwischen den großen europäischen Industriestaaten Bundesrepublik, Frankreich und Großbritannien ab.[21] »Seit Beginn der achtziger Jahre erscheint die Massenkonsumgesellschaft als eine nivellierte Wohlstandsgesellschaft« (Alfred Reckendrees), wobei sich die meisten Haushalte alle verfügbaren Konsumgüter vom Radio über die Waschmaschine bis hin zum Automobil leisten können.[22] In dieser Situation fallen die »feinen Unterschiede« dann wieder stärker ins Gewicht. Nicht mehr der Besitz oder Nichtbesitz eines Fernsehgerätes, eines Automobils oder die Möglichkeit zu reisen sind ent- bzw. unterscheidende Kriterien der Massenkonsumgesellschaft, sondern Produktqualitäten, Design, Symbolik, Prestige und Markenbewusstsein sowie demonstrativer Konsum, die wiederum entsprechend einer zunehmend ausdifferenzierten Gesellschaftsstruktur (s. Kap. I.2) zur Herausbildung differenzierter Lebens- und Konsumstile führen. Der »Fahrstuhl-Effekt« (Ulrich Beck) der Konsumgesellschaft hatte zur Folge, dass zwar insgesamt das Konsumniveau stieg, aber die »Ungleichheitsrelationen zwischen den großen Gruppen unserer Gesellschaft sich nicht wesentlich verändert haben«.[23]

20 S. dazu Hannes Siegrist, Konsumkultur des 20. Jahrhunderts in regionalgeschichtlicher Perspektive. Zwischen Verräumlichung, Vergesellschaftung und Individualisierung, in: Prinz (Hg.), Der lange Weg in den Überfluss, S. 491–514.

21 Reckendrees, Konsummuster im Wandel; Sabine Haustein, Vom Mangel zum Massenkonsum.

22 Reckendrees, Konsummuster im Wandel, S. 59f.

23 Ulrich Beck, Risikogesellschaft. Auf dem Weg in eine andere Moderne, Frankfurt 1986, S. 121.

Fahrstuhl-Effekt
Der von dem Soziologen Ulrich Beck geprägte Begriff des »Fahrstuhl-Effekts« geht davon aus, dass die Relationen der sozialen Ungleichheit in der Gesellschaft der Bundesrepublik nach dem Zweiten Weltkrieg weitgehend konstant geblieben sind. Zwar hätten alle großen sozialen Gruppen der Gesellschaft von einem Mehr an Einkommen, Bildung, Mobilität und Massenkonsum profitiert und seien somit »insgesamt eine Etage höher gefahren«, doch zwischen den Schichten hätten sich die Ungleichheitsrelationen kaum verschoben. Empirische Untersuchungen zur Vermögens- und Einkommensverteilung unterstützen diese These. Bei insgesamt steigenden Nettoeinkommen nach dem Zeiten Weltkrieg stieg der Anteil des unteren Fünftels am gesamten Nettoeinkommen geringfügig von 5,4% (1950) auf 7,9% (1988), während der Anteil des oberen Fünftels leicht von 45,2% auf 42,5% zurückging.

Das kommt etwa dadurch zum Ausdruck, dass fast alle Haushalte über ausreichend und sogar zunehmenden Wohnraum mit Küche, Bad und Kinderzimmern und entsprechenden Haushaltsgeräten, einige Haushalte jedoch noch zusätzlich über mehrere Bäder, Sauna, Gästezimmer etc. mit entsprechend ausdifferenzierter und individualisierter Ausstattung verfügen. Entsprechende Phänomene der Konsumdifferenzierung, der Individualisierung, der Qualitäts- und Markenorientierung lassen sich auch hinsichtlich des Konsums von Kleidung, Nahrung, Reisen oder Automobilen beobachten.[24]

24 König, Konsumgesellschaft, S.432–438.

3. Revolutionierung des Verkaufs: Supermarkt und Shopping-Mall

Ein weiteres Indiz für die Durchsetzung der Massenkonsumgesellschaft in der Bundesrepublik ist die Expansion des Einzelhandels in Gestalt von Kauf- und Versandhäusern[25] sowie die Etablierung neuer Distributionsformen wie den Selbstbedienungsläden, deren Durchbruch in die Jahre 1957/78 fällt. Allein zwischen 1956 und 1958 verdoppelte sich etwa die Zahl der Selbstbedienungslebensmittelgeschäfte in der Bundesrepublik von 738 auf 1.379 und auf 3.183. Damit setzten sich neue Formen des Verkaufs und aus der Perspektive der Konsumenten auch des Einkaufens durch. Schließlich bedeutete diese Entwicklung auch einen wichtigen Schritt auf dem Weg in die Dienstleistungsgesellschaft.[26] Eine Vorbildfunktion hatten dabei die USA, wo sich die Anfänge der Selbstbedienungsläden bis ins Jahr 1916 zurückverfolgen lassen. Im deutschen Konsumgenossenschaftswesen gab es 1926 erste Versuche zur Einrichtung von Selbstbedienungsläden. Einheitspreisgeschäfte wie »Epa«, »Ehapa« oder »bilka« sowie das als erster deutscher Selbstbedienungsladen geltende Geschäft von Herbert Eklöh in Osnabrück im Jahr 1938 orientierten sich an Erfahrungen aus den USA, die jedoch mit Blick auf das unterschiedliche Kaufkraftniveau sowie hinsichtlich der Skepsis deutscher Konsumenten in Deutschland nicht durchsetzungsfähig waren. Es dauerte dann bis in die zweite Hälfte der 50er Jahre, bis der neue Geschäftstyp des amerikanischen »Super-Market« auch in der Bundesrepublik auf breitere Resonanz und eine entsprechende Kaufkraft stieß. Gleichwohl war dies kein Automatismus. Die neuen, amerikanischen Methoden der »seelenlosen« Selbstbedienung stießen bei zahlreichen Kunden auch auf deutliche Ablehnung, etwa aufgrund fehlender Bera-

25 Briesen, Warenhaus, 74–82.

26 Karl Ditt, Rationalisierung im Einzelhandel: Die Einführung und Entwicklung der Selbstbedienung in der Bundesrepublik Deutschland 1949–2000, in: Michael Prinz (Hg.), Der lange Weg in den Überfluss, S. 315ff.

tung und Bedienung oder des Wegfalls der familiären Verkaufsatmosphäre kleinerer Einzelhandelsläden. Im konkreten Fall des Selbstbedienungsladens korrespondierte der Ausbau des Einzelhandels und damit der Weg in die Dienstleistungsgesellschaft mit dem Abbau von Dienstleistungen, Service und Kundenberatung, denn die Kunden sollten sich ja selbst bedienen. Mit dem Hinweis auf den Widerstand der Konsumenten, die eine Umstellung auf Selbstbedienung nicht wünschten, verweigerten einzelne Kaufleute deshalb auch den Schritt in Richtung Supermarkt. Die risikoreiche Entscheidung zur Umstellung auf Selbstbedienung erwies sich jedoch in den meisten Fällen als großer Erfolg. Nach anfänglicher Ablehnung akzeptierten die Kunden die »Super-Markets« und die Umsätze stiegen rasch an.[27] Tatsächlich erhöhte sich der Umsatzanteil der SB-Läden von 4,4% im Jahr 1956 auf 62% im Jahr 1964.[28] Insofern war die zeitgenössische Formulierung der »Revolution des Konsums« und des Lebensmitteleinzelhandels durchaus angemessen.

Neben den Supermärkten betraf dies auch die Einrichtung von »Shopping-Centers« und »Cash-and-Carry«-Geschäften nach amerikanischem Vorbild, wenn auch in geringerem Umfang. Eines der ersten deutschen »Shopping-Center« wurde zu Beginn der 60er Jahre in Berlin-Charlottenburg eröffnet.

Zwischen den 60er und 80er Jahren entwickelte sich ein breites Spektrum unterschiedlicher Selbstbedienungseinrichtungen. Besonders erfolgreich waren die Discountläden, die, ebenfalls nach amerikanischem Vorbild, ihren Siegeszug in der Bundesrepublik in den 60er Jahren begannen und mit günstigen Preisen und beschränkter Angebotspalette bis Mitte der neunziger

27 Ditt, Rationalisierung im Einzelhandel, S. 319ff.; s.a. Jens Scholten, Umbruch des genossenschaftlichen Förderauftrags durch Innovation und Wachstum. Nachkriegsentwicklung und Einführung der Selbstbedienung bei der REWE-Dortmund, in: Jan-Otmar Hesse/Tim Schanetzky/Jens Scholten (Hg.), Das Unternehmen als gesellschaftliches Reformprojekt. Strukturen und Entwicklungen von Unternehmen der »moralischen Ökonomie« nach 1945, Essen 2004, S. 167–200.

28 Wildt, Vom kleinen Wohlstand, S. 154.

Jahre einen Umsatzanteil von 32% erzielten.[29] Eine Weiterentwicklung der Shopping-Center und eine konsequente Umsetzung des amerikanischen Vorbilds der Shopping-Mall bis hin zur Übernahme architektonischer Details und der Verschmelzung von Konsum und Freizeit erfolgte ab Mitte der neunziger Jahre in Gestalt des »Centro« in Oberhausen, welches zugleich ein Ausdruck für den Strukturwandel des Ruhrgebiets und die Schaffung neuer Arbeitsplätze im Dienstleistungsbereich darstellt, ist es doch auf dem ehemaligen Gelände der Gutehoffnungshütte erbaut. Das »Centro« ist quasi identisch mit einer amerikanischen Shopping-Mall. Es beherbergt 200 Einzelhandelsgeschäfte auf einer Verkaufsfläche von 70.000 Quadratmetern mit ca. 5.000 Beschäftigten (1996), und man findet dort (mit den für amerikanische Malls typischen »Coca-Cola-Oasen« und Fast-Food-Ketten, Freizeitgastronomien wie »Planet Hollywood«, Promenaden, Kinos, Theater und einem Freizeitpark[30]) einen Großteil der Angebote, die als konstitutiv für die »Erlebnisgesellschaft«[31] gelten. Gleichzeitig stieß die Eröffnung des »Centro« auch auf Kritik: Nicht nur des konkurrierenden Einzelhandels in den benachbarten Kommunen, sondern im Sinne der Kulturkritik wurde die zunehmende »Amerikanisierung« und »Coca-Kolonisierung« des Einkaufsverhaltens sowie eine Verödung der Innenstädte befürchtet. Andererseits ist aber in der Bundesrepublik kein Trend zu erkennen, ähnliche Einrichtungen flächendeckend zu errichten. Zudem gibt es seit einigen Jahren auch den gegenläufigen Trend der Wiederbelebung der Innenstädte. Dabei kristallisieren sich allerdings zunehmend Zonen für den gehobenen Konsumbedarf und solche mit Billigangeboten heraus. Also auch hier sind schichtenspezifische Konsummuster zu erkennen. Von einer tiefgreifenden »Amerikanisierung« kann jedoch kaum die Rede sein, auch wenn insgesamt die Konsumgewohnheiten und

29 Ditt, Rationalisierung im Einzelhandel, S. 342ff.
30 S. http://www.centro.de.
31 Ausführlicher dazu Gerhard Schulze, Die Erlebnisgesellschaft. Kultursoziologie der Gegenwart, Frankfurt/New York, [8]2000.

damit auch die Distributionsformen des Handels seit Ende des Zweiten Weltkriegs sehr stark von den USA beeinflusst wurden.

4. Marktforschung, Werbung, Marketing

Mit der Durchsetzung der Massenkonsumgesellschaft vollzog sich auch im Absatzbereich ein »tiefgreifender Wandel«.[32] Die Konsumgüterhersteller mussten spätestens seit den späten 1950er Jahren auf den Wandel von Verkäufer- zu Käufermärkten, wachsende in- und ausländische Konkurrenz und den Wandel wirtschaftlicher, technischer, gesellschaftlicher und auch politischer Strukturen reagieren. Dabei konnten sie einerseits auf die seit Ende des 19. Jahrhunderts praktizierten Methoden der Werbung und des Marketing zurückgreifen, orientierten sich jedoch zunehmend auch an innovativen, aus den USA stammenden Absatzstrategien.[33]

Voraussetzung einer erfolgreichen Werbe- und Marketingstrategie waren ausreichende Informationen über Marktverhältnisse und Konsumenten. Diese stellten die nach 1945 zunehmend an Bedeutung gewinnende Marktforschung sowie die akademische Käuferforschung zur Verfügung. Auch sie konnten auf Erfahrungen aus der Zeit vor dem Zweiten Weltkrieg zurückgreifen, erhielten jedoch in den 50er Jahren wichtige Impulse aus den USA. In der Bundesrepublik entwickelte sich die 1934 von Wilhelm

32 Hartmut Berghoff, Marketing im 20. Jahrhundert. Absatzinstrument – Managementphilosophie – universelle Sozialtechnik, in: ders. (Hg.), Marketinggeschichte, S. 16; Christian Kleinschmidt/Florian Triebel (Hg.), Marketing. Historische Aspekte der Wettbewerbs- und Absatzpolitik, Essen 2004; Ursula Hansen/Matthias Bode, Marketing & Konsum. Theorie und Praxis von der Industrialisierung bis ins 21. Jahrhundert, München 1999, S. 82–92.

33 Harm G. Schröter, Die Amerikanisierung der Werbung in der Bundesrepublik Deutschland, in: Jahrbuch für Wirtschaftsgeschichte 1997/I, S. 93–115; Kleinschmidt, Der produktive Blick, S. 221–259; Susanne Hilger, »Amerikanisierung« deutscher Unternehmen. Wettbewerbsstrategien und Unternehmenspolitik bei Henkel, Siemens und Daimler-Benz (1945/49–1975), Stuttgart 2004, S. 183–212.

Vershofen, Erich Schäfer und Ludwig Erhard gegründete »Gesellschaft für Konsumforschung« (GfK) zu einem der führenden deutschen und europäischen Marktforschungsinstitute, welches wiederum auf amerikanische Methoden der Markt-, Meinungs- und Konsumforschung aufbaute.[34]

Die Konsumgüterindustrie und Dienstleistungsbereiche bedienten sich der Werbe- und Marketingmethoden auf unterschiedliche Weise. Im Lebensmitteleinzelhandel mischten sich neue, an amerikanischen Vorbildern orientierte Distributionsformen der Selbstbedienung wie die Einführung des »Supermarket« mit neuen, ebenfalls an amerikanischen Vorbildern orientierten Methoden der Werbung. Dazu gehörten einerseits unterschiedliche Methoden der »Preiswerbung«, die davon ausgingen, dass 85% aller amerikanischen Hausfrauen nur bei einem geringen Teil der Waren ein festes Preisbewusstsein hatten, was für die Händler zahlreiche Möglichkeiten der Preisgestaltung und der »Preismanipulation« bot. Dazu zählte etwa die Ausgabe von Gutscheinen und »Coupon-Rabatten«, die in Verbindung mit einem Einkauf in Höhe einer bestimmten Summe einen Nachlass zum Normalpreis gewährten. Darüber hinaus gab es Sonderangebote in verschiedenen Varianten, die dann mit Hilfe großer Fensteraufkleber, Anzeigen in Zeitungen, Fernsehwerbung, Postwurfsendungen und Handzetteln dem Verbraucher nahe gebracht wurden. Eine besondere Form der Werbung stellte die (bereits vor dem Zweiten Weltkrieg praktizierte) »Gemeinschaftswerbung« und die zunehmende Bedeutung von »Handelsmarken« dar, die mit dem Hinweis auf eine erfolgreiche Anwendung in den USA sich auch im deutschen Einzelhandel zunehmend durchsetzten. Das Prinzip der Handelsmarken bestand aus der Präsentation einer Eigenmarke im Unterschied zur Herstellermarke und war beispielsweise von Cornelius Stüss-

34 Harm G. Schröter, Die Geschichte der Marktforschung in Europa im 20. Jahrhundert, in: Walter (Hg.), Geschichte des Konsums, S. 319–336; Günter Silberer/Oliver Büttner, Geschichte und Methodik der akademischen Käuferforschung, in: Berghoff (Hg.), Marketinggeschichte, S. 205–230; Hansen/Bode, Marketing & Konsum, S. 109ff, 238–251.

gen als bedeutendem Unternehmer auf diesem Gebiet bereits in den 30er Jahren angedacht worden, konnte sich jedoch erst nach dem Krieg in Anlehnung an amerikanische Vorbilder auf breiter Ebene durchsetzen.

Zu den Methoden eines »aktiven Verkaufens« gehörte im Lebensmitteleinzelhandel auch zunehmend das »Merchandising«, worunter die Gestaltung eines »attraktiven Warensortiments« in »gepflegter Atmosphäre« verstanden wurde. Danach sollten die einzelnen Artikel nicht einfach in die Regale gestellt, sondern z. T. in Gondeln oder als attraktive Warenaufbauten in den Gängen als sogenannte »Massendisplays« präsentiert werden.[35] Zur Warenpräsentation gehörte eine entsprechende Verpackung[36] der jeweiligen Artikel in Form von Kunststoffbehältnissen oder -folien. Auch bei Lebensmitteln wie Obst und Fleisch sowie bei Tiefkühlprodukten konnte sich aufgrund der Folienverpackung in deutschen Supermärkten zunehmend das Selbstbedienungsprinzip durchsetzen. Die neuen Verpackungsmaterialien erlaubten es den Kunden, die Ware selbst in die Hand zu nehmen und zu begutachten.

Diese neuen, »amerikanischen« Verkaufsmethoden des Merchandising und der Werbung setzten bei den Einzelhandelsunternehmen eine entsprechende Aufgabenverteilung im Sinne einer umfassenden und integrativen Marketingkonzeption voraus, wie sie etwa bei REWE in Form von Wirtschaftskommissionen, unterschiedlichen Beratungs- und Betreuungsdiensten für SB-Läden sowie einer technischen und einer werblichen Beratung existierten.[37]

Werbung und Marketing waren nicht allein Managementmethoden, die in Zeiten des sogenannten Wirtschaftswunders den Wirtschaftsaufschwung unterstützten. Gerade auch in Zeiten rückläufiger Absätze oder Krisenzeiten, etwa infolge der

35 J. Wickern, Probleme des Lebensmittel-Filialbetriebs – eine Einführung, in: Nieschlag/Eckardstein (Hg.), Der Filialbetrieb als System, S. 41–61, 49ff.

36 Ausführlicher zur Geschichte der Verpackung s. M. Nast, Die stummen Verkäufer, Bern 1997.

37 Kleinschmidt, Der produktive Blick, S. 248.

Rezession 1966/67 sowie der Energiekrise 1973/74 sahen sich Konsumgüterhersteller wie beispielsweise die Automobilindustrie herausgefordert, auf die wachsende nationale und internationale Konkurrenz durch entsprechende Marketinganstrengungen reagieren zu können. Für den größten deutschen Automobilproduzenten Volkswagen, der aufgrund seiner bis Ende der 1960er Jahre praktizierten Konzentration auf den VW-Käfer zunehmend in Schwierigkeiten geriet, bedeutete eine Neuorientierung der Marketingmethoden dementsprechend eine Anpassungsstrategie an veränderte ökonomische Rahmenbedingungen. Volkswagen wie auch andere deutsche Automobilhersteller erweiterten und differenzierten seit Beginn der 70er Jahre ihre Produktpalette, verbesserten die Ausstattung der Fahrzeuge sowie die Sicherheitstechnik und die Umweltverträglichkeit, erweiterten das Service- und Kundendienstangebot und starteten umfangreiche Werbe- und PR-Aktionen.[38]

Werbung und Marketingstrategien stießen allerdings dort an ihre Grenzen, wo die Konsumenten nicht über ausreichende finanzielle Ressourcen verfügten, um am steigenden Warenangebot partizipieren zu können. Dies war etwa, trotz steigender Kaufkraft infolge des Wirtschaftswachstums, bereits in den 1950er Jahren der Fall. Die Konsumbereitschaft und die Konsumfähigkeit der Verbraucher klafften häufig weit auseinander. Der Erwerb zahlreicher Konsumgüter war allein auf der Basis der Haushaltseinkommen nicht möglich, und so gewannen Konsumentenkredite, »Teilfinanzierungsgeschäfte« und der »Kauf auf Raten« an Bedeutung. Selbst Wirtschaftsminister Ludwig Erhard appellierte 1959 an die Banken einen Kleinkredit einzuführen. Der Kauf auf Kredit war sicherlich kein neues Instrumentarium zur Finanzierung von Anschaffungen im Haushalt, doch lässt sich ab Mitte der 1960er Jahre eine regelrechte Explosion der Konsumentenkredite beobachten. Die Einführung des

38 Ingo Köhler, Marketing als Krisenstrategie. Die deutsche Automobilindustrie und die Herausforderung der 1970er Jahre, in: Berghoff (Hg.), Marketinggeschichte, S. 259–295; Kleinschmidt, Der produktive Blick, S. 256f.

Dispositionskredits Ende der 1960er Jahre und von Kreditkarten insbesondere in den neunziger Jahren verstärkten die Tendenz der Kreditfinanzierung zusätzlich. Die Nachfrage von Konsumentenkrediten verlief zunächst prozyklisch. In einer ersten Welle zwischen 1957 und 1962 konnten die Konsumenten auf steigende Einkommen und positive Zukunftserwartungen setzen. Im Zuge von Rezession und Krisen verlangsamte sich die Entwicklung zwischen 1967 und 1974. Seit Ende des Jahrhunderts führten der vereinfachte Zugang zur Krediten auf der Basis von Dispositionskrediten und Kreditkarteneinsatz und neuen Leasingmethoden einerseits zu einer weiteren Ausweitung des Konsums, andererseits aber auch zunehmend zur Überschuldung von Haushalten.[39]

5. Kritik der Konsumgesellschaft: Umwelt- und Verbraucherschutz

Auch wenn die Massenkonsumgesellschaft in der Bundesrepublik eine Erfolgsgeschichte war und immer mehr Menschen seit Mitte der 50er Jahre von steigenden Einkommen und Konsummöglichkeiten profitierten, wenn Konsum, Wohlstand und Demokratie und die »Demokratisierung des Konsums« zentrale Merkmale dieser Entwicklung waren, so gab es doch kritische Stimmen aus unterschiedlichen politisch-weltanschaulichen Lagern, die diese Prozesse begleiteten.

Die Philosophen Arnold Gehlen und Hans Freyer kritisierten in den 50er und 60er Jahren aus konservativer Perspektive den Konsumismus und eine Warenwelt, in der die Produzenten weniger vom Bedarf der Konsumenten ausgingen als vielmehr erst

39 Karl-Peter Ellerbrock, Konsumentenkredit und »Soziale Marktwirtschaft«. Zum Wandel des Sparkassenbildes und des geschäftspolitischen Denkens in der Sparkassenorganisation zwischen Währungsreform und dem Beginn der »Marketing-Ära« in den 19siebziger Jahren, in: Christian Kleinschmidt/Florian Triebel (Hg.), Marketing, S. 105–133; Britta Stücker, Konsum auf Kredit in der Bundesrepublik, in Jahrbuch für Wirtschaftsgeschichte 2007/2, S. 63–88.

Bedürfnisse produzierten, die unabhängig von jeder Nachfrage seien. So entstehe eine regelrechter Manipulationsapparat, der dem Menschen eine Art »Konsumpflicht« auferlege. »Unter dem Gesichtspunkt der industriellen Produktion«, so Hans Freyer, »liegt der Wert der neuen Freizeit darin, dass sie an sich leer ist, unerfüllt und konsumbereit, ein wundervolles Feld für den Absatz immer neuer Produkte.«[40] »Rechte« und »linke« Konsumkritik waren dabei nicht sehr weit voneinander entfernt. Der der »Kritischen Theorie« nahe stehende Erich Fromm kritisierte in seinem Buch »Haben oder Sein« die Dominanz des »Haben« über das »Sein« und damit die Reduktion menschlicher Existenz auf den Konsum: »Ich bin, was ich habe und was ich konsumiere«. In einer radikaleren Variante betrachtete Herbert Marcuse die westlich-kapitalistische Konsumgesellschaft nicht nur als Manipulations-, sondern auch als Repressionsapparat. Seine Positionen wurden von der Studentenbewegung aufgegriffen und mündeten unter Hinweis auf den »Konsumzwang« und den »Konsumterror« in eine grundlegende Systemkritik der kapitalistischen Konsumgesellschaft.[41]

Auf der Ebene des Alltags herrschte noch bis weit in die 50er Jahre hinein ein eher asketischer Umgang mit Konsumgütern. Das war nicht zuletzt das Resultat von Mangelerfahrungen, die zu einem im Wortsinne konservativen Umgang mit den Alltagsdingen zwangen. Fast schon im klassischen nationalökonomischen Sinn galt Konsum als »Verzehrung«, übermäßiger Konsum als Verschwendung. Konsum galt als »unmoralisch«. »Wir kaufen nur das Nötigste«, so der Ökonom Birger Priddat über seine Kindheitserfahrungen aus den 1950er Jahren. »Ging irgendein Spielzeug kaputt, war es für meine Mutter klar, dass es unnötig gewesen war. Die Freude, die wir daran hatten, bis es schließlich kaputtging (und weil es kaputtging), zählte nicht. Wir hatten das Spielzeug bis zum bitteren Ende ›konsumiert‹. Meine

40 Zit. nach König, Konsumgesellschaft, S. 22.

41 Überblicksartig zu unterschiedlichen Positionen der Konsumkritik s. König, Konsumgesellschaft, S. 15–32; s. a. Wyrwa, Consumption, S. 757–762.

pommersche Mutter hingegen hatte nicht gelernt zu konsumieren. Für sie war Konsum immer ein Gebrauch, der voraussetzte, dass der Gebrauchsgegenstand haltbar und nützlich war [...] Wir wollten Spielzeuge, die bald kaputtgingen. Notfalls halfen wir mit dem Hammer nach. Unsere Art des Konsums war brutal, aber modern.«[42] Priddat zeigt hier am Beispiel seiner Kindheitserinnerungen den Übergang der Konsumgesellschaft aus der Welt des Mangels in die Überflussgesellschaft in den späten 50er Jahren, der sich in generationenspezifisch unterschiedlichen Konsummentalitäten widerspiegelte. Ähnliche konservative Einstellungen zur Konsumgesellschaft lassen sich auch im Bereich der Politik in den 50er Jahren ausmachen, etwa wenn von Seiten der Bundesregierung im Übergang von der regulierten Wirtschaft zur Marktwirtschaft von »Maß halten« (Ludwig Erhard) oder hinsichtlich der Risiken der Konsumentenkredite von einem »übermäßigen Kauf von Konsumgütern« die Rede war. Schon 1949 war dementsprechend beim Bundeswirtschaftsministerium ein Verbraucherausschuss gegründet worden, der als Bindeglied zwischen Regierung und Verbrauchern letztere an die neue Markt- und Wettbewerbswirtschaft heranführen sollte. Die Politik ging dabei nicht von einem souveränen Verbraucher aus, schon gar nicht vom rational handelnden »homo oeconomicus«. Es zeigten sich vielmehr paternalistische Züge in dem Bemühen, die Verbraucher an die sich entwickelnde Konsumgesellschaft behutsam heranzuführen, sie mit Informationen zu versorgen, sie regelrecht zu erziehen, und deshalb lenkend und regulierend in den Konsumprozess einzugreifen.

Tatsächlich standen die Konsumenten mit dem Durchbruch der Massenkonsumgesellschaft vor ganz neuen Herausforderungen. Die Anschaffung von Verbrauchertechnik war zeit- und kostenaufwendig, eine Überprüfung der Warenqualität schwierig. Und die Haushalte hatten es seit Mitte der 50er Jahre nicht nur mit der Anschaffung einer neuen Waschmaschine oder eines

42 Birger P. Priddat, Moralischer Konsum. 13 Lektionen über die Käuflichkeit, Leipzig 1998, S. 11f.

neuen Staubsaugers zu tun. Nach und nach entstanden regelrechte Haushaltsmaschinenparks: Nähmaschinen, Heißwassergeräte, Fernseher, Automobile, Freizeitgeräte, Mixer etc. waren selbstverständlicher Bestandteil bundesdeutscher Haushalte. Es kam zu einer bis dahin ungewohnt raschen Veränderung wahlhandlungsrelevanter Daten von Produkten, Preisen, Qualitäten, Konditionen, Bezugsquellen etc., die entsprechende Lernprozesse evozierten.

Den neuen Massenkonsumgütern standen in dieser »Takeoff«-Phase der Konsumgesellschaft keine vergleichbaren Massen an Informationen gegenüber, die Auskunft über eine kostengünstige, produktive und sichere Produktnutzung ermöglichten. Mit der rein passiven Marktentnahme waren für die Konsumenten keine präzisen Informationen verbunden. Das war auch für die Produzenten ein Problem. Im Zeitalter der sich gerade erst entwickelnden Marktforschung waren sie über den Konsumentenwillen ebenfalls kaum informiert[43]. Zudem waren die Informationen der Anbieter meist spärlich und aufgrund von Preisbindungen (der »zweiten Hand«) für zahlreiche Produkte stark eingeschränkt[44]. Von vollständiger Information und Konsumentensouveränität konnte deshalb kaum die Rede sein. Informationsüberlastung[45] aufgrund der neuen Warenvielfalt war ebenso ein Problem wie der Mangel an zuverlässigen und verständlichen Informationen über Konsumgüter. So wurde Mitte der 50er Jahre die Frage eines Verbraucherschutzes virulent. Dieser sollte sich jedoch von der paternalistischen Variante deutlich unterscheiden und als eigenständige Institution die Informationsmöglichkeiten und die Marktposition der Verbraucher stärken.

43 Hermann van Bömmel, Konsumentensouveränität. Neue Gestaltungsoptionen des Konsumenten in der Postindustriellen Wirtschaft, Marburg 2003, S. 72.

44 Reindl, Wachstum und Wettbewerb in den Wirtschaftswunderjahren, S. 228–230; Schröter, Konsumpolitik, S. 124f.

45 S. dazu: F.-J. Albrecht, Konsumerismus und Konsumenteninformation, Zürich 1979, S. 149–152.

Die Vertretung von Verbraucherinteressen gab es in Form der Genossenschaftsbewegung, der Hausfrauenvereinigungen oder auch als parteipolitisch motivierte Teuerungsproteste schon seit dem 19. Jahrhundert. Im Übergang von der gelenkten zur liberalisierten Marktwirtschaft schlossen sich im April 1953 18 Verbände zur Arbeitsgemeinschaft der Verbraucherverbände e. V. (AgV) in Bonn zusammen. Dabei handelte es sich erstmals um einen größeren Zusammenschluss von Konsumenteninteressen, der vom Zentralverband deutscher Konsumgenossenschaften über das Hilfswerk der evangelischen Kirche bis zum Gesamtverband gemeinnütziger Wohnungsunternehmen reichte. Ziel des Verbandes war es, beim Gesetzgeber und bei privaten Wirtschaftsorganisationen für die Interessen der Verbraucher einzutreten und damit den Konsumenten als dritten Sozialpartner neben den Arbeitgebern und den Gewerkschaften zu etablieren.[46]

Mit der staatlich initiierten Gründung der »Stiftung Warentest« im Jahr 1964, die vor allem auf Verbraucherinformation und vergleichende Warentests setzte, hatte sich die Verbrauchersemantik im Vergleich zur Gründungsphase der Bundesrepublik deutlich verschoben, vom Bild des zu betreuenden, zu beschützenden und zu erziehenden Verbrauchers hin zum informierten und mündigen Marktteilnehmer.

Der Verbraucherschutz und insbesondere vergleichende Warentests stießen zunächst auf erhebliche Widerstände der Industrie, die darin eine Verzerrung des Wettbewerbs sahen. Erst nach zwei Jahrzehnten und nach zahlreichen Klagen von Produzenten gegen die Stiftung Warentest urteilte der Bundesgerichtshof dann im Jahr 1975, dass die Aktivitäten der Stiftung Warentest rechtens seinen. Die Stiftung genieße die nach dem Grundgesetz garantierte Meinungs- und Pressefreiheit. Vergleichende Warentests seien keine Tatsachenbehauptungen, sondern kritische Meinungsäußerungen. Insofern sei der Stiftung

46 40 Jahre AgV, hg. von der Arbeitsgemeinschaft der Verbraucherverbände e. V. Bonn, o. J. (ca. 1993).

Stiftung Warentest
Die »Stiftung Warentest« ist eine auf Initiative der Bundesregierung gegründete Stiftung bürgerlichen Rechts, deren Aufgabe in der Verbraucheraufklärung und der Verbraucherinformation liegt. Dies geschieht in Form vergleichender Tests von Waren und Dienstleistungen, die in der Zeitschrift »test« veröffentlicht werden. In der Anfangszeit wurde die Legitimität vergleichender Warentest von zahlreichen Anbietern in Frage gestellt, jedoch durch ein Urteil des Bundesgerichtshofs im Jahr 1975 für rechtens erklärt. Inzwischen nutzen viele Anbieter die Testergebnisse für eigene Marketing- und Werbezwecke. Ein Netz von Verbraucherzentralen in den Bundesländern sorgt darüber hinaus für die Verbreitung von Verbraucheraufklärung und -informationen.

Beurteilungsspielraum zu gewährleisten unter der Voraussetzung, dass ihre Untersuchungen neutral, objektiv und sachkundig durchgeführt würden. Vergleichende Warentests waren nun also höchstrichterlich abgesegnet. Die Stiftung Warentest sowie andere Verbraucherorganisationen konnten ihre Tätigkeiten seit Ende der 1960er Jahre vor dem Hintergrund einer verbraucherfreundlichen Politik der sozialliberalen Koalition fortsetzen. Das Spektrum staatlicher und nichtstaatlicher Verbrauchereinrichtungen hatte damit in den 1970er Jahren eine beachtliche Ausdehnung erfahren, wobei im Zuge der Gesetzgebungsaktivitäten der sozialliberalen Koalition der Anteil staatlicher Regulierung im Sinne des Verbraucherschutzes dominierte. In den Jahren 1973 und 1975 legte die Bundesregierung ihre verbraucherpolitischen Ziele in zwei Berichten dar, in denen angekündigt wurde, die Stellung des Verbrauchers am Markt durch Förderung des Wettbewerbs, Information und Beratung sowie die Rechtsposition der Konsumenten zu stärken. In diesem Zusammenhang wurden mehrere Gesetze erlassen bzw. novelliert, u. a. das Gesetz zur Verbesserung des Mietrechts (1971, regelt Fragen des Mietvertrages, der Mieterhöhung und -kündigung und stellt somit auch einen Aspekt des Mieterschutzes dar), die Verordnung über gesetzliche Handelsklassen für frisches Obst und Gemüse (1971, regelt Qualitätsnormen für Lebensmittel), die Verordnung über Fertigverpackungen (1971, regelt Angaben über Füllmenge, Gewicht etc.), das Textilkennzeichnungsgesetz von 1972 (ursprünglich 1969; schreibt Angaben über die verwendeten Materialien und Rohstoffe von Textilien vor) und das Lebensmittel- und Bedarfsgegenständegesetz von 1974 (regelt den Umgang mit Lebensmitteln, Tabakerzeugnissen, Kosmetika und Bedarfsgegenständen, verbietet die Herstellung gesundheitsschädlicher Lebensmittel und regelt Kennzeichnungs- und Informationsfragen). Darüber hinaus wurden das Arzneimittelgesetz (1976), das Gesetz zur Regelung des Rechts der Allgemeinen Geschäftsbedingungen (AGB-Gesetz, 1977), das Reisevertragsgesetz (1979) und das Gerätesicherheitsgesetz (1979, als Novellierung des Maschinenschutzgesetzes von 1967) verabschiedet.[47] In den 70er Jahren haben sich Verbraucherschutz und Verbraucherpolitik »zu einem eigenständigen Teilbereich der Wirtschaftspolitik entwickelt«.[48]

Kritik an der Konsumgesellschaft richtete sich seit Ende der 60er/Anfang der 70er Jahre zunehmend auf den Umgang mit der Natur. Die Kritik am »Konsumzwang«, am »Konsumterror« und auch an der »Konsummanipulation« von Seiten der Studentenbewegung mündete allerdings nicht in eine der amerikanischen Konsumerismus-Bewegung ähnlichen kritischen Verbraucherbewegung, sondern in eine Umweltbewegung, bei der das Thema Konsum nur eine untergeordnete Rolle spielte. Die zum Teil aus den Organisationen der Studentenbewegung hervorgegangenen Umweltinitiativen setzten sich seit Beginn der 70er Jahre mit Fragen der Schadstoffemission, der Wasserverschmutzung, der Lärmbelästigung und der Müllproblematik als Folgen der kapitalistischen Industrie- und Überflussgesellschaft auseinander. Bereits mit dem Durchbruch zur Massenkonsum-

47 Christian Kleinschmidt, Konsumgesellschaft, Verbraucherschutz und Soziale Marktwirtschaft. Verbraucherpolitische Aspekte des »Modell Deutschland« (1947–1975), in: Jahrbuch für Wirtschaftsgeschichte 2006/1, S. 26.

48 Stefan Mitropoulos, Verbraucherpolitik in der Marktwirtschaft. Konzeptionen und internationale Erfahrungen, Berlin 1997, S. 1.

gesellschaft lässt sich von einer »umweltgeschichtlichen Epochenschwelle« bzw. dem »1950er Syndrom« (Christian Pfister) sprechen, das gekennzeichnet war durch die Folgen des Massenkonsums wie dem wachsenden Energiebedarf, der Ausbreitung des Individualverkehrs und dessen Wirkung auf die Luftverschmutzung, einen Anstieg der Konsumgüterproduktion mit einer rapiden Zunahme von Verpackungsmaterial und Abfall. Allein die Flut chemischer Stoffe im Bereich der Galvanotechnik, der Halbleitertechnik, bei elektronischen Geräten, im Bereich der Bekleidungsindustrie (Synthesefasern), des Haushalts oder der Freizeitindustrie (Buna, PVC, FCKW), die nicht selten zu einer Qualitätsverbesserung und zur Kostensenkung von Konsumgütern führten, brachte erhebliche Probleme, von Gesundheitsgefahren bis zur Müllentsorgung mit sich.[49] Zunächst hatte dies nur punktuelle Konsequenzen auf umweltpolitische Maßnahmen des Immissionsschutzes. Erst mit einer zeitlichen Verzögerung und infolge der Politisierung der Umweltproblematik, der Forderung nach einem »blauen Himmel über der Ruhr« des SPD-Bundestagswahlkampfes 1961, dem seit Ende der 1960er Jahre wachsenden öffentlichen Umweltbewusstsein sowie verstärkt durch die Impulse der zu Beginn der 1970er Jahre erschienen Studie »Grenzen des Wachstums« des »Club of Rome« kam es zu einer verstärkten politischen, öffentlichen und administrativen Wahrnehmung der Boden-, Luft- und Wasserverschmutzung in der Bundesrepublik. Die Entstehung von Umweltinitiativen mündete dann gegen Mitte der 1970er Jahre in die Gründung des Bundes Umwelt- und Naturschutz Deutschland (BUND) und Ende

49 Christian Pfister, Das 19fünfziger-Syndrom – die umweltgeschichtliche Epochenschwelle zwischen Industriegesellschaft und Konsumgesellschaft, in: ders. (Hg.), Das 19fünfziger Syndrom. Der Weg in die Konsumgesellschaft, Bern 1996, S. 51–95; Matthias Nast, Die stummen Verkäufer. Lebensmittelverpackungen im Zeitalter der Konsumgesellschaft. Umwelthistorische Untersuchung über die Entwicklung der Warenverpackung und der Wandel der Einkaufsmöglichkeiten (1950er bis 1990er Jahre), Bern u. a. 1997; Andrea Westermann, Plastik und politische Kultur in Westdeutschland, Zürich 2007, S. 237–310.

der 1970er Jahre in die Gründung der Partei der »Grünen«, die sich schließlich als erste umweltpolitische Partei in der Bundesrepublik etablierte.[50]

Konsumkritik und Verbraucherschutz hatten jedoch in diesem Zusammenhang keinen zentralen Stellenwert und sollten erst mit der BSE-Krise 2001 und der Gründung eines Verbraucherschutzministeriums (Bundesministerium für Verbraucherschutz, Landwirtschaft und Forsten, hervorgegangen aus dem ehemaligen Bundesministerium für Landwirtschaft und Forsten) unter der Ministerin Renate Künast von den »Grünen« wieder stärker ins öffentliche Bewusstsein rücken. Gleichzeitig wird dieser Trend durch die Folgen der Globalisierung verstärkt. Produzenten und Konsumenten sehen sich mit neuen Herausforderungen konfrontiert, die neben der Frage nach gesunden Lebensmitteln und Konsumgütern auch zunehmend moralische Aspekte des Konsums und die Verantwortung von Produzenten und Konsumenten für ökonomische und ökologische Zusammenhänge in den Mittelpunkt rücken, so dass man hier durchaus von einer »Moralisierung der Märkte« (Nico Stehr) sprechen kann.[51] Im Vergleich zu den 1960er und 1970er Jahren stehen dabei nicht mehr die Machtasymmetrien zwischen Produzenten und Konsumenten oder die Manipulationen der Konsumgüterhersteller im Zentrum der Kritik, sondern die »Entdeckung des politischen Konsumenten« fordert auf der Basis verbesserter Verbraucherinformation, eines intensivierten Verbraucherschutzes und neuer Informationsmöglichkeiten der Verbraucher über das World-Wide-Web den zunehmend mündigen Konsumenten zu verantwortlichem Handeln in einer globalisierten Welt auf.[52] Damit wird die Verantwortung im Rahmen der Konsum-

50 Kai F. Hünemörder, Frühgeschichte der globalen Umweltkrise und die Formierung der deutschen Umweltpolitik (1950–1973), Stuttgart 2004; Franz-Josef Brüggemeier/Thomas Rommelspacher, Blauer Himmel über der Ruhr. Geschichte der Umwelt im Ruhrgebiet 1840–1990, Essen 1992, S. 62–74.

51 Nico Stehr, Die Moralisierung der Märkte. Eine Gesellschaftstheorie, Frankfurt 2007.

52 Busse, Einkaufsrevolution, S. 235–255.

gesellschaft nicht mehr allein bei den Produzenten oder beim (fürsorglichen) Staat, sondern zunehmend auch bei Konsumenten selbst gesehen. Das Bild der Konsumentensouveränität und Konsumentenmacht bekommt somit eine neue Dimension und führt nicht selten zu einem »gespaltenen Bewusstsein« der Verbraucher, die zwischen der Ausnutzung von Kostenvorteilen durch Billigangebote globalisierter Märkte und dem moralischen Anliegen für gerechte Löhne der Produzenten in den Herstellerländern sowie dem Konsum ökologisch unbedenklicher Produkte hin und her schwanken. »Der Verbraucher lebt heute einerseits im steten Verdacht, falsch informiert, betrogen, verstrahlt und vergiftet zu werden. Zugleich kultiviert er eine schnäppchenjägerische Schlaumeierei, einen erstaunlichen Sportsgeist im Aufstöbern von Sonderangeboten und Rabatten. Seine Welt ist durchzogen von steter Angstlust [...] Der Verbraucher, der sich eben noch als Schlitzohr gefühlt hat, weil er zum billigsten Mobilfunkanbieter gewechselt ist, wird gleich darauf von der Paranoia vor den womöglich Krebs erzeugenden Strahlen verschlungen, die sein niedliches Gerät auf ihn abstrahlt. Er lebt in einem manisch-depressiven Auf und Ab zwischen ungetrübten Freuden, wie sie bei der Anwendung ›tausend ganz legaler Steuertricks‹ entstehen, und der bleiernen Niedergeschlagenheit, die einen bei der Lektüre des Verbraucherbeststellers ›Bittere Pillen‹ überfallen muss. Symptomatisch für den Geisteszustand dieses hypermoralischen Absahners ist die Website www.geizkragen.de, die Pflichtseite für alle Knauser, in deren ›Geiz-Chat‹-Forum sich schon über 240.000 Mitglieder im Schnorren und Abstauben fortbilden. Zum Ausgleich für die hässlichen Regungen wird auf der gleichen Site zur Teilnahme an der Aktion ›Klares Wasser für Äthiopien‹ aufgerufen«.[53] Allerdings muss auch hier darauf hingewiesen werden, dass es *den* typischen Konsumenten

53 Jörg Lau, Verbrauchte Verbraucher, in: Die ZEIT Nr. 13, 22. März 2001, zit. nach Ronald Hitzler, Michaela Pfadenhauer, Diesseits von Manipulation und Souveränität. Über Konsum-Kompetenz und Politisierungsmerkmal, in: Jörn Lamla/Sighard Neckel (Hg.), Politisierter Konsum – konsumierte Politik, Wiesbaden 2006, S. 69.

nicht gibt, dass vielmehr seit Ende des 20. Jahrhunderts eine weitere Individualisierung und Ausdifferenzierung von Konsumententypen stattfindet, die sich zwischen den Polen steigender Konsumkompetenz und reflektiertem Konsumverhalten einerseits und wachsenden Unsicherheiten einer »Consumer Confusion« bewegen.[54]

54 Hitzler/Pfadenhauer, Diesseits von Manipulation und Souveränität, S. 73–81.

VIII. DDR: Mangel- oder Konsumgesellschaft?

1. Vom Primat der Produktion zum »Neuen Kurs«

Nach Kriegsende gab es auch in der Sowjetischen Besatzungszone (SBZ) erhebliche Versorgungsmängel infolge der Kriegszerstörungen. Lebensmittel, Wohnraum und Kleidung waren Mangelware, die Infrastruktur stark zerstört und die Bevölkerung von Krankheiten bedroht. Zwar waren die Kriegszerstörungen etwas geringer als in den Westzonen und die Industriestruktur mit Blick auf die Konsumgüterindustrie durchaus günstig, doch der Rohstoffmangel, die sowjetischen Reparationsforderungen und Demontagen (insbesondere in den konsumnahen Branchen wie der Automobilindustrie, der Elektroindustrie und dem Textilmaschinenbau), die Westverlagerung tausender Betriebe, Enteignungen und die Bodenreform erschwerten die Wiederaufbaubedingungen in der SBZ.[1] Die Reaktion der sowjetischen Militäradministration (SMAD) auf die schlechte Versorgungslage bestand in einer straffen Wirtschaftslenkung mit Hilfe der 1947 gegründeten »Deutschen Wirtschaftskommission«.

Deutsche Wirtschaftskommission
Die auf Befehl der Sowjetischen Militäradministration 1947 ins Leben gerufene »Deutsche Wirtschaftskommission« war das erste zentrale Verwaltungsorgan der Sowjetischen Besatzungszone. Sie diente der Koordinierung der wirtschaftlichen Aktivitäten und zur Überwindung der Mängel der bis dahin durchgeführten Lenkunsmaßnahmen während des Wiederaufbaus. 1948 erfolgte eine Neuorganisation als einheitliche Behörde der Wirtschaftplanung mit erheblicher Kompetenzausweitung innerhalb der SBZ, der sich etwa in Form des Zweijahrplans 1949/50 zeigte.

1 André Steiner, Von Plan zu Plan. Eine Wirtschaftsgeschichte der DDR, München 2004, S. 24–44.

Während in den Westzonen mit dem Marshall-Plan und der Währungsreform eine schrittweise Liberalisierung der Wirtschaftsordnung eingeleitet wurde, setzte sich in der SBZ eine Zentralverwaltungswirtschaft durch. Die Befriedigung grundlegender Bedürfnisse erfolgte nach Bedürftigkeitskriterien in Form der Lebensmittelbewirtschaftung, durch Preiskontrollen und staatliche Subventionierung. Die Lebensmittelkarten waren in fünf Kategorien eingeteilt, die von »Schwerstarbeitern« über »Schwerarbeiter« bis hin zu Angestellten und Rentnern reichten und auch politische Aspekte berücksichtigten, die eine Bevorzugung politischer Funktionäre, Techniker und Künstler und eine Benachteiligung ehemaliger NSDAP-Angehöriger vorsah. Die Preise für Nahrung, Kleidung und Wohnraum waren grundsätzlich staatlich subventioniert und sollten so auf einem niedrigen Niveau gehalten werden. Das Bezugssystem über Lebensmittelkarten blieb bis zum Jahr 1958 bestehen. Zu Beginn der 50er Jahre waren davon 87% der erwachsenen Bevölkerung und 85% der Kinder betroffen. Die Regulierung der Verbraucherpreise stellte das wichtigste wirtschaftspolitische Instrumentarium zur Verbrauchslenkung und zur Beeinflussung des Lebensstandards dar. Preis-, Sozial- und Konsumpolitik gingen so nahtlos ineinander über. Infolge der staatlichen Preispolitik ging die Informationsfunktion der Preise zunehmend verloren, markt- und wettbewerbswirtschaftliche Aspekte spielten kaum mehr eine Rolle. Diese »paternalistische Subventionspolitik« (Ina Merkel) hatte schließlich zur Folge, dass in der SBZ wie später auch in der DDR die subventionierten Preise für Lebensmittel, Wohnraum, Verkehrs- und Kultureinrichtungen deutlich günstiger waren als diejenigen technischer Konsumgüter, die als weniger notwendige Luxusprodukte galten.[2] Zugleich stieg in der SBZ die Nach-

2 Ina Merkel, Utopie und Bedürfnis. Die Geschichte der Konsumkultur in der DDR, Köln 1999, S. 44ff.; Jennifer Schevardo, Von der Kartenwirtschaft zum »Exquisit«: Verbraucherpreise, Lebensstandard und Herrschaftslegitimation in der DDR der fünfziger Jahre, in: Steiner (Hg.), Preispolitik, S. 87–90; Jörg Roesler, Privater Konsum in Ostdeutschland 1950–1960, in: Schildt/Sywottek (Hg.), Modernisierung im Wiederaufbau, S. 291.

frage nach Konsumgütern, die allein auf dem Weg des Zuteilungssystems nicht befriedigt werden konnten. Ähnlich wie in den Westzonen entstand so ein Schwarzmarkt, den staatliche Stellen durch die Gründung einer staatlichen Handelsorganisation (HO) ab 1948 zu bekämpfen suchten. Dabei handelte es sich um freie Läden, in denen es keine Beschränkung des Warenangebots über das Kartensystem gab, sondern ein breites Konsumangebot auch qualitativ höherwertiger Produkte zu entsprechend hohen Preisen. Brot und Gebäck lagen etwa fünfmal, Fleisch und Wurst zehnmal höher als der Kartenpreis. Ärmere Bevölkerungsschichten und Rentner hatten dementsprechend kaum die Möglichkeit zum Konsum in HO-Laden. Neben den sozialen und Einkommensunterschieden existierten in der SBZ und DDR auch deutliche Versorgungsunterschiede zwischen Stadt und Land, die vor allem mit Hilfe von Konsumgenossenschaften und ab Mitte der 50er Jahre durch den Versandhandel abgebaut werden sollten. Zudem strebte die DDR-Regierung auch in den HO-Läden Preissenkungen an, die jedoch nur über eine Erhöhung der Produktion erzielt werden konnten. Auf dem Gebiet der Nahrungsmittelversorgung gelang dies auch ab 1947 durch eine kontinuierliche Erhöhung der Agrarproduktion, was zu mehrmaligen Preissenkungen für Lebensmittel in den HO-Läden führte. Andererseits stand einer Erhöhung der Konsumgüterproduktion die Schwerpunktsetzung des ersten Fünfjahresplans für die Jahre 1951–1955 entgegen, die den Ausbau der Metall- und Schwerindustrie sowie der Energieerzeugung vorsah.[3]

Zwar lässt sich für die Zeit bis zum Beginn der 50er Jahre und auf der Basis der Konsumplanung und -lenkung sowie des doppelten Preissystems ein steigendes Wirtschaftswachstum und auch eine verbesserte Grundversorgung beobachten, doch zeichnete sich im Vergleich zur Bundesrepublik ein deutlicher Rückstand des Lebensstandards ab. Bis 1952 erreichte der pri-

3 Annette Kaminsky, Wohlstand, Schönheit, Glück. Kleine Konsumgeschichte der DDR, München 2001, S. 38–48; Schevardo, Von der Kartenwirtschaft, S. 90–94.

vate Pro-Kopf-Verbrauch in der DDR nur ca. 50–75 % des Niveaus der Bundesrepublik. Dafür war neben dem Rohstoffmangel, dem Reparationsproblem und steigenden Militärausgaben vor allem auch der Primat der Schwerindustrie verantwortlich, der auf Kosten der Konsumgüterversorgung ging. Ab 1953 zeichnete sich sogar eine Verschlechterung der Versorgung ab, die schließlich nicht nur den Lebensmittelbereich, sondern auch die Versorgung mit Textilien betraf. Als dann auch noch die SED-Führung beschloss, nicht nur die Preise, sondern auch die Arbeitsnormen zu erhöhen, steigerte sich die Unzufriedenheit und kulminierte in der Streikbewegung des 17. Juni 1953. Der mit der verschlechterten Versorgungslage verbundenen Gefahr der politischen Destabilisierung begegnete die politische Führung mit Kurskorrekturen in der Wirtschafts- und Konsumpolitik, die in erster Linie von der Sowjetunion eingefordert wurden. Die Preiserhöhungen wurden zurück genommen und in Form des »Neuen Kurs« eine Verbesserung des Lebensstandards in Aussicht gestellt. Zugleich verzichtete die Sowjetunion auf die noch ausstehenden Reparationsleistungen und erließ die Restschulden der DDR. Rüstungsausgaben wurden vorübergehend zugunsten des Ausbaus der Konsumgüterindustrie und Lebensmittelimporte hintan gestellt und die Löhne erhöht, was einerseits mit einer Erhöhung des Lebensstandards, andererseits mit einer Verschlechterung der Haushaltslage und der Gewinnsituation der Betriebe einherging.[4] Die »Konsumwende« blieb jedoch aus. Nur wenige Jahre später war der Primat der Produktionsmittelindustrie wieder hergestellt. Die Investitionen ab Mitte der 1950er Jahre konzentrierten sich weitgehend auf die Grundstoffindustrie, auf den Maschinenbau sowie die Chemieindustrie. Erst jetzt erreichte das ostdeutsche Bruttosozialprodukt pro Kopf das Vorkriegsniveau. Zwar konnte im Jahr 1958 die Lebensmittelrationierung endgültig aufgehoben werden, doch erhöhten sich damit gleichzeitig die Preise erheblich. Anders als fünf Jahre zuvor reagierte die Bevölkerung nicht mit Protesten, aller-

4 Steiner, Von Plan zu Plan, S. 76–82; Kaminsky, Wohlstand, S. 27–33.

dings ließ sich eine deutliche Kaufzurückhaltung beobachten. Insgesamt verbesserte sich die Versorgungslage in der zweiten Hälfte der 50er Jahre trotz einiger Versorgungslücken. Das betraf auch die technischen Konsumgüter und Haushaltsgeräte, wobei das Angebot deutlich hinter der Nachfrage zurückblieb. In den vorangegangenen Jahren war die Sparquote in der DDR stark angestiegen (1950 = 1,4 %, 1960 = 7,2 %), so dass es zu einem Kaufkraftüberhang kam. Geld für Konsumausgaben war also vorhanden, allerdings konnte die Produktion mit der Nachfrage nicht Schritt halten. 1960 verfügten 3,2 % aller DDR-Haushalte über ein Automobil (zum Vergleich: in der BRD etwa 13 %), 18,5 % über ein Fernsehgerät, 6,1 % über einen Kühlschrank (in der BRD 32 %) und 6,2 % über eine Waschmaschine (in der BRD ca. 25 %). Dabei gab es deutliche Unterschiede zwischen West und Ost bezüglich des Preises, der Qualität, der mechanischen Eigenschaften und der Bedienungsfreundlichkeit der Produkte. Die Konsumgüterdefizite führten in einigen Bereichen zu »Überplanbeständen« an Waren, die sich nicht absetzen ließen. Teile der Bevölkerung kauften, soweit dies möglich war, qualitativ höherwertigere und preiswertere Produkte in Westdeutschland. Insbesondere in Berlin wurde beispielsweise auch Kleidung im Westberliner Stadtteil Gesundbrunnen gekauft, der im Volksmund den Namen »HO-Gesundbrunnen« erhielt. Der Versuch, den DDR-Konsumenten ab 1957 Alternativen zu den teuren Ost-Produkten durch die Einrichtung von Billigwaren-Ladenketten (»BIWA«) zu bieten, scheiterte bereits zwei Jahre später.[5]

All dies spricht dafür, die DDR am Ende der 50er Jahre, als die Bundesrepublik den Übergang zur Massenkonsumgesellschaft vollzog, eher als »Bedarfsdeckungsgesellschaft« (Ina Merkel) zu bezeichnen. Gleichzeitig wurde deutlich, dass nicht nur die Bevölkerung der DDR, sondern auch die SED-Führung sich immer stärker an der Konsumgesellschaft der Bundesrepublik als »Re-

5 Steiner, Von Plan zu Plan, S. 106–110, 157; Schevardo, Von der Kartenwirtschaft, S. 105–110; Kaminski, Wohlstand, S. 58; Roesler, Privater Konsum, S. 298.

ferenzgesellschaft der DDR« (André Steiner) orientierte. Damit gelang es immer weniger, die Kritik an westlichen und insbesondere amerikanischen Konsumstilen als künstlich und oberflächlich, den »hektischen Modewechsel« und die »Dekadenz oder Kitschproduktion« zu verdammen und ein sozialistisches Modell der Konsumgesellschaft zu propagieren, bei dem die Zweckmäßigkeit und Langlebigkeit der Konsumgüter sowie die Durchsetzung »vernünftiger« Verbrauchsnormen im Vordergrund standen. Aus dieser Situation heraus nahm die DDR-Regierung den Wettkampf der Konsumgesellschaften im 1959 beschlossenen Siebenjahresplan auf, in dem es darum ging, »durch Erhöhung der Arbeitsproduktivität und Steigerung der Produktion Westdeutschland im Pro-Kopf-Verbrauch bei den meisten industriellen Konsumgütern und Lebensmitteln bis Ende 1961 einzuholen und zu überholen«.[6] Dies war zugleich eine Art Ankündigung der »sozialistischen Massenkonsumgesellschaft« (Jörg Roesler)[7], die in den 60er und 70er Jahren und in enger Orientierung an westlichen Vorbildern in der DDR zumindest ansatzweise umgesetzt wurde.

2. »Schaufenster des Sozialismus« – Massenkonsum in der DDR

Ludwig Erhards Diktum vom »Wohlstand für alle« kann durchaus auch als Ziel der DDR-Konsumpolitik bezeichnet werden. Es war dies einerseits eine Konsequenz der nach dem 17. Juni 1953 angekündigten »Konsumwende« sowie des ersten Fünfjahrplans, der eine Verbesserung der Lebensverhältnisse in der DDR anstrebte.

6 Zit. nach Jörg Roesler, Massenkonsum in der DDR: zwischen egalitärem Anspruch, Herrschaftslegitimation und »exquisiter« Individualisierung, in: PROKLA. Zeitschrift für kritische Sozialwissenschaft 35 (2005), H. 138, S. 41; s.a. Arnd Bauerkämper, Die Sozialgeschichte der DDR, München 2005, S. 20f.

7 Roesler, Massenkonsum in der DDR, S. 35–52.

Fünfjahrplan
Der »Erste Fünfjahrplan« folgte auf den »Zweijahrplan« der Jahre 1949/50 und umfasste den Zeitraum 1951 bis 1955. Er zielte auf eine Verdoppelung der Industrieproduktion im Vergleich zum Jahr 1950, wobei der Schwerpunkt auf dem Ausbau der Schwer- und Chemieindustrie lag. Der »Zweite Fünfjahrplan« von 1956 bis 1958 sah den Ausbau des Maschinenbaus vor, wurde jedoch vorzeitig abgebrochen und durch den Siebenjahrplan (1959–1965) ersetzt. Neben der Grundstofferzeugung und der Förderung des Maschinenbaus sah er auch eine Erhöhung der Konsumgüterproduktion vor, wobei die Versprechungen der Konsumgesellschaft kaum eingelöst wurden.

Im Zuge des zweiten Fünfjahrplans ab Mitte der 50er Jahre und infolge des Beschlusses des fünften Parteitags der SED vom Juli 1958 wurde eine Effizienzsteigerung der Wirtschaft beschlossen, die eine Sicherung der Grundversorgung und Bedürfnisbefriedigung garantieren sollte. Eine solche leistungsunabhängige Versorgung war zugleich Ausdruck einer »Sowjetisierung des Konsums« (Stephan Merl), wobei Staat und Betriebe eine Reihe von Dienstleistungen stark subventioniert und damit fast kostenlos zur Verfügung stellten. Dies betraf neben der Wohnungsmiete u.a. den öffentlichen Nahverkehr, das tägliche Mittagessen in Kantinen, Kultur- und Freizeitangebote sowie organisierte Ferienreisen. Dieser sogenannte »unbezahlte Verbrauch« gewann zwischen 1960 und dem Ende der DDR zunehmend an Bedeutung, während die Haushaltsausgaben für Miete sowie für Nahrungs- und Genussmittel kontinuierlich sanken.[8]

Das »sowjetische Konsummodell« bedeutete für die DDR die Durchsetzung einer leistungsunabhängigen Bedürfnisbefriedi-

8 Annette Kaminsky, Wohlstand, Schönheit, Glück. Kleine Konsumgeschichte der DDR, München 2001, S. 36f.; Ina Merkel, Utopie und Bedürfnis. Die Geschichte der Konsumkultur in der DDR, Köln, Weimar, Wien 1999, S. 312f.; Stephan Merl, Sowjetisierung in der Welt des Konsums, in: Konrad Jarausch/Hannes Siegrist (Hg.), Amerikanisierung und Sowjetisierung in Deutschland 1945–1970, Frankfurt 1997, S. 181, 186.

Tab. 7: Anteil der Einkommens- bzw. Verbrauchspositionen am Realeinkommen in Prozent

	1960	1970	1980	1988
Nahrungs- und Genussmittel	40,7	36,1	30,1	26,6
Industriewaren	27,5	28,6	31,0	30,1
Miete, Strom u. a.	12,5	12,2	10,9	10,7
unbezahlter Verbrauch	19,3	23,1	28,0	32,6

Quelle: Merkel, Utopie und Bedürfnis, S. 312

gung in der Zeit des Übergangs von der »Bedarfdeckungsgesellschaft« zur Massenkonsumgesellschaft ab den 1960er Jahren. Neben der zunehmend leichter zu gestaltenden Befriedigung der Grundbedürfnisse wie Kleidung und Nahrung – hier bestand ab den 60er Jahren sogar das Problem der Überernährung – wuchsen die Möglichkeiten des Konsums höherwertiger und langlebiger Güter. Das Wohnungsproblem blieb allerdings bis zum Ende der DDR virulent. Gleichwohl ergeben sich auf den ersten Blick Ähnlichkeiten zur Entwicklung der Massenkonsumgesellschaft in der Bundesrepublik, deren Durchbruch ebenfalls in die zweite Hälfte der 50er bzw. die frühen 60er Jahre fällt. Für die DDR lässt sich in Anlehnung an den Begriff des bundesdeutschen »Wirtschaftswunders« deshalb mit Blick auf konsumgesellschaftliche Tendenzen der 60er Jahre durchaus auch von einer »Wunderwirtschaft« sprechen.[9] Walter Ulbricht malte dementsprechend ein geradezu paradiesisches Bild der weiteren Entwicklung der Konsumgesellschaft in der DDR: »Unser Tisch soll mit dem besten gedeckt werden, was die Natur zu bieten hat: hochwertige Fleisch- und Milchprodukte, Edelgemüse und beste Obstsorten, früheste Erdbeeren und Tomaten zu einer Zeit, da sie auf unseren Felder noch nicht reifen. Weintrauben im Winter, nicht nur zu Zeiten der großen Schwemme. Als Sozialisten sind wir uns

9 Wunderwirtschaft. DDR-Konsumkultur in den sechziger Jahren, hg. von Neue Gesellschaft für Bildende Kunst, Köln 1996.

darüber klar, dass im sozialistischen Lager bis 1965 ein Überfluss an Lebensmitteln erreicht werden soll. Was da auf den Handel zukommt, diese immer mächtiger anschwellende Woge von Lebens- und Genussmitteln aus aller Herren Länder, von Kleidung und Schuhen, von wundervollen neuwertigen Stoffen usw. Die ganze Welt oder fast die ganze Welt wird uns offen stehen, und die Entfernungen spielen keine Rolle. Mehrmonatige Weltreisen werden zu einem festen Bestandteil des Bildungsganges der Jugend gehören.«[10]

Der entscheidende Unterschied zur Konsumgesellschaft der Bundesrepublik bestand darin, dass diese Wohlstandsversprechen das Ergebnis staatlicher Wirtschafts- und Konsumplanung und -lenkung sein sollten. Im Rahmen des »Neuen Ökonomischen Systems der Planung und Leitung der Volkswirtschaft« (NÖS) sollte die Volkswirtschaft ab 1963 mit Hilfe marktwirtschaftlicher Anreizmechanismen modernisiert und ihre Produktivität gesteigert werden.

System der Wirtschaftsplanung

Das »Neue Ökonomische System der Planung und Leitung der Volkswirtschaft« wurde 1963 als neuer Lenkungsmechanismus eingeführt mit dem Ziel, die Leistungsfähigkeit und Produktivität der Volkswirtschaft in der DDR zu steigern. Die damit verbundenen Reformen der bisherigen Planungs- und Lenkungsmechanismen sahen eine größere Eigenverantwortung der Betriebe und die Einführung marktwirtschaftlicher Mechanismen in Form von Anreizen im Bereich von Preisen, Kosten Löhnen und Prämien vor, um die wirtschaftliche Effizienz zu steigern. Da das System der Wirtschaftsplanung grundsätzlich nicht in Frage gestellt wurde, erwiesen sich die eingeleiteten Reformen schließlich als wenig erfolgreich.

Dies würde dann auch eine Verbesserung des Konsumstandards zur Folge haben. Tatsächlich spielten trotz Ulbrichts Paradies-

10 Zit. nach Kaminsky, Wohlstand, S. 50f.

ankündigungen seit dem Mauerbau Konsumfragen im Rahmen der Wirtschaftsplanung dann zunächst nur eine untergeordnete Rolle. Sie waren Teil der Herrschaftslegitimation der frühen 60er Jahre und gewannen erst vor dem Hintergrund des steigenden Wohlstands in der Bundesrepublik langsam an Bedeutung.[11]

Der Nachfrage nach über die Grundbedürfnisse hinausreichenden Waren wie Genussmitteln, Haushaltsgeräten und Automobilen, der ein kaum ausreichendes Angebot gegenüberstand, begegnete die SED mit Überlegungen zur »Erziehung der Menschen« zu einem »sozialistischen Kaufverhalten«, mit der Regulierung des Konsums auf der Basis der Konsumforschung. Im Jahr 1961 beschloss das Politbüro die Gründung eines Instituts für Bedarfsforschung, das auf der Basis von empirischen Untersuchungen Informationen über Verbrauch und Bedarf sowie über zukünftige Konsumplanungen liefern sollte. Das Institut arbeitete mit quantitativen Methoden und Befragungen der Bevölkerung u. a. zu Haushaltseinkommen, Verbrauch und Konsumwünschen und führte sogar Produkt- und Warentests durch – allerdings: »Die Ergebnisse des Instituts für Marktforschung hatten keinen Einfluss auf die ökonomische Politik [...] Man brauchte keinen wissenschaftlichen Apparat um herauszufinden, dass es einen unbefriedigenden Bedarf an Kraftfahrzeugen gab. Dennoch wurde in diesen Produktionsbereich nicht ausreichend investiert, da andere ökonomische Prioritäten Vorrang hatten«.[12]

Tatsächlich kam, ausgehend von der zunächst geringen Bedeutung der Konsumgüterindustrie auf der Basis der Planwirtschaft der DDR und der entsprechenden Vorgaben für den Kraftfahrzeugbau nach politisch definierten Dringlichkeiten, der individuellen Motorisierung bis in die 60er Jahre hinein nur geringe Bedeutung zu. Während auf das Gebiet der DDR vor 1945 ca. 25 %

11 Steiner, Von Plan zu Plan, S. 130f.; Philipp Heldmann, Herrschaft, Wirtschaft, Anoraks. Konsumpolitik in der DDR der Sechzigerjahre, Göttingen 2004, S. 62f., 81, 89.

12 Merkel, Utopie und Bedürfnis, S. 150, 134–145; Kaminsky, Wohlstand, S. 73.

der deutschen Automobilherstellung entfiel, waren es 1975 nur noch 6%, was allerdings auch auf die umfangreichen Demontagen der Sowjetunion nach Kriegsende zurückzuführen ist. Die DDR-Kraftfahrzeugproduktion konzentrierte sich schließlich auf die Standorte der VEB Automobilfabrik Eisenach (»Wartburg«) sowie der VEB Sachsenring Zwickau (»Trabant«), dessen Karosseriebau und technische Ausstattung sich ab Beginn der 60er Jahre kaum veränderten. Die technische Stagnation und die mangelnde Innovationsfähigkeit waren Ausdruck der planwirtschaftlichen Vorgaben, mangelnder Konkurrenz und nicht vorhandener ökonomischer Anreize in der DDR. Dies setzte sich im Bereich der Zulieferer etwa in Form von zeitweiligem Stahlmangel, Engpässen bei Ersatzteilen, unzureichenden Service- und Infrastruktureinrichtungen, hohen Kraftstoffpreisen und geringen Produktqualitäten weiter fort. Fragen der Automobilsicherheit und des Umweltschutzes spielten keine Rolle und fanden in der Automobiltechnik kaum Berücksichtigung. Gleichwohl stieg die Nachfrage nach Automobilen in der DDR kontinuierlich an und übertraf regelmäßig das Angebot. Innerhalb des RGW erreichte die DDR den höchsten Motorisierungsgrad. Aufgrund des geringen Angebots kam es jedoch in den 80er Jahren zu 10–15-jährigen Lieferzeiten. Damit blieb das Automobil in der Konsumgesellschaft der DDR nach wie vor ein Luxusgut.[13]

Auffallend sind zudem die sozialen Unterschiede hinsichtlich des Automobilkonsums in der DDR. Insgesamt gesehen wuchs der PKW-Bestand je Haushalt zwar in den 60er Jahren deutlich von 3,2% (1960) auf 15,6% (1970) an, doch profitierten davon in erster Linie Bauern, Handwerker, Selbständige und Freischaffende, während Arbeiter unterproportional versorgt waren.

Zudem erlangte auch in der DDR das Automobil einen hohen Symbolwert, war Prestigeobjekt und Ausdruck der Individualisierung von Mobilität. Auch hinsichtlich der Urlaubsreisen spielte das Automobil eine zunehmend wichtige Rolle. Der Cam-

13 Zur DDR-Automobilgeschichte s. Peter Kirchberg, Plaste, Blech und Planwirtschaft. Die Geschichte des Automobils in der DDR, München 2001.

Tab. 8: Ausstattungsgrad mit PKW nach Klassen und Schichten Anfang 1967

Klasse/Schicht	Ausstattungsgrad in %	In %
Arbeiter	10,1	90,2
Angestellte	15,3	136
Genossenschaftsbauern	24,7	220
Handwerker	16,8	150
Rentner	1,5	13,4
Sonstige (Freischaffende, Intelligenz, Selbständige/ Komplementäre)	30,9	275
Gesamt	11,2	100

Aus: Merkel, Utopie und Bedürfnis, S. 332

ping-Urlaub mit dem Automobil war vor allem bei Familien mit Kindern beliebt. Soziale Unterschiede zeigten sich in der Tatsache, dass sich in den 60er Jahren etwa 30 % der Arbeiter einen mehrwöchigen Urlaub leisteten, während es bei Selbständigen und Angehörigen der Intelligenz mehr als 60 % waren.[14]

Auch generationen- und geschlechtsspezifische Konsummuster prägten die DDR-Konsumgesellschaft. Hinsichtlich des Reisens bevorzugten Jugendliche zunehmend ausländische Reiseziele in Polen, Ungarn, Bulgarien und der ČSSR. Darüber hinaus betraf der Jugendkonsum vor allem westlich orientierte Mode- und Freizeitartikel (Jeans, »Beatles-Look«, Rockmusik), wobei häufig nicht nur eine Diskrepanz zwischen Nachfrage und Angebot bestand, sondern dies zunehmend als Ausdruck von »Verwestlichung« kritisiert wurde.[15]

14 Merkel, Utopie und Bedürfnis, S. 320–324; Hachtmann, Tourismusgeschichte, S. 140–152.

15 Gerlinde Irmscher, Der Westen im Ost-Alltag, in: Wunderwirtschaft, S. 185–193.

Im Freizeitverhalten und -konsum zeigten sich auch geschlechtsspezifische Unterschiede. Abgesehen davon, dass Frauen durchschnittlich ein Drittel weniger verdienten als Männer, hatten sie auch etwa 40 % weniger Freizeit als Männer – trotz des seitens des sozialistischen Staates immer wieder propagierten Ziels der Gleichberechtigung von Mann und Frau. Ein Ziel der DDR-Konsumpolitik bestand daher vor dem Hintergrund des Arbeitskräftemangels und dem Bedarf an weiblichen Berufstätigen in der Verbesserung der Ausstattung der Haushalte mit arbeitssparenden Haushaltsgeräten, die die Vereinbarkeit von Beruf und Familie erleichtern sollten.[16]

Tab. 9: Bestand ausgewählter Konsumgüter je 100 Haushalte in %

	1960	1965	1970
PKW	3,2	8,2	15,6
Fernsehgeräte	16,7	48,5	69,1
Kühlschränke	6,1	25,9	56,4
Waschmaschinen	6,2	27,7	53,6

Quelle: Statistisches Jahrbuch der DDR 1976, S. 312

Doch auch auf diesem Gebiet klafften Anspruch und Wirklichkeit oft weit auseinander. Zwar setzten sich in DDR-Haushalten zunehmend elektrische Haushaltsgeräte durch, doch waren diese Produkte hinsichtlich der Qualität und der Preisgestaltung kaum mit den westlichen Geräten zu vergleichen. Moderne und auf westlichem Niveau der Technologie befindliche Waschmaschinen und Kühlschränke waren noch Mitte der 1950er Jahre in der DDR kaum zu kaufen, und während sich zu dieser Zeit in der Bundesrepublik allmählich der Waschvollautomat durchsetzte, warb der DDR-Handel noch für einen Waschtopf mit Handkurbel, der gleichwohl in der Statistik als »Waschmaschine« geführt wurde. Nicht selten mussten DDR-Haushalte beim Erwerb einer

16 Kaminsky, Wohlstand, S. 86ff.; Merkel, Utopie und Bedürfnis, S. 350ff.

Waschmaschine oder eines Kühlschranks mehrere Wochen auf die Zustellung des Gerätes warten, und wenn Ersatzteile fehlten, dauerte dies noch länger. Qualität und Bedienungskomfort waren gegenüber den westlichen Produkten ebenfalls kaum vergleichbar. Hinzu kam, dass der Preis für Kühlschränke und Waschmaschinen diese zu einem Luxusobjekt machte. Vergleichbar zur westlichen Entwicklung erleichterte das Teilzahlungsgeschäft jedoch auch in der DDR den Erwerb teurer Haushaltsgeräte. Und trotz der sich allmählich verbessernden Ausstattung der DDR-Haushalte mit entsprechenden Geräten errechnete das Institut für Marktforschung im Jahr 1970, dass von den durchschnittlich etwa 47 Stunden für Hausarbeit pro Woche von Frauen 37 Stunden und von Männern sechs Stunden aufgebracht wurden.[17]

Bei modischer Bekleidung gelang es der Planwirtschaft kaum, diese in ausreichender Qualität und entsprechend der an westlichen Vorbildern orientierten Nachfrage zu befriedigen. Konsumerziehung und Konsumlenkung waren wenig erfolgreich. Werbung und Absatzstrategien spielten deshalb auch in der Planwirtschaft eine zunehmend wichtige Rolle. Auf den ersten Blick gab es Ähnlichkeiten mit Entwicklungen im Westen. Sozialistische Werbung sollte, anders als im Westen, in erster Linie Produktinformation und Bedarfslenkung sein, den Konsum kontrollieren, »sozialistische Verbrauchsnormen« durchsetzen helfen und somit das Verhältnis zwischen Angebot und Nachfrage nach volkswirtschaftlichen Erfordernissen regulieren. Das wichtigste Werbemedium war zunächst das Schaufenster, das als »Spiegelbild der wirtschaftlichen Erfolge der DDR« galt.[18] Zunehmend wurden auch neue Medien wie das Fernsehen genutzt. In einem Bericht über die Einführung des Werbefernsehens im Jahr 1959 hieß es: »Neben sinnvoller volkswirtschaftlicher Aufklärung und Gebrauchswerterläuterungen sollten sozialistische Lebensformen propagiert, bürgerliche Denk- und Verhaltenwei-

17 Kaminsky, Wohlstand, S. 87f.

18 Rainer Gries, Produkte als Medien. Kulturgeschichte der Produktkommunikation in der Bundesrepublik und der DDR, Leipzig 2003, S. 225.

sen überwunden und geschmacksbildende Faktoren beeinflusst werden ...«[19]

Neue Formen der Distribution hielten etwa zeitgleich zur Bundesrepublik Einzug in den DDR-Konsumalltag. Erste Selbstbedienungseinkaufsecken finden sich in den Konsumgenossenschaften der DDR bereits zu Beginn der 50er Jahre, und ab Mitte des Jahrzehnts wurde das Selbstbedienungsprinzip vom Ministerium für Handel und Versorgung zum Zweck der Verbesserung der Verkaufskultur und der Umsatzsteigerung gefördert.[20] Auch der Versandhandel setzte sich als innovatives Moment der DDR-Konsumgesellschaft und als Ergänzung der bestehenden volkseigenen Kaufhäuser durch. Im Jahr 1956 eröffnete das erste DDR-Versandhaus in Leipzig. Dabei wurde neben der Erweiterung des Warenangebots vor allem eine Verbesserung der Versorgungslage des kleinstädtisch-ländlichen Raums angestrebt.[21]

Am Beispiel der Werbung sowie der neuen Formen der Warendistribution zeigte sich aber auch die Widersprüchlichkeit der DDR-Konsumgesellschaft. Mitte der 70er Jahre wurden schließlich neben der Fernsehwerbung auch Anzeigen, Plakate und Kinowerbung verboten und zugleich die Versandhäuser geschlossen. Tatsächlich war der Versandhandel seit einigen Jahren rückläufig, nicht zuletzt wegen langer Lieferzeiten und unerfüllter Kundenwünsche. Die Unzufriedenheit in der Bevölkerung wuchs. Die Aufbruchstimmung der frühen 60er Jahre verblasste ebenso wie die konsumpolitischen Visionen Walter Ulbrichts. Mit dem Machtwechsel 1971 zu Erich Honecker war schließlich auch ein Kurswechsel in der Konsumpolitik verbunden.[22]

19 Simone Tippach-Schneider, Moderner Einkauf, moderner Verbraucher und das Verschwinden der Waren, in: Wunderwirtschaft. DDR-Konsumkultur in den sechziger Jahren, hg. von Neue Gesellschaft für Bildende Kunst, Köln u. a. 1996, S. 76; s. a. auch Merkel, Utopie und Bedürfnis, S. 214ff.

20 Silke Rothkirch, »Moderne Menschen kaufen modern«, in: Wunderwirtschaft, S. 112–119; Merkel, Utopie und Bedürfnis, S. 204–208.

21 Annette Kaminsky, »Keine Zeit verlaufen – beim Versandhaus kaufen«, in: Wunderwirtschaft, S. 124–137; Merkel, Utopie und Bedürfnis, S. 208ff.

22 Heldmann, Herrschaft, S. 308f.; Kaminsky, »Keine Zeit«, S. 128, 137; Gries, Produkte als Medien, S. 262.

3. Orientierung am Westen und Niedergang der DDR-Konsumgesellschaft

Bereits nachdem die letzten Rationierungen für Lebensmittel 1958 abgeschafft worden waren, war die Regierung Ulbricht mit konsumpolitischen Versprechungen vorgeprescht, wobei das Einholen und Überholen des Westens ein zentrales Ziel darstellte. Danach galt es, »die Volkswirtschaft der Deutschen Demokratischen Republik innerhalb weniger Jahre so zu entwickeln, dass die Überlegenheit der sozialistischen Wirtschaftsordnung der Deutschen Demokratischen Republik gegenüber der Herrschaft der imperialistischen Kräfte im Bonner Staat eindeutig bewiesen wird und infolgedessen der Pro-Kopf-Verbrauch unserer Bevölkerung in den wichtigsten Lebensmitteln und Konsumgütern den Pro-Kopf-Verbrauch der Bevölkerung in Westdeutschland erreicht und übertrifft.«[23] In einer Kampagne der SED-Führung mit dem Slogan »Überholen ohne Einzuholen« des Jahres 1967/68 ging es zwar in erster Linie um Fragen der Wissenschaft, der Technik und der Produktivität, doch sollte sich dies über kurz oder lang auch auf den Konsumgütersektor ausdehnen. Allerdings funktionierte weder das Eine noch das Andere, und die permanente Auseinandersetzung mit dem Kapitalismus und der Konsumgesellschaft in der Bundesrepublik offenbarte vielmehr die Strukturschwächen der DDR-Wirtschaft sowie die qualitativen und quantitativen Unzulänglichkeiten der dortigen Konsumgesellschaft. Die Kritik am westlichen Konsummodell, die sich vor allem auf den Ausschluss eines großen Teils der Bevölkerung der Bundesrepublik an der Teilnahme vom Konsum höherwertiger Waren bezog, wirkte vor diesem Hintergrund zunehmend unglaubwürdiger, und als sich zudem gegen Ende der 60er Jahre in der DDR deutliche Tendenzen einer Wachstumskrise zeigten, kam es zu erheblichen Konflikten innerhalb des Politbüros, die schließlich zum Machtwechsel von Walter Ulbricht zu

23 Zit. nach Kaminsky, Wohlstand, S. 49.

Erich Honecker führten.[24] Mit Rückendeckung der Sowjetunion erwiesen sich die Auseinandersetzungen um die Konsumgüterversorgung als zentrales Moment im Machtkampf an der Parteispitze der SED, die offensichtlich keine monolithische Einheit darstellte. Honecker vertrat dabei, im Unterschied zu Ulbricht, die Linie einer Steigerung des Lebensstandards, die über eine Erhöhung der Arbeitseinkommen und der Sozialleistungen einerseits sowie über Preisstabilität andererseits erzielt werden sollte. Die auf dem VIII. Parteitag der SED 1971 proklamierte »Erhöhung des materiellen und kulturellen Lebensniveaus des Volkes« galt dabei als eines der Kernziele der Politik, die im Prinzip bis zum Jahr 1989 gültig war und unter dem Schlagwort der »Einheit von Wirtschafts- und Sozialpolitik« firmierte. Wenn zu diesem Zeitpunkt auch der von Honecker eingeschlagene Weg des »Konsumsozialismus« (Peter Skyba) an der Parteispitze nicht unumstritten war, so stieß die Politik der Preisstabilität und der Steigerung des Lebensstandards, insbesondere mit Blick auf die Grundbedürfnisse Arbeit, Wohnen und Ernährung – ganz im Sinne der »Sowjetisierung des Konsums« – in der Bevölkerung auf breite Zustimmung.[25] Ergänzt wurde diese Politik durch wachsende Importe von Rohstoffen und Konsumgütern – zunehmend aus westlichen Industriestaaten – sowie eine steigende Auslandsverschuldung, die einmal mehr die »Westorientierung« der DDR-Konsumgesellschaft verdeutlichte. Diese zeigte sich zudem an der Öffnung der »Intershop«-Läden für DDR-Bürger im Jahr 1974. »Intershop«-Läden gab es zwar bereits seit 1954, doch waren die dort angebotenen Westwaren zunächst ausschließlich für Besucher aus dem westlichen Ausland und nur gegen Devisen erhältlich. Der Besitz von Devisen war DDR-Bürgern bis zum Jahr 1974 verboten. Mit der Aufhebung dieses Verbots bestand nun erstmals die Möglichkeit, offiziell in den Genuss lang ersehnter

24 Merkel, Utopie und Bedürfnis, S. 136; Roesler, Massenkonsum in der DDR, S. 44; Steiner, Von Plan zu Plan, S. 142–164.

25 Peter Skyba, Konsumpolitik in der DDR 1971 bis 1989. Die Verbraucherpreise als Konfliktgegenstand, in: Walter (Hg.), Geschichte des Konsums, S. 343–350.

Westprodukte wie Jeans und Kaugummi, Waschmittel und Kosmetika zu gelangen, die über den eigentlichen Gebrauchswert hinaus einen hohen Symbol- und Prestigewert und zugleich die Funktion eines Distinktionsmittels besaßen. Für die DDR-Regierung stellten die Intershops eine nicht unwichtige Deviseneinnahmequelle dar und boten eine Möglichkeit zur Abschöpfung des Kaufkraftüberhangs.[26]

Das kontrollierte Eindringen von Westwaren in die DDR war aus diesem Grunde offizielle DDR-Politik. Bereits seit den 1950er Jahren waren von Verwandten aus der Bundesrepublik schwer erhältliche Waren wie Kaffee, Schokolade oder modische Kleidungsstücke auf privatem Wege in die DDR gesandt worden. Dieser Warenstrom wuchs in den 1960er Jahren auf 1,5 Mio. Pakete, an Weihnachten auf über drei Mio. Pakete mit einem Wert von 500 bis 600 Mio. DM jährlich an. Als Reaktion darauf gründete die DDR im Jahr 1957 die Geschenkdienst und Kleinexport GmbH (GENEX), die es DDR-Bürgern ermöglichte, Lebensmittel und zunehmend auch Luxus- bzw. Mangelwaren in Form von offiziellen Geschenksendungen aus dem Westen zu erhalten. Davon profitierten allerdings in erster Linie DDR-Bürger mit Westverwandschaft, die darüber in eine privilegierte Situation kamen. Aus Sicht der DDR-Regierung war GENEX eine weitere Möglichkeit der Devisenbeschaffung. Zusammen mit den »Intershops« und den »Delikat«-Läden, die neben hochwertigen Waren aus der DDR auch ein breites Sortiment an Westprodukten anboten, bildeten diese zugleich »Exklaven des Kapitalismus« (Ina Merkel), die einerseits ein wenig Luxus im Sozialismus boten, andererseits als »Schaufenster des Westens« dessen Attraktivität mehr und mehr stärkten, was aus offizieller DDR-Perspektive zunehmend zu einem Dilemma werden sollte.[27]

26 Katrin Böske, Abwesend anwesend. Die kleine Geschichte des Intershops, in: Wunderwirtschaft, S. 214–222.

27 Merkel, Utopie und Bedürfnis, S. 221–236; Arnd Bauerkämper, Die Sozialgeschichte der DDR, München 2005, S. 23f.; Franka Schneider, »Jedem nach dem Wohnsitz seiner Tante«. Die GENEX Geschenkdienst GmbH, in: Wunderwirtschaft, S. 223–232.

Gleichzeitig verschärften sich ab Mitte der 1970er Jahre in der DDR die Krisenzeichen. Importüberschüsse, Preissteigerungen auf den internationalen Energiemärkten, Haushaltsdefizite und eine geringe Produktivität und Innovationsfähigkeit der DDR-Wirtschaft einerseits und eine Ausweitung von Löhnen und Sozialleistungen bei gleichzeitiger Preisstabilität der Regierung Honecker andererseits erhöhten den Druck auf Reformen und wirtschaftpolitische Anpassungsleistungen. Überlegungen zu deutlichen Preissteigerungen widersprachen Honeckers Kurs der Preisstabilität. Während diese Politik hinsichtlich der Grundversorgung auch grundsätzlich beibehalten wurde, kam es jedoch vor allem bei importierten und importabhängigen Konsumgütern und Luxuswaren zu schleichenden, gleichwohl drastischen Preiserhöhungen zu Beginn der 1980er Jahre, die etwa bei Schuhen und Herrenanzügen mehr als 100% betrugen. Die Zufriedenheit der DDR-Bevölkerung der frühen 1970er Jahre wich damit wenige Jahre später wachsendem Unbehagen und Skepsis. So stellte das Ministerium für Staatssicherheit schon 1977 »eine Tendenz zunehmender Unzufriedenheit [...] teilweise skeptische, pessimistische und negative Meinung bis hin zu aggressiven Argumenten ...« in der Bevölkerung fest.[28] Hinzu kamen seit langem schwelende Verärgerungen bezüglich der schlechten Wohnungsversorgung und Warenqualitäten. Neben den nicht ausreichenden Wohnungsneubauten verfielen zunehmend auch die Altbauten, so dass der Wohnungsbestand sich in der DDR insgesamt verringerte und dementsprechend selbst ein Teil der Grundbedürfnisse nicht ausreichend befriedigt werden konnte. Bei Haushalts- und Freizeitkonsumgütern hinkte das Angebot nicht nur bei Pkws, sondern auch bei Farbfernsehern und Geschirrspülautomaten hinter der Nachfrage her, neuere Produkte der 1980er Jahre wie etwa CD-Player, Videorecorder oder Heimcomputer waren gar nicht oder nur in sehr kleiner Stückzahl erhältlich. Dies wiederum beförderte die Korruption und die Entstehung von Schwarzmärkten. Reisen ins westliche Aus-

28 Skyba, Konsumpolitik, S. 360.

land waren DDR-Bürgern untersagt, und selbst in sozialistischen Urlaubsländern wurden sie häufig gegenüber devisenträchtigen Westtouristen als Bürger 2. Klasse behandelt.[29]

Die zunehmende Diskrepanz zwischen dem Ausbau des »Konsumsozialismus«, der Schwäche bzw. der geringen Leistungsfähigkeit und der Importabhängigkeit der DDR-Wirtschaft und Konsumgesellschaft sowie deren mangelnder Reformfähigkeit führten bereits in der zweiten Hälfte der 1970er Jahre zu einem »Circulus vitiosus«, wobei selbst das Ministerium für Staatssicherheit erhebliche Versäumnisse der Honeckerschen Politik ausmachte: »Verantwortliche Funktionäre der Staatlichen Plankommission und der Fachabteilungen des ZK vertreten einhellig die Auffassung, dass sich Genosse E. Honecker in einem für die Volkswirtschaft der DDR schwerwiegenden Irrtum befindet.«[30] Damit wurde deutlich, dass nicht nur aus Sicht der Konsumenten und der Bevölkerung, sondern auch aus der Perspektive der DDR-Wirtschaftseliten das Vertrauen in die DDR-Wirtschafts- und Konsumpolitik zunehmend schwand. Auch wenn es noch ein Jahrzehnt dauerte, bis vor dem Hintergrund der Veränderungen in der Sowjetunion die DDR zusammenbrach, so lässt sich doch festhalten, dass die Schwäche der DDR-Konsumgesellschaft und die permanente Konfrontation mit der Bundesrepublik eine »systemsprengende Kraft« (Stefan Merl) besaßen und die »Magnettheorie« der 50er Jahre, wonach die wirtschaftliche Attraktivität der Bundesrepublik geradezu zwangsläufig zu einer Wiedervereinigung führen würde, im Nachhinein eine Bestätigung erfuhr.[31]

29 Merkel, Utopie und Bedürfnis, S. 234, 318f.; Roesler, Massenkonsum in der DDR, S. 46f.

30 Zit. nach Skyba, Konsumpolitik, S. 365.

31 Zur Magnettheorie s. Werner Abelshauser, Zur Entstehung der ›Magnet-Theorie‹ in der Deutschlandpolitik. Ein Bericht von Hans Schlange-Schöningen über einen Staatsbesuch in Thüringen im Mai 1946, in: VfZG 27, 1979, S. 661–679; David F. Crew, Consuming Germany in the Cold War.

Auswahlbibliographie*

Ableshauser, Werner, Zur Entstehung der ›Magnet-Theorie‹ in der Deutschlandpolitik. Ein Bericht von Hans Schlange-Schöningen über einen Staatsbesuch in Thüringen im Mai 1946, in: Vierteljahrshefte für Zeitgeschichte 27 (1979), S. 661–679.

Abrams, Lynn, Freizeit, Konsum und Identität deutscher und britischer Arbeiter vor dem Ersten Weltkrieg, in: Siegrist u. a. (Hg.), Europäische Konsumgeschichte, S. 267–281.

Ambrosius, Gerold, Regulativer Wettbewerb und koordinierte Standardisierung zwischen Staaten. Theoretische Annahmen und historische Beispiele, Stuttgart 2005.

–, Öffentliche Wirtschaft in der Weimarer Republik, Kommunale Versorgungsunternehmen als Instrumente der Wirtschaftspolitik, Baden-Baden 1984.

–, Die Durchsetzung der Sozialen Marktwirtschaft, Stuttgart 1977.

Andersen, Arne, Der Traum vom guten Leben. Alltags- und Konsumgeschichte vom Wirtschaftswunder bis heute, Frankfurt a. M. 1997.

Bauerkämper, Arnd, Die Sozialgeschichte der DDR, München 2005.

Bayerl, Günter, Konsum, Komfort und Netzwerke. Die Versorgung mit Wasser, in: Reith/Meyer (Hg.), Luxus und Konsum, S. 129–158.

Becher, Ursula A.J., Die Geschichte des modernen Lebensstils. Essen, Wohnen, Freizeit, Reisen, München 1990.

Beck, Rainer, Luxus oder Decencies? Zur Konsumgeschichte der Frühneuzeit als Beginn der Moderne, in: Reith/Meyer (Hg.), Luxus und Konsum, S. 29–46.

Beck, Ulrich, Risikogesellschaft. Auf dem Weg in eine andere Moderne, Frankfurt a. M. 1986.

Becker, Walter, Konsum- und Freizeitverhalten im Alter. Theoretische Grundlagen für die Verbraucherpolitik, Aachen 1998.

Berghoff, Hartmut (Hg.), Marketinggeschichte. Die Genese einer modernen Sozialtechnik, Frankfurt a. M. 2007.

– (Hg.), Konsumpolitik. Die Regulierung des privaten Verbrauchs im 20. Jahrhundert, Göttingen 1999.

–, Die Zähmung des entfesselten Prometheus? Die Generierung von Vertrauenskapital und die Konstruktion des Marktes im Industrialisierungs- und Globalisierungsprozeß, in: ders./Hartmut Vogel (Hg.), Wirtschaftsgeschichte als Kulturgeschichte. Dimensionen eines Perspektivenwechsel, Frankfurt a. M. 2004, S. 143–168.

–, Von der »Reklame« zur Verbrauchslenkung. Werbung im nationalsozialistischen Deutschland, in: ders (Hg.), Konsumpolitik, S. 77–112.

* Ein ausführliches Literaturverzeichnis findet sich unter www.utb-stuttgart.de/3105_Literatur.pdf.

Bömmel, Hermann van, Konsumentensouveränität. Neue Gestaltungsoptionen des Konsumenten in der Postindustriellen Wirtschaft, Marburg 2003.

Böske, Katrin, Abwesend anwesend. Die kleine Geschichte des Intershops, in: Wunderwirtschaft, S. 214–222.

Borscheid, Peter/Wischermann, Clemens (Hg.), Bilderwelt des Alltags. Werbung in der Konsumgesellschaft des 19. und 20. Jahrhunderts, Stuttgart 1995.

Bourdieu, Pierre, Die feinen Unterschiede. Kritik der gesellschaftlichen Urteilskraft, Frankfurt a. M. 1987.

Bovenschen, Silvia (Hg.), Die Listen der Mode, Frankfurt 1986.

Wagner-Braun, Margarete, Die Frau in der Konsumgüterwerbung im 20. Jahrhundert, in: Walter, Rolf (Hg.), Geschichte des Konsums, Stuttgart 2004, S. 415–436.

Braudel, Fernand, Sozialgeschichte des 15.–18. Jahrhunderts. Aufbruch zur Weltwirtschaft, München 1990.

Brewer, John, Was können wir aus der Geschichte der frühen Neuzeit für die moderne Konsumgeschichte lernen?, in: Siegrist u. a.(Hg.), Europäische Konsumgeschichte, S. 51–74.

Briesen, Detlef, Warenhaus, Massenkonsum und Sozialmoral. Zur Geschichte der Konsumkritik im 20. Jahrhundert, Frankfurt a. M. 2001.

Brüggemeier, Franz-Josef/Rommelspacher, Thomas, Blauer Himmel über der Ruhr. Geschichte der Umwelt im Ruhrgebiet 1840–1990, Essen 1992.

Brune-Berns, Silke, Im Lichte der Großstadt – Werbung als Signum einer urbanen Welt, in: Borscheid/Wischermann (Hg.), Bilderwelt des Alltags, S. 90–115.

Budde, Gunilla-Friederike, Des Haushalts ›schönster Schmuck‹. Die Hausfrau als Konsumexpertin des deutschen und englischen Bürgertums im frühen 19. und frühen 20. Jahrhundert, in: Siegrist u. a.(Hg.), Europäische Konsumgeschichte, S. 411–440.

Busse, Tanja, Die Einkaufsrevolution. Konsumenten entdecken ihre Macht, München 2006.

Crew, Avid F. (Hg.), Consuming Germany in the Cold War, Oxford 2003.

Deutschmann, Christoph, Anglo-amerikanischer Consumerism und die Diskussion über Lebensstile in Deutschland, in: Berghahn, Volker R./Vitols, Sigurt (Hg.), Gibt es einen deutschen Kapitalismus. Tradition und globale Perspektiven der sozialen Marktwirtschaft, Frankfurt a. M. 2006, S. 154–165.

Ditt, Karl, Rationalisierung im Einzelhandel: Die Einführung und Entwicklung der Selbstbedienung in der Bundesrepublik Deutschland 1949–2000, in: Prinz, Michael (Hg.), Der lange Weg, S. 315–356.

Ebeling, Dietrich/Mager, Wolfgang, Einleitung, in: dies. (Hg.), Protoindustrie in der Region. Europäische Gewerbelandschaften vom 16. bis zum 19. Jahrhundert, Bielefeld 1997, S. 9–55.

Eisenberg, Christiane, Möglichkeiten und Grenzen der Konsumgeschichte – das Beispiel des Sportkonsums, in: Prinz (Hg.), Der lange Weg, S. 515–531.

Ellerbrock, Karl-Peter, Geschichte der deutschen Nahrungs- und Genussmittelindustrie 1750–1914, Stuttgart 1993.

–, Konsumentenkredit und »Soziale Marktwirtschaft«. Zum Wandel des Sparkassenbildes und des geschäftspolitischen Denkens in der Sparkassenorganisation zwischen Währungsreform und dem Beginn der »Marketing-Ära« in den 1970er Jahren, in: Kleinschmidt/Triebel (Hg.), Marketing, S. 105–133.

Framke, Gisela (Hg.), Acht Stunden sind kein Tag. Freizeit und Vergnügen in Dortmund 1870–1939, o. O. o. J

Fairbairn, Brett, Konsumgenossenschaften in. Internationaler Perspektive: ein historischer Überblick, in: Prinz (Hg.), Der lange Weg, S. 437–461.

Föhl, Axel, Versorgungswirtschaft, staatliche Regie und Privatindustrie in der Wasserversorgung, in: Technik und Wirtschaft, hg. von Ulrich Wengenroth, Düsseldorf 1993, S. 506–527.

Gassert, Philipp, Amerika im Dritten Reich, Wiesbaden 1997.

Geißler, Rainer, Die Sozialstruktur Deutschlands, Opladen ^{2}1997.

Geppert, Dominik, Die Ära Adenauer, Darmstadt 2002.

Gilson, Norbert, Konzepte von Elektrizitätsversorgung und Elektrizitätswirtschaft, Stuttgart 1994.

Gorißen, Stefan, Vom Handelshaus zum Unternehmen. Sozialgeschichte der Firma Harkort im Zeitalter der Protoindustrie (1720–1820), Göttingen 2002.

Gries, Rainer, Produkte als Medien. Kulturgeschichte der Produktkommunikation in der Bundesrepublik und in der DDR, Leipzig 2003.

Haas, Stefan, Sinndiskurse in der Konsumkultur. Die Geschichte der Wirtschaftswerbung von der ständischen bis zur postmodernen Gesellschaft, in: Prinz (Hg.), Der lange Weg, S. 291–314.

Hachtmann, Rüdiger, Tourismusgeschichte, Göttingen 2007.

Hansen, Ursula/Bode, Matthias, Marketing & Konsum. Theorie und Praxis von der Industrialisierung bis ins 21. Jahrhundert, München 1999.

Haupt, Heinz-Gerhard, Konsum und Handel. Europa im 19. und 20. Jahrhundert, Göttingen 2003.

Haustein, Sabine, Vom Mangel zum Massenkonsum. Deutschland, Frankreich und Großbritannien im Vergleich 1945–1970, Frankfurt a. M. 2007.

Heldmann, Philipp, Herrschaft, Wirtschaft, Anoraks. Konsumpolitik in der DDR der Sechzigerjahre, Göttingen 2004.

Hentschel, Volker, Geschichte der deutschen Sozialpolitik 1880–1980, Frankfurt 1983.

Heßler, Martina, »Mrs. Modern Woman«. Zur Sozial- und Kulturgeschichte der Haushaltstechnisierung, Frankfurt a. M. 2001.

Hickethier, Knut, Der Fernseher. Zwischen Teilhabe und Medienkonsum, in: Ruppert, Wolfgang (Hg.), Fahrrad, Auto, Fernsehschrank. Zur Kulturgeschichte der Alltagsdinge Frankfurt a. M. 1993, S. 162–187.

Hilger, Susanne, »Amerikanisierung« deutscher Unternehmen. Wettbewerbsstrategien und Unternehmenspolitik bei Henkel, Siemens und Daimler-Benz (1945/49–1975), Stuttgart 2004.

Hitzler, Ronald/Pfadenhauer, Michaela, Diesseits von Manipulation und Souveränität. Über Konsum-Kompetenz und Politisierungsmerkmal, in: Lamla, Jörn/Neckel Sighard (Hg.), Politisierter Konsum – konsumierte Politik, Wiesbaden 2006, S. 67–90.

Hlavin-Schulze, Karin, »Man reist ja nicht, um anzukommen«. Reise als kulturelle Praxis, Frankfurt a. M. 1998.

Holzem, Andreas, Religiöse Prägungen des Konsumverhaltens in frühneuzeitlichen Dorfgesellschaften. Das Beispiel des Fürstbistums Münster, in: Prinz (Hg.), Der lange Weg, S. 79–103.

Hünemörder, Kai F., Frühgeschichte der globalen Umweltkrise und die Formierung der deutschen Umweltpolitik (1950–1973), Stuttgart 2004.

Irmscher, Gerlinde, Der Westen im Ost-Alltag, in: Wunderwirtschaft, S. 185–193.

Jacobs, Tino, Hans Domizlaff und der Aufstieg Reemtsmas, 1921 bis 1932, in: Berghoff (Hg.), Marketinggeschichte, S. 148–176.

James, Harold, Deutschland in der Weltwirtschaftskrise 1924–1936, Stuttgart 1988.

Kaminsky, Annette, Wohlstand, Schönheit, Glück. Kleine Konsumgeschichte der DDR München 2001.

–, »Keine Zeit verlaufen – beim Versandhaus kaufen«, in: Wunderwirtschaft, S. 124–137.

Keitz, Christiane, Reisen als Leitbild. Die Entstehung des modernen Massentourismus in Deutschland, München 1997.

Kift, Dagmar (Hg.), Kirmes – Kneipe – Kino. Arbeiterkultur im Ruhrgebiet zwischen Kommerz und Kontrolle (1850–1914), Paderborn 1992.

Kinter, Jürgen, »Durch Nacht zum Licht« – Vom Guckkasten zum Filmpalast. Die Anfänge des Kinos und das Verhältnis der Arbeiterbewegung zum Film, in: Kift (Hg.), Kirmes – Kneipe, Kino, S. 119–146.

Kirchberg, Peter, Plaste, Blech und Planwirtschaft. Die Geschichte des Automobils in der DDR, München 2001.

Klein, Hans Joachim, Konsum, in: Schäfers, Bernhard (Hg.), Grundbegriffe der Soziologie, Opladen 2000.

Kleinschmidt, Christian, Der produktive Blick. Wahrnehmung amerikanischer und japanischer Management- und Produktionsmethoden durch deutsche Unternehmer 1950–1985, Berlin 2002.

–/Florian Triebel (Hg.), Marketing. Historische Aspekte der Wettbewerbs- und Absatzpolitik, Essen 2004.

–, Konsumgesellschaft, Verbraucherschutz und Soziale Marktwirtschaft. Verbraucherpolitische Aspekte des »Modell Deutschland« (1947–1975), in: Jahrbuch für Wirtschaftsgeschichte 2006/1, S.13–29.

Klenke, Dietmar, Bundesdeutsche Verkehrspolitik und Motorisierung: Konfliktträchtige Weichenstellungen in den Jahren des Wiederaufbaus, Stuttgart 1993.

Kluge Thomas/Schramm, Engelbert, Wassernöte. Zur Geschichte des Trinkwassers, Köln 1988.

Köhler, Ingo, Marketing als Krisenstrategie. Die deutsche Automobilindustrie und die Herausforderung der 1970er Jahre, in: Berghoff (Hg.), Marketinggeschichte, S. 259–295.

König, Wolfgang, Geschichte der Konsumgesellschaft, Stuttgart 2000.

–, Volkswagen, Volksempfänger, Volksgemeinschaft. »Volksprodukte« im Dritten Reich: Vom Scheitern einer nationalsozialistischen Konsumgesellschaft Paderborn 2004.

–/Weber, Wolfhard, Netzwerke Stahl und Strom 1840–1914, Berlin 1990.

König, René, Menschheit auf dem Laufsteg. Die Mode im Zivilisationsprozeß, Opladen 1999.

Kosok, Elisabeth, Die Reglementierung des Vergnügens. Konzessionspraxis und Tanzbeschränkung im Ruhrgebiet (1879–1914), in: Kift (Hg.), Kirmes – Kneipe – Kino, S. 60–82.

Krabbe, Wolfgang R., Die deutsche Stadt im 19. und 20. Jahrhundert, Göttingen 1989.

Kriedte, Peter, Eine Stadt am seidenen Faden. Haushalt, Hausindustrie und soziale Bewegung in Krefeld in der Mitte des 19. Jahrhunderts, Göttingen 1991

–/Medick, Hans/Schlumbohm, Jürgen, Industrialisierung vor der Industrialisierung, Göttingen 1978.

Kurzer, Ulrich, Nationalsozialismus und Konsumgenossenschaften, Pfaffenweiher 1997.

Lamberty, Christiane, Reklame in Deutschland 1890–1914. Wahrnehmung, Professionalisierung und Kritik der Wirtschaftswerbung, Berlin 2000.

Lichtnau, Bernfried, Prora. Das erste KdF-Bad Deutschlands, Peenemünde 1993.

Lindlar, Ludger, Das missverstandene Wirtschaftswunder. Westdeutschland und die westeuropäische Nachkriegsprosperität, Tübingen 1997.

Linse, Ulrich, Ökopax und Anarchie. Eine Geschichte der ökologischen Bewegungen in Deutschland, München 1986.

–, »Animierkneipen« um 1900. Arbeitersexualität und bürgerliche Sittenreform, in: Kift (Hg.), Kirmes – Kneipe – Kino, S. 83–118.

Maase, Kaspar, Grenzenloses Vergnügen. Der Aufstieg der Massenkultur 1850–1970, Frankfurt a. M. 1997.

–, Amerikanisierung von unten. Demonstrative Vulgarität und kulturelle Hegemonie in der Bundesrepublik der 1950er Jahre, in: Lüdtke, Alf/Marßolek, Inge/Saldern, Adelheid von (Hg.): Amerikanisierung. Traum und Alptraum im Deutschland des 20. Jahrhunderts, Stuttgart 1996, S. 291–313.

Malinwoski, Stephan/Sedlmaier, Alexander, »1968« als Katalysator der Konsumgesellschaft, in: Geschichte und Gesellschaft 32 (2006), S. 239–267.

Medick, Hans, Weben und Überleben in Laichingen 1650–1900, Göttingen 1997.

–, Spinnstuben auf dem Dorf. Jugendliche Sexualkultur und Feierabendbrauch in der ländlichen Gesellschaft der frühen Neuzeit, in: Gerhard Huck (Hg.), Sozialgeschichte der Freizeit, Wuppertal [2]1982, S. 19–49.

Menninger, Annerose, Genuß im kulturellen Wandel. Tabak, Kaffee, Tee und Schokolade in Europa (16.–19. Jahrhundert), Stuttgart 2004.

Merkel, Ina, Utopie und Bedürfnis. Die Geschichte der Konsumkultur in der DDR, Köln 1999.

Merl, Stephan, Sowjetisierung in der Welt des Konsums, in: Jarausch, Konrad/Siegrist, Hannes (Hg.), Amerikanisierung und Sowjetisierung in Deutschland 1945–1970, Frankfurt a. M. 1997, S. 167–194.

Merki, Christoph Maria, Zwischen Luxus und Notwendigkeit: Genussmittel, in: Reith/Meyer (Hg.), Luxus und Konsum, S. 83–95.

–, Zucker, in: Hengartner, Thomas/Merki, Christoph Maria (Hg.), Genussmittel. Ein kulturgeschichtliches Handbuch, Frankfurt a. M. 1999, S. 231–256.

Meyer, Torsten, Zwischen sozialer Restriktion und ökonomischer Notwendigkeit. »Konsum« in ökonomischen Texten der Frühen Neuzeit, in: Reith/Meyer (Hg.), Luxus und Konsum, S. 61–82.

–, Zwischen sozialer Restriktion und ökonomischer Notwendigkeit. »Konsum« in ökonomischen Texten der Frühen Neuzeit, in: Reith/Meyer (Hg.), Luxus und Konsum, S. 61–82.

Metken, Sigrid, Kampf um die Hose: Geschlechterstreit um die Macht im Haus, Frankfurt a. M. 1996.

Mintz, Sidney W., Die süße Macht. Kulturgeschichte des Zuckers, Frankfurt a. M. 1992.

Mitropoulos, Stefan, Verbraucherpolitik in der Marktwirtschaft. Konzeptionen und internationale Erfahrungen, Berlin 1997.

Müller, Hans-Peter, Die »feinen« Unterschiede, wo es keine geben sollte: Anmerkungen zum Verhältnis von Arbeiteraristokratie und Luxus, in: Reith/Meyer (Hg.), Luxus und Konsum, S. 209–220.

Nahrstedt, Wolfgang, Die Entstehung der Freizeit, Göttingen 1972.

Nast, Matthias, Die stummen Verkäufer. Lebensmittelverpackungen im Zeitalter der Konsumgesellschaft. Umwelthistorische Untersuchung über die Entwicklung der Warenverpackung und der Wandel der Einkaufsmöglichkeiten (1950er bis 1990er Jahre), Bern 1997.

North, Michael, Genuss und Glück des Lebens. Kulturkonsum im Zeitalter der Aufklärung, Köln 2003.

Obelkevich, James, Männer, Frauen und Körperpflege, in: Siegrist u. a. (Hg.), Europäische Konsumgeschichte, S. 527–545.

Orland, Barbara, Haushalt, Konsum und Alltagsleben in der Technikgeschichte, in: Technikgeschichte 65 (1998), S. 273–295.

Pfister, Christian, Das 1950er-Syndrom – Die umweltgeschichtliche Epochenschwelle zwischen Industriegesellschaft und Konsumgesellschaft, in: ders., (Hg.), Das 1950er Syndrom. Der Weg in die Konsumgesellschaft, Bern 1996, S. 51–95.

Pfister, Ulrich, Vom Kiepenkerl zu Karstadt. Einzelhandel und Warenkultur im 19. und frühen 20. Jahrhundert, in: Vierteljahrschrift für Sozial- und Wirtschaftsgeschichte 87 (2000), S. 39–66.

Pierenkemper, Toni (Hg.), Haushalt und Verbrauch in historischer Perspektive. Zum Wandel des privaten Verbrauchs in Deutschland im 19. und 20. Jahrhundert, St. Katharinen 1987.

Prinz, Michael, Der lange Weg in den Überfluß. Anfänge und Entwicklung der Konsumgesellschaft seit der Vormoderne, Paderborn 2003.

–, Einführung, in: ders. (Hg.), Der lange Weg, S. 3–9.

–, »Konsum« und »Konsumgesellschaft« – Vorschläge zu Definition und Verwendung, in: ders. (Hg.), Der lange Weg, S. 11–34.

–, Von der Nahrungssicherung zum Einkommensausgleich. Entstehung und Durchsetzung des Selbsthilfemusters Konsumverein 1770–1914 in England und Deutschland, in: Siegrist u. a. (Hg.), Europäische Konsumgeschichte, S. 717–744.

–, Brot und Dividende: Konsumvereine in Deutschland und England vor 1914, Göttingen 1996.

Reckendrees, Alfred, Konsummuster im Wandel. Haushaltsbudgets in der Bundesrepublik Deutschland 1952–1998, in: Jahrbuch für Wirtschaftsgeschichte 2007/2, S. 29–61.

Reindl, Josef, Wachstum und Wettbewerb in den Wirtschaftswunderjahren. Die elektronische Industrie in der Bundesrepublik Deutschland und in Großbritannien 1945–1967, Paderborn 2001.

Reinhard, Dirk, Von der Reklame zum Marketing. Geschichte der Wirtschaftswerbung in Deutschland, Berlin 1993.

Reinhard, Wolfgang, Lebensformen Europas. Eine historische Kulturanthropologie, München 2004.

Reith, Reinhold/Meyer Torsten (Hg.), Luxus und Konsum. Eine historische Annäherung, Münster 2003.

Rettig, Rudi, Strukturverschiebungen der privaten Konsumnachfrage in Deutschland 1850–1913, in: Vierteljahrschrift für Sozial- und Wirtschaftsgeschichte 71 (1984), S. 342–356.

Roesler, Jörg, Privater Konsum in Ostdeutschland 1950–1960, in: Schildt, Axel/Sywottek, Arnold (Hg.), Modernisierung im Wiederaufbau. Die westdeutsche Gesellschaft der 50er Jahre, Bonn [2]1993, S. 290–303.

–, Massenkonsum in der DDR: Zwischen egalitärem Anspruch, Herrschaftslegitimation und »exquisiter« Individualisierung, in: PROKLA, 35 (2005), S. 35–52.

Rossfeld, Roman, Markenherrschaft und Reklameschwung. Die schweizerische Schokoladenindustrie zwischen Produktions- und Marketingorientierung, 1860–1914, in: Berghoff (Hg.), Marketinggeschichte, S.87–119.

Rothkirch, Silke, »Moderne Menschen kaufen modern«, in: Wunderwirtschaft, S. 112–119.

Sandgruber, Roman, Die Anfänge der Konsumgesellschaft. Konsumgüterverbrauch, Lebensstandard und Alltagskultur in Österreich im 18. und 19. Jahrhundert, München 1982.

Schäfers, Bernhard/Zapf, Wolfgang (Hg.), Handwörterbuch zur Gesellschaft Deutschlands, Opladen 1998.

Schevardo, Jennifer, Von der Kartenwirtschaft zum »Exquisit«: Verbraucherpreise, Lebensstandard und Herrschaftslegitimation in der DDR der fünfziger Jahre, in: Steiner, André (Hg.), Preispolitik und Lebensstandard. Nationalsozialismus, DDR und Bundesrepublik im Vergleich, Köln 2006, S. 87–90.

Axel Schildt, Die Sozialgeschichte der Bundesrepublik Deutschland bis 1989/90, München 2007.

–, »Die kostbarsten Wochen des Jahres«. Urlaubstourismus der Westdeutschen (1945–1970), in: Spode, Hasso (Hg.), Goldstrand und Teutonengrill. Kultur- und Sozialgeschichte des Tourismus in Deutschland 1945–1989, S. 69–86.

–, Freizeit, Konsum und Häuslichkeit in der »Wiederaufbau«-Gesellschaft. Zur Modernisierung von Lebensstilen in der Bundesrepublik Deutschland in den 1950er Jahren, in: Siegrist u.a. (Hg.), Europäische Konsumgeschichte, S. 327–348.

Schivelbusch, Wolfgang, Lichtblicke. Zur Geschichte der künstlichen Helligkeit im 19. Jahrhundert, Frankfurt 1986.

Scholten, Jens, Umbruch des genossenschaftlichen Förderauftrags durch Innovation und Wachstum. Nachkriegsentwicklung und Einführung der Selbstbedienung bei der REWE-Dortmund, in: Hesse, Jan-Otmar/Schanetzky, Tim/Scholten, Jens (Hg.), Das Unternehmen als gesellschaftliches Reformprojekt. Strukturen und Entwicklungen von Unternehmen der »moralischen Ökonomie« nach 1945, Essen 2004, S. 167–200.

Schneider, Franka, »Jedem nach dem Wohnsitz seiner Tante«. Die GENEX Geschenkdienst GmbH, in: Wunderwirtschaft, S. 223–232.

Schröter, Harm G., Konsumpolitik und »Soziale Marktwirtschaft«. Die Koexistenz liberalisierter und regulierter Verbrauchsgütermärkte in der Bundesrepublik der 1950er Jahre, in: Berghoff (Hg.), Konsumpolitik, S. 113–133.

–, Die Amerikanisierung der Werbung in der Bundesrepublik Deutschland, in: Jahrbuch für Wirtschaftsgeschichte 1997/I, S. 93–115.

–, Die Geschichte der Marktforschung in Europa im 20. Jahrhundert, in: Walter, Rolf (Hg.), Geschichte des Konsums, Stuttgart 2004, S. 319–336.

–, Erfolgsfaktor Marketing: Der Strukturwandel von der Reklame zur Unternehmenssteuerung, in: Feldenkirchen, Wilfried/Schönert-Röhlk, Frauke/Schulz, Günther, Wirtschaft – Gesellschaft – Unternehmen. Fs. Für Hans Pohl zum 60. Geburtstag, Stuttgart 1995, S. 1099–1127.

Schulze, Gerhard, Die Erlebnisgesellschaft. Kultursoziologie der Gegenwart, Frankfurt, New York, [8]2000.

Siegfried, Detlef, Time Is On My Side. Konsum und Politik in der westdeutschen Jugendkultur der 60er Jahre, Göttingen 2006.

Siegrist, Hannes, Konsumkultur des 20. Jahrhunderts in regionalgeschichtlicher Perspektive. Zwischen Verräumlichung, Vergesellschaftung und Individualisierung, in: Prinz (Hg.), Der lange Weg, S. 491–514.

–/Kaelble, Hartmut/Kocka, Jürgen (Hg.), Europäische Konsumgeschichte. Zur Gesellschafts- und Kulturgeschichte des Konsums (18. bis 20. Jahrhundert), Frankfurt a. M. 1997.

Silberer, Günter/Büttner, Oliver, Geschichte und Methodik der akademischen Käuferforschung, in: Berghoff (Hg.), Marketinggeschichte, S. 205–230.

Simson, John v., Kanalisation und Städtehygiene im 19. Jahrhundert, Düsseldorf 1983.

Skyba, Peter, Konsumpolitik in der DDR 1971 bis 1989. Die Verbraucherpreise als Konfliktgegenstand, in: Walter, Rolf (Hg.), Geschichte des Konsums, Stuttgart 2004, S. 343–350.

Sombart, Werner, Liebe, Luxus, Kapitalismus. Über die Entstehung der modernen Welt aus dem Geist der Verschwendung, Berlin 1996.

–, Wirtschaft und Mode, Wiesbaden 1902.

Sozialgeschichtliches Arbeitsbuch III. Materialien zur Statistik des Deutschen Reiches 1914–1945, von Dietmar Petzina, Werner Abelshauser, Anselm Faust, München 1978.

Speitkamp, Winfried, Jugenschutz und kommerzielle Interessen. Schunddebatte und Zensur in der Weimarer Republik, in: Berghoff (Hg.), Konsumpolitik, S. 47–75.

Spiekermann, Uwe, Basis der Konsumgesellschaft. Entstehung und Entwicklung des modernen Kleinhandels in Deutschland 1850–1914, München 1999.

Spode, Hasso, Arbeiterurlaub im Dritten Reich, in: Sachse, Carola u. a., Angst, Belohnung, Zucht und Ordnung. Herrschaftsmechanismen im Nationalsozialismus, Opladen 1982, S. 275–328.

Spohn, Thomas, Der Umgang mit den Dingen in der westfälischen Kleinstadt Unna zwischen dem ausgehenden 17. und dem frühen 19. Jahrhundert, in: Prinz (Hg.), Der lange Weg, S. 131–137.

Stearns, Peter N., Konsumgesellschaft: Ein Kinderkreuzzug, in: Siegrist u. a. (Hg.), Europäische Konsumgeschichte, S. 139–168.

Stehr, Nico, Die Moralisierung der Märkte. Eine Gesellschaftstheorie, Frankfurt a. M. 2007.

Steiner, André, Von Plan zu Plan. Eine Wirtschaftsgeschichte der DDR, München 2004.

–, Von der Preisüberwachung zur staatlichen Preisbildung, in: ders. (Hg.), Preispolitik und Lebensstandard. Nationalsozialismus, DDR und Bundesrepublik im Vergleich, Köln 2006, S. 23–85.

Steiner, Kilian J. L.; Ortsempfänger, Volksfernseher und Optaphon. Die Entwicklung der deutschen Radio- und Fernsehindustrie und das Unternehmen Loewe 1923–1962, Essen 2005.

Stücker, Britta; Konsum auf Kredit in der Bundesrepublik, in Jahrbuch für Wirtschaftsgeschichte 2007/2, S. 63–88.

Stiftung Warentest, ein Rückblick, von H.-D. Lösenbeck, Berlin 2002.

Stihler, Ariane; Die Entstehung des modernen Konsums. Darstellung und Erklärungsansätze, Berlin 1998.

Tanner, Jakob/Siegrist, Hannes/Veyrassat, Béatrice (Hg.), Geschichte der Konsumgesellschaft. Märkte, Kultur und Identität (15.–20. Jahrhundert), Zürich 1998.

Tenfelde, Klaus, Klassenspezifische Konsummuster im Deutschen Kaiserreich, in: Siegrist u. a. (Hg.), Europäische Konsumgeschichte, S. 245–266.

Teuteberg, Hans-Jürgen, Kaffee, in: Hengartner, Thomas/Merki, Christoph Maria (Hg.), Genussmittel. Ein kulturgeschichtliches Handbuch, Frankfurt a. M. 1999, S. 81–115.

–/Wiegelmann, Günter, Der Wandel der Nahrungsgewohnheiten unter dem Einfluß der Industrialisierung, Göttingen 1972.

Thoms, Ulrike, Dünn und dick, schön und hässlich. Schönheitsideal und Körpersilhouette in der Werbung 1850–1950, in: Borscheid/Wischermann (Hg.), Bilderwelt des Alltags, S. 242–281.

Tippach-Schneider, Simone, Moderner Einkauf, moderner Verbraucher und das Verschwinden der Waren, in: Wunderwirtschaft. DDR-Konsumkultur in den 60er Jahren, hg. von Neue Gesellschaft für Bildende Kunst, Köln 1996, S. 62–76.

Trumbull, Gunnar, National Varities of Consumerism, in: Jahrbuch für Wirtschaftsgeschichte 2006/1, S. 77–93.

Veblen, Thorstein, Theorie der feinen Leute. Eine ökonomische Untersuchung der Institutionen, Frankfurt a. M. [6]2000.

Wallerstein, Immanuel, Das moderne Weltsystem: Kapitalistische Landwirtschaft und die Entstehung der deutschen Weltwirtschaft im 16. Jahrhundert, Frankfurt a. M. 1986.

Wehler, Hans-Ulrich, Deutsche Gesellschaftsgeschichte 1700–1815, München 1987.

Weigl, Andreas, Vom Versorgungsfall zur Zielgruppe. Konsumverhalten Wiener Kinder und Jugendlicher zwischen Kinderspeisung und Markenfetischismus, in: Walter, Rolf (Hg.), Geschichte des Konsums, Stuttgart 2004, S. 221–244.

Westermann, Andrea, Plastik und politische Kultur in Westdeutschland, Zürich 2007.

Wiegend, Erich, Der private Verbrauch im Spiegel von Haushaltsrechnungen. Versorgungslagen privater Haushalte zu Beginn des 20. Jahrhunderts, in: Toni Pierenkemper (Hg.), Haushalt und Verbrauch, S. 26–31.

Wildt, Michael, Vom kleinen Wohlstand. Eine Konsumgeschichte der fünfziger Jahre, Frankfurt a. M. 1996.

Wisotzky, Klaus/Zimmermann, Michael (Hg.), Selbstverständlichkeiten. Strom, Wasser, Gas und andere Versorgungseinrichtungen. Die Vernetzung der Stadt um die Jahrhundertwende, Essen 1997.

Wottawa, Dietmar, Protektionismus im Außenhandel Deutschlands mit Vieh und Fleisch zwischen Reichsgründung und Beginn des Zweiten Weltkriegs, Frankfurt a. M. 1985.

Wunderwirtschaft. DDR-Konsumkultur in den 60er Jahren, hg. von Neue Gesellschaft für Bildende Kunst, Köln 1996.

Wyrwa, Ulrich, Luxus und Konsum – begriffsgeschichtliche Aspekte, in: Reith/Meyer (Hg.), Luxus und Konsum, S. 47–60.

–, Consumption, Konsum, Konsumgesellschaft. Ein Beitrag zur Begriffsgeschichte, in: Siegrist u. a. (Hg.), Europäische Konsumgeschichte, S. 747–762.

Zängl, Wolfgang, Deutschlands Strom. Die Politik der Elektrifizierung 1886 bis heute, Frankfurt a. M. 1989.

Zündorf, Irmgard, Staatliche Verbraucherpreispolitik und Soziale Marktwirtschaft in Westdeutschland 1948–193, in: Steiner, André, Preispolitik und Lebensstandard. Nationalsozialismus, DDR und Bundesrepublik im Vergleich, Köln 2006, S. 129–169.